本书获"内蒙古大学铸牢中华民族共同体意识研究培育基地"
和"内蒙古大学高层次人才科研启动项目"资助

李翌萱 著

从传统到现代

老年人社会参与的
发展变迁及影响机制

FROM TRADITIONAL
TO MODERN

DEVELOPMENT
AND INFLUENCE MECHANISM ANALYSIS OF
SOCIAL PARTICIPATION OF
THE ELDERLY

社会科学文献出版社
SOCIAL SCIENCES ACADEMIC PRESS (CHINA)

前　言

　　中国老年人社会参与研究是分析和把握人口结构转变轨迹、社会老龄化和个体老龄化特征、中西方老年人口学异同的切入点，也是有效探索积极应对人口老龄化方向定位、战略规划、治理体系和配套机制的重要议题。因循全方位且多层次的分析视角，本研究不仅对我国老年人社会参与的基本现状和发展变迁进行了总结描述，而且从主、客观两个层次中涉及意识、能力、资源和环境四个维度出发，探索了影响老年人社会参与的因素及其作用机制。全方位的视角使我们能清晰地基于时间脉络梳理老年人社会参与的状况，以及相应的支持机制和制度结构变化；多层次的视角不仅使我们厘清了不同老年人群体社会参与的普遍性和特殊性，而且便于探索诸类相关因素和老年人个体策略与行动之间的影响机制。

　　本书通过使用文献资料、统计数据、调查和访谈资料对中国老年人社会参与的基本状况与特征、影响因素与作用机制等问题进行了深入的研究。在研究方法和资料收集方面值得一提的拓展内容有两点：其一，为避免数据资料可能会出现的涵盖不全、涉及较浅和指向不清等问题，基于研究目标设置情况并通过对比筛选，本研究选取的数据资料源于在我国具有代表性的三个大型社会调查，即中国老年健康影响因素跟踪调查（CLHLS）、中国综合社会调查（CGSS）和第三期中国妇女社会地位调查（老年专卷）；其二，为了更深层次地挖掘老年人社会参与过程中的情境背景、制度设置、策略选择和行动开展等之间的互构机制，弥补纯量化研究可能会出现的涉入程度不深、信息遗漏和解释偏颇等问题，本研究也收集、整理和分析了大量实地调研和访谈的定性研究资料。

　　从历时性和结构性的双向维度初步对我国老年人社会参与状况进行整

体性梳理和观照发现，作为积极老龄化的核心内容之一，我国老年人的社会参与状况在一定程度上也投射出中国老龄事业发展的基本轨迹。新时代中国老年人社会参与将更趋于普遍化，对其相应的促进和保障是积极应对人口老龄化的必然选择，而更充分的老年人社会参与是实现积极老龄化的战略选择。整体而言，我国通过各种制度性框架的逐步构建和完善为老年人社会参与提供了愈加充分的各类保障，使我国老年人社会参与的相关社会环境、资源、组织条件和文化氛围等要素在适老性方面都有了很大的完善，这些外部支持性因素在各个层面上又不同程度地对老年人社会参与的具体实践形成了促进，进而才促成了我国老年人社会参与日渐广泛而有序的分布局面和发展趋势。

进一步探究老年人社会参与的影响因素和作用机制可以发现，基于老年人个体生命历程、个体累积性特征和资本等主体层面的因素，以及文化、社会、经济、人口的发展变迁等外部客体层面的因素，共同塑造和影响着老年人的社会参与实践。汇总各部分的实证分析结果可以发现，较为关键的核心要素和显著变量主要有以下几个方面：在意识层面，老年人社会参与意愿普遍提高，且在参与内容和形式选择上的自主性显著提升，相对更现代的性别观念和更积极的年龄认同感能显著提升老年人的社会参与度，而且社会参与度在社会经济地位与主观幸福感之间发生了中介效应，具有正向作用；在能力层面，研究发现身心健康状况和健康保障性条件对于老年人的社会参与度和内容选择倾向均具有显著影响，健康能力对于老年人社会参与而言是非常关键的变量；在资源层面，老年人是资源的创造者也是利用者，不管是在传统社会还是在现代社会都应对老年人社会参与价值进行积极审视；在环境层面，与社区硬件环境相比，社区服务提供和活动组织方面的软环境对于老年人社会参与度的影响更为显著，而城市、农村和东、中、西部的区域环境差异使老年人在社会参与内容选择倾向性方面较为明显。

此外，本书基于实证分析的总结和提炼，对优化和调整我国现有的老年人社会参与相关政策思路和战略部署展开了讨论。立足于更具前瞻性和可持续性的政策取向、更全面的政策对象、更具体细微和科学有效的政策体系，在价值层面进一步强化年龄友好型的社会风尚，在能力层面进一步推进老年人个体的积极老龄化，在环境层面进一步提升空间、科技和服务的适老性，这些举措必然会使我国老年人社会参与呈现更广泛和高质量的整体转向。我们相信，中国老年人社会参与的主客观条件和机制在整体优化和提升之后，老年人个体的积极老龄化和社会整体的积极老龄化都将必然会从战略目标转化为特征常态。

目　录

导　论

21 世纪是全球人口老龄化进程加速发展的时期，我国的老龄化也将逐渐步入中度老龄化，并将在 21 世纪中叶达到老年人口峰值。随着公共卫生、医疗技术和营养支持等各方面的不断改进，带来了人口预期寿命的稳步增长，也必然会伴随着人口老龄化的高龄化和健康化转向。在此背景之下，基于个体生命周期的生命历程性事件也将会随之发生调整变化，正如《百岁人生：长寿时代的生活和工作》一书中所言，面对长寿这份天赐的礼物，人们将会拥有更多的人生尝试和选择，传统线性的"接受教育—就业—退休"人生模式获得更多样的排序可能，将会有更多的老年人积极迎接各类新尝试（格拉顿、科斯特，2018）。而当下，"不分年龄人人共享"的积极老龄化战略思路也已经成为全球共识，国际社会也已经普遍开始重新审视老年人在经济社会发展过程中的地位和价值。对老年人社会参与问题进行广泛而深入的关注不仅是中国所面临的重要时代议题，而且是世界范围内的普遍性重要议题。

第一节　老年人社会参与的研究背景与意义

自 2000 年中国步入人口老龄化社会以来，增速快、高龄化趋势明显和老年人口数量多这三个特征表现十分突出。自 1949 年新中国成立以来，死亡率得到了极大程度的降低，而 20 世纪 70 年代所推行的计划生育政策也快速降低了生育率，在生育政策惯性与社会经济发展衔接性的影响下，中国生育率和死亡率均处于稳定的较低水平，这导致中国人口的快速老化。国家统计局公布的第七次全国人口普查数据显示，截至 2020 年，中国 65

岁及以上老年人口达 1.91 亿，占全国总人口的比例达 13.5%。该人口数值已经高于 2015 年联合国中方案预测的老年人口 2020 年达到 1.69 亿。联合国中方案预测指出，到 2050 年中国 65 岁及以上老年人口将达到 3.71 亿，而且高龄老人将日渐增多，届时 80 岁及以上的高龄老年人将达到 1.21 亿，占老年人口总数的近 1/3（United Nations，2015）。根据第七次人口普查数据，截至 2020 年，中国 60 岁及以上老年人口达 2.64 亿，其中 65 岁及以上老年人口达 1.91 亿，与六普相比，分别上升 5.44 个百分点和 4.63 个百分点，老年人口的绝对数量和比重都有显著增长。由此我们可以推测，未来中国必然会步入超级老龄化时代。

我国老年人口规模和结构的变化对于人口整体规模和结构的影响效应，老年群体本身的新特征和新需求，及其对于家庭、社会和国家的新贡献和新挑战，这些都是我们应当予以积极回应的，这对于社会经济的全面可持续发展具有重要的战略意义。长期以来，如何更好地提升老年人的福祉水平，一直是社会、学界和政府关注的重要议题。近年来，与之相关的经济保障、生活照料、医疗保障和服务、精神慰藉等，都在很大程度上得到了较高水平的提升。然而，新时代背景下，中国老年人的健康水平、受教育程度和社会经济地位都已经不可同日而语，除了基本生活和福利保障需求得到相应的满足之外，越来越多的老年人希望能够获得更高的生活质量，生命生活的高水平价值体现需求也愈加突出。而社会能够为老年人营造的环境和创造的机会，也恰是一个社会发展进步和文明程度的重要体现。

在社会经济加速发展和人口老龄化成为常态的今天，老年人的社会参与被视为文化传承的重要载体、劳动力资源的有益补充、社会公益的潜在资源、社区治理的有效形式、家庭发展的关键助力等（邬沧萍、杜鹏，2012；杨燕绥，2015），也是促进老年人保持社会功能和构建社会资本的主要途径（裴晓梅、王浩伟、罗昊，2014），同时它也有助于老年人精神生活的丰富和人生价值的实现（王莉莉，2011）。在积极应对人口老龄化的战略部署中，老年人既是我国老龄事业的工作和服务主体，也是不可或缺的参与者。随着我国经济社会的快速发展，社会保障体系不断地健全和完善，现在我国老年人的经济基础、文化程度等与以往相比，有普遍地显著提升，他们在追求保持自身健康长寿的同时，也逐渐开始意识到实现自我价值的重要性，社会参与的需求性显著提高（杜鹏，2011）。

　　然而，由于我国进入人口老龄化社会仅 20 余年，目前尚处于步入老龄化社会初期阶段，同时又处于我国经济全面转型和城镇化快速发展的社会经济背景之下，这无疑加大了对于我国人口老龄化问题应对和研究的困难性和复杂性，但我们绝不能忽视其重要性。人口老龄化是这一时期不容忽视的社会特征，因此，对人口老龄化相关问题的关注是不可或缺的时代性重要议题。老年人的社会参与已不仅仅是他们自身的问题，还是构建和谐社会的重要组成因素和实现共同发展及共同富裕的小康社会不可或缺的重要维度。此外，它也是促进我国老龄事业发展和积极应对人口老龄化的关键行动策略和支柱。因此，从积极人口老龄化理论视角出发，对我国老年人社会参与状况进行系统分析，是探索丰富老年人生活、提高老年人生活质量、实现积极老龄化的一个有效路径，也有助于为我国在构建和实现和谐社会、小康社会目标过程中所涵盖的老年人问题提供相应的参考依据。

第二节　相关理论根源与流变

　　自 20 世纪一些西方国家相继步入老龄化社会以来，对于个体和群体老龄化的研究和讨论便从未止息，在不同时期围绕不同的问题和视角形成了诸多理论观点。要对老年人社会参与问题进行系统的深入研究，对其相关主流理论进行梳理是非常必要的，这将更有利于优化分析老年人社会参与的解释框架。

　　20 世纪前期和中期，相关议题主要集中于对现代工业社会中广大老年群体社会参与意义与价值的讨论。围绕老年人自我价值的实现与经济社会发展的效益关系问题，形成了以活动理论、角色理论为代表的肯定支持派和以疏离理论为代表的否定抵制派。角色理论认为个体随着生命周期的变化，与之相伴随的便是在社会中对各类角色的扮演和丧失，而多数老年人即将面临子女的成人和独立、退休、丧偶等生命事件，在这个过程中他们必然会面临社会角色和生活内容的变化，但这一阶段能够寻找到的新角色又是非常有限的（Havighurst and Albrecht，1953）。面对这一系列具体的生活境遇变化，活动理论指出老年人通过维持和寻找一定范围的活动内容，是使他们能够很好地适应老年生活的重要保障。而疏离理论则认为，随着年龄的增长，老年人的性格会趋于内向，社会为他们提供的各种机会也会越来越少，因此从各类社会角色和活动中撤离恰恰是一种正常的老年期适应过程（Neugarten and Havighurst，1969）。上述三种理论模式虽然在分析老年人个人与社会的关系时各具一定的解释力，但没有哪一个理论能够完全概括和反映老年阶段的整体情况，老年人的个体性差异和社会环境的情境差异会使他们的角色、活动和疏离呈现状况各异的特征。

无论支持还是反对，老年人社会参与已然成为一种不可阻挡的社会现象，越来越多的老年人逐渐参与到经济社会活动的各个方面。后续理论研究也大多是围绕影响老年人社会参与的外部环境因素和自身因素展开，整体而言更具综合性，比较有代表性的是现代化理论和积极老龄化理论。在现代化理论的早期阶段，Cowgill 指出，现代化为老年人提供了更多健康保障和生活质量提升的便利性基础，但也同时加剧了社会排斥和歧视，技术不断推陈出新带来的替代性增长趋势，使效率导向型发展模式愈加明显和突出，这些对老年人并不利（Cowgill and Holmes，1972）。随之，有学者指出，老年人的社会参与主要取决于个体生活历程中性格稳定因素的集合，个体主观因素具有至关重要的影响效应（Levin and Chatters，1994）。埃尔德在生命历程理论中指出，个体资源具有可得与可及的异质性，老年人在前期生命历程中所累积的优势和劣势各异，并强调此差异对老年时期各项生活内容具有显著影响（Elder，1975）。世界卫生组织（WHO）提出了积极老龄化的理论框架，强调老年人的健康、参与和保障应该尽可能获得最佳机会，参与的具体内容应包括政治、社会、文化、经济、精神和公民事务等（World Health Organization，2002）。至此，老年人社会参与研究基本形成了以积极老龄化为主流导向的理论体系。

国内相关理论探讨始于 20 世纪 80 年代，先行于我国人口老龄化的时间拐点。伴随着我国领导干部终身制的废止和人口老龄化趋势的初步呈现，"五个老有"于 1984 年在全国老龄会议上被首次提出并作为老龄工作的总目标，其中"老有所为"被定立为核心目标，1999 年发展成包括"老有所教"在内的"六个老有"。至此，老有所养、老有所医、老有所为、老有所学、老有所乐和老有所教成为我国老龄事业发展的重要指引，也是老年人社会参与的重要理论基础。

综观国内外相关理论的沿革路线，从最初对于老年人社会参与的意义和价值的争论，到对影响老年人社会参与具体因素的深度聚焦，再到目前普遍以探寻促进和保障老年人社会参与条件和机制为主旨，充分显现出了老年人社会参与理论与时俱进的积极转向。随着各国人口老龄化的不断加剧，人口结构转变所伴随的社会经济和社会保障政策的发展，必然会使各国开始重新定义和理解老年人的社会地位和价值，普遍更致力于为促进老年人社会参与创造年龄友好型社会环境。而本研究也将结合与吸收积极老龄化、生命历程、社会行动和资质禀赋等理论的最新导向和成果，结合对当代我国老年人社会参与的具体实践资料探索和检视既有的国外理论观点，进一步尝试从中国的经验与现实中发掘中国本土化的特色理论。

第三节　研究设计与资料来源

一　研究设计

1. 研究对象与主题

本研究主要以中国老年人为研究对象，以老年人社会参与为主题，了解当前中国老年人社会参与的基本现状，其中包括对相关理论流变、制度沿革和支持机制变动的系统梳理，以及具体社会参与实践活动特征变迁的总结，并将从意识、能力、资源和环境四个维度对其影响效应和内在作用机制进行深入研究，进而解析社会转型与人口转变、社会保障型政策与支持型政策、个人策略选择与理性行动对促进老年人社会参与的意义和价值。

2. 研究内容与思路

本研究主体包括七章，分为三个部分。第一部分为第一章和第二章，主要以回顾性研究的方式对老年人社会参与的相关概念进行辨析，并讨论了它在新时代所包含的新意涵，同时也通过文献回顾的方法围绕政策和实践的变迁进行了系统的梳理和总结；第二部分为第三章至第六章，主要以经验性研究的方式深入挖掘老年人社会参与的主要特征及关键影响因素，通过定量研究与定性研究相结合的研究方法，剖析关键变量的作用机制，深入讨论显著变量或核心要素所蕴含的本土化逻辑；第三部分为第七章，主要以对策性研究的方式探讨更为积极的老年人社会参与策略，旨在建立促进老年人社会参与的政策和行动框架，阐释如何从老年人个体、社会适老环境和资源建设的视角进行积极应对。

　　虽然既往研究对于老年人社会参与的分析切入路径非常广泛，例如，以老年人具体社会参与内容为区分进行整体观照，或者以参与某一类活动的不同性别、不同区域、不同社会经济地位等具有异质性的老年群体进行对比分析，这是两类比较普遍的研究范式。此类研究对于累积实证资料提供了很多有益的借鉴，然而在理论运用的本土衔接方面的不足导致的研究视角和设计不合理现象也较为突出，甚至会导致研究结论的冲突和紊乱。作为社会的存在，人的一切行为都必然会受到观念、思维、个体资质禀赋、家庭、社会、资源等诸多因素的影响，依循不同的构建机制呈现不同的行为模式。因此，本研究将采用多层次的研究视角（见图 0-1），主要以涉及老年人内部的主体性因素和外部的客体性因素两个方面为切入点，多层次的分析视角强调意识、能力、资源和环境层次的各项因素共同决定了老年人的社会参与程度和水平。

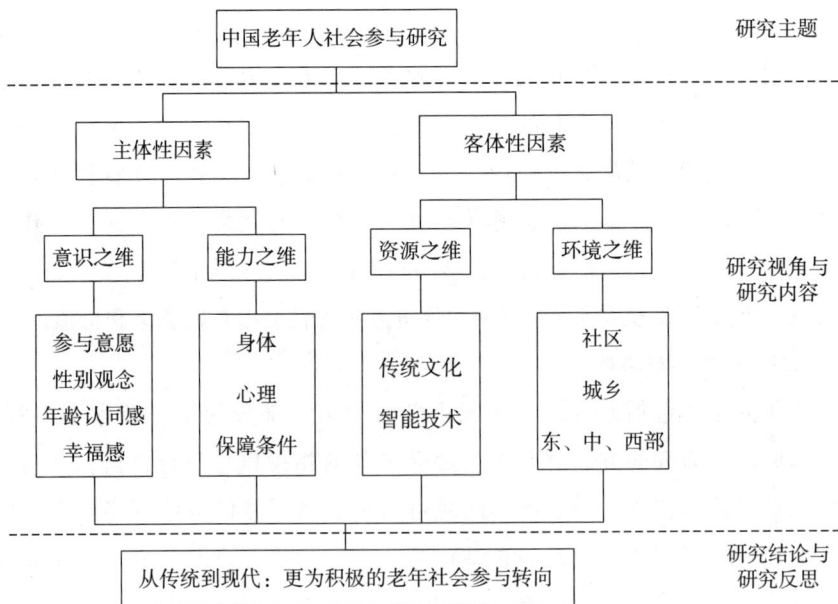

图 0-1　实证分析部分研究思路框架

二　资料来源

　　目前在社会学、人口学、心理学、经济学等学科视角下对我国老年人社会参与的关注都比较多，在研究方法上也各有侧重，这些既为本研究提供了非常丰富的基础资料，也提供了一些研究视角和方法上的借鉴。但也发现，仅以定量研究对老年人的社会参与问题进行分析，不利于对研究问题进行更深层次的挖掘和对量化结果的充分解释，此外，定量研究设计必然会存在涉及不全面和信息隐含现象，因此研究不够深入是不可避免的。同时，以定性为主的老年人社会参与研究虽然对问题更为聚焦和深入，但存在着研究结论推广上的缺陷，也比较容易陷入区群谬误的困境。因此，本研究将采用定量研究和定性研究相结合的研究方法，两者互相补充，弥补缺陷和不足，资料来源具体如下。

定性研究的资料来源主要是文献法和访谈法，以此形成本研究的质性数据资料来源。其一，通过收集和梳理大量国内外老年人社会参与以及相关概念界定的文献资料，对概念构成要素和特点进行全面分析，在此基础上，结合我国的现实生活背景，尝试界定并构建了本研究关于老年人社会参与的概念含义及指标体系。其二，回顾和梳理了相关政策法规及典型实践经验和案例，对我国老年人社会参与从制度性安排到实质性参与状况进行了归纳和分析。其三，通过在河南省和陕西省的多个地、市、县、乡进行实地调研访谈，在研究开展的前期探索性阶段以获得对研究的初步发现和基本问题方向指引，同时也在后续分析中深化分析层次。

定量研究的资料来源主要是国内一些具有代表性的社会调查数据库。为了弥补单一调查的局限性，并满足研究主题的分布领域，本研究选取了调查规模和调查时点有一定区别的多个数据库。具体而言，所使用的定量数据资源主要包括中国城乡老年人口状况抽样调查、第三期中国妇女社会地位调查（老年专卷）、中国老年健康影响因素跟踪调查（CLHLS）、中国老年社会追踪调查（CLASS）、中国综合社会调查（CGSS）等。围绕研究体系中每一部分的问题侧重点，将结合适应性和匹配性相对最高的数据资料进行分析。通过对多类型数据的综合利用来分析中国老年人的社会参与状况，更有利于提升研究内容的丰富性，并加强对不同数据联系和区别的挖掘。对于在各项数据所使用的具体内容和变量信息，将会在研究报告的具体章节分别予以详细介绍和说明。

第四节　创新之处与研究意义

一　创新之处

其一，研究视野的拓展。尝试打破既有研究忽视老年群体特殊性和偏重客观外在价值的局限，关注宏观社会转型、人口转变与经济社会发展新趋势，强调老年群体的差异性和累积优劣势，关注相关社会资源和环境，力求实现普遍与特殊、主观与客观、纵向与横向的有机结合。

其二，数据资料的丰富。尝试补充既有数据资源在设计和收集过程中的不足，完善涵盖不全、涉及较浅和指向不清的研究内容，构建更为系统、全面、科学的调研框架和思路，收集和整理出更具分析和实用价值的数据资源。

其三，分析路径的优化。尝试突破既有研究偏爱量化分析的局限，兼顾定性资料的收集、整理和分析，挖掘老年人生命历程对其目前生活状态的影响作用及其因果关系，弥补纯量化研究问题涉及程度不深、信息遗漏和阐释偏颇等不足。

二　研究意义

1. 学术价值

老年人社会参与研究有助于推进老年人口学理论体系、研究方法和指标体系的本土化。准确把握中国社会转型与人口转变等结构性、历史性因素，全面剖析老年人社会参与的基本状况及特征，积极探索老龄化背景下老年人社会参与相关影响因素的作用机制，深入总结和反思既有研究的视角与方法，尝试构建关于老年人社会参与的相关具体测评指标体系，努力尝试将"合理性"的理论探讨转化为"有效性"的实际应用，有助于促进本土化老龄理论的发展，建立更具中国特色和时代特征的老龄问题研究范式。

2. 应用价值

老年人社会参与研究有助于提高我国老年人社会参与等相关老龄政策制定、发展战略部署和管理实践的针对性。从老年人自身、家庭、社会与国家等层面去研究老年人社会参与的具体内容和主要特征，分析参与主体、客体、资源和环境的能动性与局限性，能够为制定和完善科学、合理、可持续的老龄保障和发展型社会政策提供决策依据资料，将更有利于提高各级政府和老龄事业管理部门相关工作的问题指向性。

第一章

对老年人社会参与的再认识

我国对于老年人社会参与的概念界定还没有形成统一的共识和表述。学术界和政府相关政策及法律文件关于老年人社会参与的定义大多是围绕参与的具体内容展开的。在此，将梳理国外对老年人社会参与的界定、我国学术界和相关政策法规对老年人社会参与的界定，结合相关的研究分析对老年人社会参与概念进行总结整理，并根据我国特定的国情背景及文化传统，界定和构建本研究关于老年人社会参与的概念及指标体系，进而形成对老年人社会参与的意涵更为深刻的理解。

第一节　老年人社会参与的概念、本质与特征

一　国内外关于老年人社会参与的概念辨析

国外对老年人社会参与这一概念的阐释比较有代表性的主要有以下几种。在1982年《维也纳老龄问题国际行动计划》中指出，老年人的社会参与包括老年人继续参与家庭生活和亲属联系、自愿为社区提供服务、通过正式和非正式的学习来获得知识、在艺术方面的自我发挥和创作、参加社区组织和老年人组织、参与宗教活动、娱乐和旅行、从事非全日制工作、参与政治活动等内容。1999年，世界卫生组织（WHO）提出的积极老龄化理论中指出，老年人的社会参与包括在社会、经济、文化、精神和公民事务等方面活动的广泛参与。加拿大谢布鲁克大学老年研究中心指出，老年人的社会参与是指老年人当前所进行的所有活动和所扮演的所有社会角色，只要是与社会发生了联系的活动或者是有助于与社会联系的行

为都属于老年人社会参与的范畴（Desrosiers，2007）。Bukov 从老年人资源的分享视角出发，指出个人资源的社会共享才是社会参与的核心本质，进而按照资源分享内容的不同将老年人社会参与活动分为集体型、生产型和政治型三种类型。其中，集体型是指分享了时间资源的活动，如个人娱乐等；生产型是指分享了时间资源和个人才能的活动，它包括老年人从事经济活动、公益志愿类活动、家庭照顾等；政治型是指分享了时间资源、个人才能和社会知识等资源的活动，它包括政治活动的参与，如参与竞选或投票活动、向政府部门进言献策等（Bukov et al.，2002）。

国外相关研究虽然没有对老年人的社会参与这一概念形成共识，但从总体上看，概念的形成范式大致可以归为以下四个角度：一是介入角度，即从老年人社会参与的介入程度出发；二是角色角度，即指老年人的社会参与活动包括正式的和非正式的社会角色；三是活动角度，是指从老年人的社会参与包括个人和他人一起参加的各种活动内容；四是资源角度，是指老年人的社会参与是在社会层面上对不同自身资源的分享（段世江、张辉，2008）。

我国学术界对老年人社会参与的定义方式较多，大多是围绕活动的具体内容和不同的类型进行界定的。邬沧萍认为，老年人的社会参与既可以按照内容划分为参与物质文明建设和精神文明建设，也可以分为参与政治、经济、社会和文化等方面。同时，老年人在社会上发挥榜样作用，在家庭中协调家庭生活中的代际关系，通过家务劳动帮助第二代、第三代，发挥主动性和独立性进而保持自身健康和生活自理能力，这些都减轻了家庭和社会的负担，都是对社会的贡献，也属于老年人的社会参与（邬沧萍，1999）。袁缉辉（1989）认为，老年社会参与分为狭义和广义两种，狭义的老年社会参与是指老年人通过各种形式直接参与各种社会活动，广义的老年社会参与则是指在狭义的基础上再加上老年人为家庭成员服务的劳务与活动。王莉莉（2011）认为，老年人社会参与是指老年人在社会互动的过程中，通过社会劳动和活动的形式，实现自身价值的一种行为模式。它既可以是有报酬的也可以是无报酬的，只要能够使老年人在过程中实现自身价值就属于老年人社会参与。老年人的家务劳动实现了他们与社会的联系，并且体现了老年人的角色价值，因此也可以算作老年人的社会参与。杨宗传（2000）认为，老年人的社会参与应该包含一切有益于社会的各项活动，参与社会经济发展活动、参与家务劳动、参与社会文化活动、参与社会人际交往和旅游活动、参与家庭范围内的文化娱乐活动，这五个方面都属于老年人的社会参与。韩青松（2007）认为，老年人的社会参与范围广泛，不仅包括退休后的再就业，而且包括参与社区服务，参加老年社团，接受老年再教育等。艾茹（2011）指出，老年人重新步入社会，实现与其他个体或群体、正式或非正式社会组织的互动和联系，都属于社会参与，具体包括经济活动参与、文化活动参与、政治活动参与以及社区活动参与。

2018 年修订的《中华人民共和国老年人权益保障法》第 69 条规定："国家为老年人参与社会发展创造条件。根据社会需要和可能，鼓励老年人在自愿和量力的情况下，从事下列活动：（一）对青少年和儿童进行社会主义、爱国主义、集体主义和艰苦奋斗等优良传统教育；（二）传授文化和科技知识；（三）提供咨询服务；（四）依法参与科技开发和应用；（五）依法从事经营和生产活动；（六）参加志愿服务、兴办社会公益事业；（七）参与维护社会治安、协助调解民间纠纷；（八）参加其他社会活动。"

我国关于老年人社会参与概念界定的争论焦点主要集中在以下两个方面。一是老年人的社会参与活动是否有报酬？有学者认为应该有经济报酬，如退休后的再就业、农村老年人的继续务农等活动，这样的活动才属于社会参与（李宗华，2009）；但有大部分学者认为老年人的社会参与活动应该既包括有报酬的活动也包括无报酬的活动，基本持有全包括论的观点，并指出老年人从事的无偿的公益志愿类活动、老年教育、娱乐活动、家务劳动等内容都属于社会参与。二是家务劳动是否也属于社会参与？一些学者认为家务劳动是没有报酬的，而且只是发生在家庭内部，不应该算作社会参与的内容；但我国大部分学者认为老年人所做的家务劳动虽然是发生在家庭内部的无酬劳动，但其通过对家庭的直接贡献可以间接作用于社会，而且其产生的价值是不可估量的，因此，老年人的家务劳动也是一项非常有意义的社会参与活动（邬沧萍、王高，1991；刘颂，2006；刘燕、纪晓岚，2014）。

二　老年人社会参与的本质和特征

老年人社会参与的具体表征通常是老年人在各项社会事务中的参与行

为，在各类社会活动事项中老年人的参与意愿、行为，以及与之相适应和配套的社会接纳和支持程度等一系列内容，它既具有其他年龄群体社会参与的一般性特征，同时也具有独特性和复杂性。从本质上讲，老年人社会参与是一种老年人主体性的继续发挥，与其密切相关的是老年人自身的观念意识和资质禀赋，以及社会环境所给予的价值导向、制度安排和资源配套等，具有非常突出的主体和客体相结合的建构性特征。

1. 老年人社会参与的本质是老年人主体性的继续发挥

在当下及未来相当长的一段时期内，随着我国人口老龄化程度的不断加深和老年人口数量的不断增长，如何积极而科学地应对人口老龄化将是我国要持续面临的重要议题。在此过程中，老年人既是我国老龄事业的主要服务对象，同时他们也是极为重要的参与主体，老年人主体性的充分发挥是我国老龄事业得以持续有效发展的基础和前提。无论处于人生的哪一生命周期阶段，通常人们的生产、生活内容都是围绕着个体需求的不断探寻和满足而展开的。无论是最基本的生存性需求，还是健康和发展性需求，抑或是更高层次的自我价值实现需求，都需要个体主体性的充分发挥，在个体与家庭和外部社会的互动中来实现。

其一，从老年人个人层面而言，社会参与是保障老年人主体地位的重要体现。纵观老龄事业的发展脉络主线可以发现，我国历来都致力于通过各类政策法规和支持机制以保障老年人在政治、经济、文化和社会等事务中的基本权益，并在明确和保护老年人基本权益的基础上，充分调动老年人更广泛和充分地发挥其积极性、创造性，在制度层面给予老年人主体地位比较充分的承认和保障。老年人也唯有在各种社会活动的参与过程中，才能实现个人需求和实践行动之间的有效转化，进而才更有可能产生切实的个体获得感和幸福感。我国自古以来就有尊老敬老的优秀传统，虽然在现代化进程的效率导向影响下，社会发展略有更关注年轻人的倾向显现，但老年歧视等问题在我国社会发展的各个阶段和各个地域均未曾有过凸显，与其他国家相比，我国老龄友好型社会营造的尊老文化传统基础是十分突出的。因此，得益于政策法规、文化传统等多方面的优势，我国老年人的主体地位是被予以充分尊重的，这在对于老年人社会参与的保障和支持机制中有着较为充分的显现。

其二，从家庭层面而言，老年人在维系家庭代际关系平衡方面发挥着重要作用，这也正是老年人主体关系构建的根基。费孝通先生在讨论中国家庭关系构建时曾指出，西方家庭代际支持模式更接近于 F1→F2→F3→Fn 的"接力模式"，而中国更接近于 F1⇄F2⇄F3⇄Fn 的"反馈模式"（F 代表世代，→代表抚育行为，←代表赡养行为）（费孝通，1983）。我国传统代际关系是一种基于公平原则的双向交流和平衡，包括由老到少的"哺育"和由少到老的"反哺"，强调责任与义务的对等性，具体包括经济支持、生活照料和精神慰藉等基本内容（郭于华，2002）。伴随人口转变和社会经济的发展，我国家庭规模日趋缩小，核心家庭增多，广泛的人口流动也带来了家庭居住安排的诸多变化，这都给传统家庭代际关系带来了新的挑战。即使子代成家立业，往往又是分而不离的家庭关系状态，父母和子女之间仍保持着千丝万缕的联系，子女依然会得到来自父母的支持，这些代际支持正是构成代际团结的重要基础，也是家庭代际关系构建和得以维系平衡的重要现实基础。在这个过程中，老年人对于家庭发展的作用和贡献是不可替代的，更为重要的意义和价值在于老年人在此过程中实现了在家庭内部对于亲情与爱的传递，这在很大程度上能够使老年人对爱与归属的个人需求得到满足。

其三，从社会层面而言，老年人广泛的社会参与是社会经济发展的有益补充，也是老年人主体价值体现的主要场域。在公益志愿活动参与方面，我国老年人一直以来都拥有较高的参与热情，这在城市的公共公益和社区公益活动组织中表现均较为突出，即便是在农村地区，老年人也是基于村集体牵头组织的红白理事会和互助养老等事务的重要助力（李翌萱，2019）。老年人以其相对较为充分的闲暇时间和经验优势，通过参与社会领域中的各类公益性事务，不仅丰富了个人的心理和精神生活，而且为我国社会公益事业创造了很大的现实价值。在经济活动参与方面，城市地区除了具有较高人力资本水平和专业技术优势的老年人在岗位上继续发挥余热以外，当下在第三产业服务业也有越来越多的老年人正在参与其中；在农村地区农民的职业身份是伴随他们终生的，在青壮年劳动力外出务工比较普遍的地区，老年人便承担了绝大多数的农务活动，避免了很多土地的撂荒现象。随着我国人口年龄结构的变化，老年人口不断增长的同时，劳动年龄人口也在显著下降，在此背景之下，老年人的人力资源优势对于我国经济社会的持续稳定发展的现实意义是十分突出的，老年人实现个体的

"老有所为"也将更为普遍。

2. 老年人社会参与的特征概括与分析

社会参与是公民的基本权利，老年人也和其他年龄阶段的公民一样享有该项权利，我国老年人的基本权益也得到了尽可能多的承认和保护。本研究对老年人社会参与予以格外关注的立论基点并非在于指向其权益的缺失或者受损，而是立足于积极老龄化的视角对影响老年人社会参与的条件和机制进行系统性探究。传统社会，在农耕文明的影响下，老年人在家庭和社会中都处于较高的权威地位，在这样的物质资料分配和劳动关系中，老年人的社会参与是受到普遍尊重的。而到了现代社会，现代化进程使人们的生产、生活方式发生了较大的变革，效率优先型的发展导向使年轻人在社会资源分配和享有中处于明显的优势地位，老年人在家庭和社会中的地位均有所下降，甚至出现了被边缘化的趋势。我们可以很明显地看出，老年人的社会参与是深受社会发展和社会变迁影响的，仅强调老年人的个体能力和意愿，或者只强调外部条件和外部资源，似乎都不能对该问题进行一个系统且充分的解读。因此，将主体、客体两方面因素结合起来进行分析是一个可以尝试的阐释路径（见图1-1）。

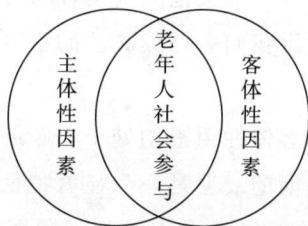

图1-1　老年人社会参与主体性、客体性因素作用

伴随着生命周期的不断延展，老年人在各自生命历程中也逐渐累积了各自的优势和劣势，因此，老年人是一个异质性很强的群体，从这个意义上来讲，在对该群体进行关注时就不能仅仅考虑一般性特征而忽视老年人的个体差异性。与此同时，每一位老年人所处的环境和所享有的外部资源也是有较大差别的，而老年人的行为又非常容易受到外部社会环境和资源文化的影响和制约。对老年人主体性因素和外部客体性因素的内涵及其相互作用关系进行辨析，有利于我们更深入地理解老年人社会参与的特征。总体而言，老年人社会参与的特征是主体和客体相结合的建构性，具体包

括以下几个方面的特点。

其一，老年人主体性因素是重要前提。社会是人类存在的共同载体，也正是人们通过参与各类活动促进社会的发展，不断丰富和传承着物质和非物质文化。因此，个体的健康、人力资本水平、价值观念等便是非常重要的影响因素。诸多实践经验和研究均表明，拥有良好的健康、保障和人力资本水平的老年人往往具有更高的社会参与意愿和能力，而且拥有不同资质禀赋的老年人在不同的社会活动方面各有所长。从这个意义上说，老年人主体性因素既可以是其社会参与的条件性前提，也可以是决定性前提，具有非常重要的影响意义。

其二，外部客体性因素是必要条件。伴随着现代化、信息化的快速发展，技术对人们的生产、生活方式带来了广泛而深刻的影响，各年龄阶段群体的社会参与方式也发生着相应的变化。在社会分层不断加剧和社会转型不断加速的背景环境下，我国传统的尊老敬老文化也随之发生着渐变，社会公共资源分配和政策制度安排也呈现了较为明显的倾向性，与这些社会变革过程相伴生的还包括老年人生活满意度、社会竞争力和社会地位的变化。这些变化给老年人社会参与带来的影响是正、负效应兼具的，如何使我国的老年人在更深层次、更大范围内实现与外部资源、环境和机会形成合理的有效互动，是值得我们去持续关注的重要议题，也是促进积极老龄化实现的必要前提。

其三，主体性因素和客体性因素均处于不断的变动状态。与其他年龄阶段相比，老年人身心功能的衰退是一个显著特征，个体老龄化是一个伴随着身心功能不断变化的差异性形成过程。在生理方面，无论是机体形态，还是结构功能，都会在生物进化发展规律的影响下出现不同程度的老化和衰退。在心理方面，部分老年人除了会出现记忆和思维能力的下降之外，也可能会出现情绪管理和性格特征的变化。与此同时，外部客体性因素也一直处于变化状态，这既包括与老年人关涉较为密切的家庭结构和代际关系变化，也包括外部物质和非物质环境资源的变化。伴随着家庭生命周期的变化，老年人必然会面临空巢、独居、丧偶等一系列家庭结构和模式的调整，同时，与时代发展相伴生的技术变革和文化变迁，如城市化、工业化、信息化和智能化过程也时刻对老年人产生着影响。

其四，主体性因素和客体性因素的结合状态决定着老年人的社会参与状况。如前文所述，老年人的主体性因素和外部的客体性因素对于老年人社会参与均具有不同程度的影响，这种影响可以是正向的或者是负向的，也可以是中性的，作为一个潜在意义性质的条件而存在。而这些因素作用的发挥也必然不是孤立的，仅具备老年人主体性因素的成熟，或者仅具备外部客体性因素的完备，都未必能够促进和保障老年人社会参与，只有主体性、客体性因素形成一种较为合理的匹配和组合状态，才能够确立老年人社会参与的可能性条件机制。对于老年人而言，具有社会参与意愿是一种发自主观的动机意识，参与意愿倘若要最终转化为参与行为，一方面需要老年人具备相应的参与能力，另一方面也需要有相对比较充分的外部支持性条件和资源。因此，主体性、客体性因素的结合状态，在一定程度上决定着老年人社会参与的意愿、能力和机会，同时也决定着老年人社会参与活动的构建机制。

第二节　新时代中国老年人社会参与的基本意涵

根据前文对国内外老年人社会参与概念的系统回顾和梳理，结合我国文化传统及特定国情，对我国老年人社会参与进行如下界定：老年人社会参与是以丰富晚年生活、提高和完善晚年生活质量为主要目的的社会活动，内容包括老年人直接或者间接与社会发生联系的、有偿或者无偿的所有活动，它基于对老年人生存和发展权利的共同强调。这也是本人在前期研究中对老年人社会参与的定义阐释，整体来说遵从和倾向于全包括论的观点，对于社会参与的内容和形式持有较为宽泛的判定取向。

在党的十九大报告中指出，中国特色社会主义进入新时代，我国社会主要矛盾已经转化为人民日益增长的美好生活需要和不平衡不充分的发展之间的矛盾。毋庸置疑，新时代在使命、目标和方向的调整和转换，在各个方面也都深刻影响和塑造着人们的思想和行为，而它在与老龄化的交织过程中，也必将使我国人口老龄化事业打下新时代的特征烙印。其中所强调的"美好生活"更多的是指在物质文化需求得到相应满足之后对非物质文化需求的观照，如人们的获得感、幸福感、安全感以及尊严、权利、当家作主等一些更具个体主观性的需求。这对于应对我国人口老龄化而言，则意味着不应将老龄化问题仅仅理解为挑战和负担，也不能降维理解为养老保障和服务问题，而应该持一种更为积极、乐观和发展性的眼光来因势利导。因此，新时代中国老年人社会参与的基本意涵主要体现在以下三个方面。

第一，老年人社会参与将更趋于普遍化。这一方面是依托于我国老年人日渐提升的个体意愿、能力和水平，以及更为成熟和充分的制度和体系性建设，另一方面是源自社会对老年人价值的再审视，除了在经济活动和社会公益方面的贡献被认可外，老年人的非正规就业、家庭代际支持、文化传承等价值也更加受到承认和重视。我国老年人口整体数量、健康程度和人力资本水平均处于不断提高的状态，这就为老年人广泛的社会参与创造了较为充分的前提条件，越来越多的老年人有了社会参与的能力和可能性。与此同时，不再仅仅局限于市场和正式组织这些平台，我国老年人在家庭、社区和社会组织等领域也做出了非常多的贡献，如家庭中的隔代照顾，以及一些社区所设立的老年自助组织等，他们所创造的绝不仅仅是生活价值，在人口和家庭结构急剧转型而相应的支持尚不充分的背景下，我国老年人的这些参与活动也是极具社会价值的。

第二，对老年人社会参与的促进和保障是新时代积极应对人口老龄化的必然选择。在农村地区，虽然绝对性贫困已经随着我国社会经济的全面发展而基本消除，但仍然有相当大一部分老年人仍然面临着物质生活的不充分和困难。绝大多数农村老年人是没有退休工资，而目前的养老保障虽然覆盖率较高，但保障水平却依然有限。因此，从全国范围的调查资料来看，他们的经济保障主要来源于个人劳动和子女支持，该现象对于部分城市老年人而言亦是如此。物质经济支持作为老年人最为基本的保障基础，其获得与提升，一方面依赖于国家经济发展的福利水平的进一步提高，另一方面则依赖于老年人在整个生命周期对于老年时期物质保障的积极准备和应对，而后者是更为直接和关键的举措。此外，如前文所述，人口和家庭结构的转型给代际支持所带来的冲击，给我国的养老问题提出了较大的挑战，传统的家庭养老模式已经难以充分应对，在此背景下互助养老模式应运而生，农村广泛存在的幸福互助院，城市的社区养老互助组和时间银行等模式，这些都依赖于老年人自身的积极参与而存在和运转。大量的事实证明，中国老年人在经济发展和社会稳定方面发挥着不可估量的作用。因此，在当下及未来相当长一段时期内，更进一步认识、促进和发挥老年人社会参与是顺应时代发展的应有之义。

第三，充分的老年人社会参与是实现积极老龄化的战略选择。积极老龄化最早是由世界卫生组织于1996年提出的，在接受和借鉴国际积极老龄化理论及政策框架的基础上，2006年中共中央　国务院发布的《关于全面加强人口和计划生育工作　统筹解决人口问题的决定》中正式将积极应对人口老龄化确立为一项国家的长期战略任务。随着新中国成立初期补偿生育高峰人口周期性地鱼贯进入老年阶段，我国人口老龄化的程度将进一步加深，这一态势将会继续延续，因此，积极应对人口老龄化是一项发展性和长期性的战略部署，是十分及时且必要的。积极老龄化倡导要以尊重老年人权利为前提，以独立、参与、尊严、照料和自我实现为基本原则，并将老年人社会参与放在其具体行动策略的首位，充分凸显人本主义导向，这不仅体现了对老年人权益的保障，更体现了对老年人价值的积极肯定。社会参与作为积极老龄化理论的构成核心，最有利于促进老年人保持与社会的联系，并促进实现老年人自身的人力资本、社会网络、经验、闲暇时间等优势资源的合理配置，进而在实现老年人自身价值全面发展和发挥的同时，为我国老龄事业乃至社会经济发展做出贡献、奉献价值。

第三节　老年人社会参与的几种新形式

近年来，社会经济快速发展，多元文化不断推陈出新，老龄化伴随着新技术等因素牵引和影响着整个社会的发展，正日渐形成一个新的社会形态。在此过程中，老年人群体也发生了极大的转变，受教育程度和健康水平普遍更高，观念意识相较于传统而言也有了较大更新。与此同时，社会对于老年人的需求、认识和态度也相应发生着变化，"弱势群体"的标签显然已经不合于当下的老年群体，"银发资源"正日渐得到全社会的关注和重视。顺应当下社会经济和文化发展的整体背景，老年人社会参与又呈现以下几种新形式。

一　面向家庭内部的代际支持

从整体上来看，当下家庭规模日渐小型化是中国绝大多数地区的显著特征，多子女家庭日渐鲜见，少子女家庭和独生子女家庭是较为普遍的结构状态。家庭人口数量结构的变化，必然给家庭功能的有序发挥带来冲击和影响，一方面它必然会加重子代对于父代的赡养负担；另一方面它亦是父代向子代和孙辈群体提供更充分支持的可能性基础条件。结合近年来逐渐下降的婚育率，我们可以看到很多在生活实践中获得的婚育成本过高，尤其是消耗工作机会成本过高所致的归因推论模式。当下处于婚育年龄的女性普遍和男性一样拥有相应的学历教育和工作机会，然而婚育对于女性各方面机会成本的负面影响又显然高于男性。一些企业的"996"甚至是"007"的工作模式对年轻人的时间和精力的挤压是显而易见的，延迟婚育、不婚不育成为一种相对较为消极被动的权宜性对策。在此背景下，中国老年群体已经并正在为维持家庭结构和功能的完整性发挥着难以替代的重要作用。

在较为常见的"421"或者"422"家庭中，老年人为子代和孙辈所提供的支持是多方面的。经济支持方面，我国老年人虽然整体上储蓄水平不高，但绝大多数老年人为子女提供了力所能及的经济支持，在较大的消费支出如购房和婚育等事件上的支持是较为普遍的，且这种支持的性别差异也在日渐缩小，日渐表现出儿子和女儿都一样的趋势。在照料性支持方面，隔代照顾是较为突出的一种形式，无论是在农村陪伴留守儿童的老年人，还是跟随子女到工作地照料孙辈的流动老年人，很多老年人对于子女家庭的照料已经远远超出了"含饴弄孙"的意涵，他们都在通过自己的辛苦劳动保障子女能够安心工作的同时，也实现了家庭结构和功能的完整。在情感支持方面，虽然家庭内部的代际摩擦和代际冲突是较为普遍存在的现象，但是不容否认的是，老年人在家庭中是维系家庭成员之间保持良好亲情和亲密关系最为积极的纽带，对于和睦家庭氛围的营造和优良家风的传承都发挥着至关重要的作用。

二　面向社会的各类公益服务

在传统社会结构背景下，我国老年人既发挥过长者、智者的引导性角色作用，也在后喻文化时期扮演过被教育和被引导者的角色。整体而言，在进入老龄化社会之前，无论老年人处于何种社会角色地位，由于其整体数量少、占比低，并且通常已经退出主流生产活动领域，因此对于整个社会的影响并不突出。随着老龄化的发展，我国老年人口数量持续增长，这些老年人分享社会发展成果、服务社会的意愿和能力均显著增长。从"单位人"转化为"社区人"是我国大多数老年人的转化状态，老年人不同于其他年龄群体，他们的主要活动往往就发生在社区基本场域当中，因此会对社区具有更强的依赖感和归属感，与社区的各类互动通常也更加频繁。近年来，我国老年人无论是在社区还是在社会公共活动空间领域所发挥的作用均显著增强，除了在邻里互助、纠纷调解和环境卫生保护等既有常规性活动方面发挥余热，越来越多的老年人在社区文化营造、社会组织运营和公益志愿服务等方面也有突出表现，担负起了更广泛、更专业的社会管理和社会服务职能。

热心参与社会服务是我国老年人历来所秉持的行为理念，它涵盖了非常广泛的事务领域，长期以来也积累了丰富的实践经验。与我国老年人既往的社会服务相比，近年来，老年群体的社会服务呈现更强的组织性、科学性和积极性。越来越多的老年社会组织或者以老年人群体为主要参与者的社会组织在各地出现，与以往个别少数老年人较为随意性的社会服务模式不同，这些社会组织以其结构化和章程化的一系列运行管理模式使老年人的社会服务更具效率性、指向性和可持续性。在此过程中，老年人便能够更加充分地发挥自己的优势为他人和社会奉献余热，受众群体也能够获得更高质量的服务。而积极性特征不仅体现在有越来越多的老年人参与其中，更体现在这些老年人能够不断主动地对所提供的服务内容进行探索和延展，对于提升社会服务水平普遍持有更为积极的认识和实践方向。

三　面向同辈群体的互助养老

受社会、经济、传统文化等方面因素的综合影响，整体来说，我国社会化养老服务体系尚不健全，老年人自身和老年人家庭对于机构养老等社会化、商业化运营模式的排斥感仍然比较高。与此同时，无论是在农村地区还是在城市地区，留守、空巢、独居、失能（半失能）、高龄老年人的数量和比例不断增长，他们的养老服务需求也在日渐增长，然而受少子化、人口流动等多方面因素的影响，传统的家庭养老资源愈显薄弱，单纯依靠家庭资源已经显然不能充分满足老年人的养老需求。其中，与城市相比，农村老年人所拥有的养老资源更显不足，他们既面临着家庭养老资源的向外流失，同时也面临着基础公共养老服务设施的缺失。针对此类问题，近年来，在我国广大城乡地区逐步试点和推广的互助养老模式呈现较为显著的养老助老成效，获得了较好的社会反响。老年人的主体性在其中得到了充分的发挥，在该模式中扮演着参与者和受用者的双重角色。

互助养老通常采取的是据点式在地养老，即在城乡社区建设有固定场所的，以集体建院、集中居住、自我保障、相互服务、共同生活为具体模式的互助养老院（中心）。互助养老模式作为一种比较适合现阶段我国社会经济发展水平，且更为符合现阶段我国老年人文化认同和情感认同的新模式，近年来其得到了较为广泛而迅速的发展和扩大，不仅在很大程度上缓解了目前城乡养老资源普遍短缺的现实困难，而且也极大程度地节约了家庭、社会的人力资源成本，与此同时，老年人的自身价值在得到更充分发挥的同时也显著增强了他们的幸福感。虽然近年来我国城乡各地区老年人目前医疗和社会保障水平普遍提高，但是本应来自家庭和社会的情感慰藉却成为很多老年人最为缺失的支持，仅靠子女的物质和经济支持已经远远不能满足老年人实现晚年幸福的需求，这也和我国目前全方位追求高质量发展的路向是不相符的。而互助养老的新型模式，能使老年人在与同辈群体的互动过程中获得更多的精神和情感支持，对于老年人自身和老龄社会而言都更加具有积极意义。

四　面向经济的多种金融活动

西方国家在 20 世纪 70 年代相继出现了"福利国家危机"，后续又伴随着经济危机的出现，经济学家们开始更进一步地探索社会经济发展的结构特征，越来越多的国家意识到人口老龄化的深刻影响，开始深入考量更适宜于老龄社会的经济发展理念、结构和制度安排。对于中国而言，一方面可以吸收借鉴西方国家在老龄化社会背景下经济发展的经验；另一方面也应该充分立足于中国社会经济和人口发展特征去探寻应对策略。中国的人口老龄化速度与西方国家相比是极快的，这也使我国在老龄化初期阶段出现了"未富先老"和"未备先老"的形势解读和判断。在经历 20 余年老龄化的人口结构过程中，我国已经初步探索出了一条适合中国应对人口老龄化的道路，对于社会经济发展和人口老龄化之间关系的解读也相对更为乐观和从容。这与中国经济发展所依托的产业和技术基础转变有很大关系，从某种程度来说，我国已经初步实现了从劳动力密集型为主向技术密集型产业为主的转变。人口老龄化对于经济的冲击和影响基本处于一种可控水平，同时人口老龄化也倒逼和刺激越来越多的企业开始探寻新方向。技术为本、消费结构的优化探寻、民生需求得到充分满足等方面的经济活动都呈现越来越多的适老化转向。

面向老龄化社会的几类涉老经济金融类活动表现出很强的潜力和吸引力，十分值得我们予以关注。其一，人口老龄化给第三产业的发展带来了极大利好，庞大的老年人群体的产品性需求和服务性需求将催生和带动很多新型产业业态和就业机会，这对于应对我国劳动年龄人口减少给经济发展所带来的影响有着显著的正向意义，而老年人在第三产业的促进激发过程中既是受益者，也是极具潜力和能力的参与者。其二，随着生命生活水平的不断提高，我国老年人的平均预期寿命和平均预期健康寿命均有显著增长，传统社会所盛行的"养儿防老"和"储蓄养老"模式已经显然不能为充分满足老年群体对于高质量晚年生活的需求提供物质支撑。近年来，有越来越多的老年人甚至是中年人开始基于全生命周期历程进行资产配置和财务管理，通过各种形式的金融产品和服务来确保自己晚年生活的持续性经济保障。未来随着老龄化程度的不断加深，涉及老年群体的金融产品和服务也必将是未来我国金融体系的一个重要组成部分。其三，目前我国面向全体公民的社会保障体系初步建立，在养老和医疗需求得到基本满足之后，有很多老年人尤其是中产阶层的老年人便开始探寻一些适合自身的商业性老年保险，以此来更加充分地应对可能会发生的老龄风险。随着我国老龄社会的深入发展和商业保险的规范化调整，未来涉老型的商业保险也极有可能会是一个巨大的新型金融领域。

五　面向文化的传承与创造

传统社会的生产力条件之下，前喻文化（老年文化）占据了社会的主流地位，老年人是智慧、知识和权威的象征，在那一历史时期老年人是文化的主要传播者，年轻人则处于被传授和被教育的角色地位。随着技术的不断发展和革新，后喻文化（青年文化）已经成为现代社会的一种趋势和潮流，由于技术更新迭代的速度非常快，青年人日渐成为新知识和新技能的掌握者，老年人则逐渐开始处于一种相对比较被动的地位，需要从年轻人那里获得更多的支持和帮助。当然，随着老年人群体年龄梯队的不断更迭，我国老年人的社会经济地位和人力资本水平必然会有显著的提升，这也将缩小后喻文化环境下老年人可能会面临的知识鸿沟。面对老龄化社会的新常态，年龄平等的价值理念将会渗透和反映在社会生活的各个方面，老年人必然还是会在整个社会文化体系当中处于非常重要的地位。老龄社会的文化走向和特征将是什么样态？如何使社会结构转型和不同年龄群体能够与此实现较为平缓的适应和融合？对于这些问题的有效应对，均需要我们对于老年人群体和文化之间的互动关系进行深入的探索。

多元一体是我国文化的基本格局和走向特征，既往更多的是根据各民族之间文化形态和价值理念的划分。在迈入人口老龄化社会之后，我们不能忽视更不能轻视老年人群体的特征和需求对文化的影响，全社会便需要持续地思考如何构建老龄社会的文化体系。国家卫生健康委员会发布的《2021年我国卫生健康事业发展统计公报》显示，我国人均预期寿命已经提高至78.2岁。老龄化、高龄化和健康化的特征已经日趋显著，我国老年人在文化发展过程中正在并将持续发挥重要作用。一方面，老年群体是传统文化的主要传承者，中国悠久的历史文明所遗留的诸多精粹被这些老年人所掌握和传递着，非物质文化遗产传承人绝大多数是老年人。另一方面，在实现中华民族文化复兴的过程中，文化自觉和文化创新是非常重要的两个领域，其中文化自觉是离不开对于文化本源和形成过程的深刻认识的，而文化创新也必定是要基于文化自觉的，知其所来，方知其所去。因此，对于一些形态的文化创新而言并不具有年龄排斥性，老年人在此反而会有更大的创新潜质和能力。此外，近年来，老年亚文化表现也较为突出，基于老年人的旅游、保健等消费领域，以及社区老年教育、广场舞等基层群众性文体活动也越来越普遍和活跃，已经成为全国各地区消费文化和群众性文体活动的一个突出亮点。

第二章

从制度性参与到实质性参与：当代中国
老年人社会参与的发展变迁

作为积极老龄化的核心内容之一，我国老年人的社会参与状况也直接或者间接地投射出中国老龄事业发展的基本轨迹。抓住我国老龄化、人口转变和经济社会快速发展的时代特征，厘清不同时期我国对老年人社会参与的重新定位、发展路径及其实践特征，总结"六个老有""年龄友好型社会"等战略规划，并从中汲取经验与教训，对于制定和完善更加适合我国老龄事业长期协调发展的政策体系与配套机制具有重要意义。本章将对我国老年人社会参与的相关制度性保障的脉络和框架进行总结梳理，并筛选出最有代表性和影响力的相关支持机制性实践示例进行分析介绍，从历时性和结构性的双向维度初步形成对于我国老年人社会参与状况的整体性观照。

第一节　老年人社会参与的制度性保障沿革

我国对于老年人价值发挥重要性的认识既具有在基本立场和判定上的连贯性，也具有在内容和组织形式上的调整性。伴随着社会经济的全面发展和老年人保障、健康水平的不断提升，中国老年人在经济基础、健康程度和人力资本水平等各个方面的个体生活水平和整体水平都发生了显著的变化，老年人对于自我价值实现的层次也普遍有了显著的提升。因此，我国有关老年人社会参与的制度保障性框架也在不断进行着调整和完善，其中最为关键的政策性沿革线索主要包括以下三个方面的内容。

一 目标性指引："六个老有"

20 世纪 80 年代初，我国提出领导干部的"四化"方针（革命化、年轻化、知识化和专业化），随后中央废除了领导干部终身制，大批老干部离退休后进入社会，处于闲暇状态，他们有了更充分的时间和精力关注各类社会群体和问题，为更加深入而广泛的社会参与提供了条件。后期围绕离退休干部又出台了系列支持性政策，比较有代表性的有 1982 年发布中共中央办公厅转发中央组织部的《关于发挥中央、国家机关离休老干部的作用的意见》和《中央组织部关于妥善安排退出现职的老干部的意见》这两份文件，它们对于离休老干部社会参与的内容和途径进行了相应的保障性规定，尤其是对于那些具有专业技术的离休科技工作者。这一时期，在相关政策的引领和保障下，大批离休老干部投入到继续服务社会的活动中，比如助力和兴办福利事业、帮教青少年、成立社会服务团体等。

1984 年的全国老龄会议上"五个老有"的老龄工作总目标被首次提出，具体包括：老有所养、老有所医、老有所为、老有所学、老有所乐。其中老有所为被确立为我国老龄工作的首要核心目标。老有所为的具体定义为：低龄和健康老人在自愿和量力的前提下参与社会发展，推动社会精神文明和物质文明建设。至此，我国的老龄事业也主要是立足于"五个老有"的目标而逐项规划和落实开展的。结合《联合国老年人原则》的基本原则框架，我国于 1996 年首次颁布了《中华人民共和国老年人权益保障法》（以下简称《老年人权益保障法》），其中第四条规定，国家和社会应当采取措施，健全保障老年人权益的各项制度，逐步改善保障老年人生活、健康安全以及参与社会发展的条件，实现老有所养、老有所医、老有所为、老有所学、老有所乐。首次明确指出了我国老年事业发展的总体目标是"五个老有"。

1999 年，全国老龄工作委员会成立，即在"五个老有"的基础上增加了"老有所教"，并将"六个老有"定为我国老龄事业发展的长期战略目标（穆光宗，2002）。其中，"老有所为、老有所乐、老有所学"是老年人社会参与的主要途径和内容，而"老有所养、老有所医、老有所教"为老年人社会参与提供了基础和保障。"六个老有"是一个系统的概念，彼此之间具有很强的关联性，相互影响和促进，共同发挥作用，对我国老龄事业的发展具有重要的指引意义。

二　法律性保障:《老年人权益保障法》

1996 年颁布的《老年人权益保障法》是我国第一部专门针对老年人权益保护的法律,其中特设有"老年人参与社会发展"一章,从法律的层面界定了老年人社会参与的价值意义和内容外延。对于我国老年人社会参与权的保障而言,我国已经形成了初步的法律保障框架,具体来说,就是构建了保障老年人社会参与权益保障的相应制度,为老年人参与社会发展创造了有法可依的法律环境。随着我国人口老龄化状况的不断发展变化,结合相应的现实问题和时代特征,《老年人权益保障法》又分别于 2012 年、2015 年和 2018 年进行了三次修正,主旨方向不仅在于增强对老年人权益的保护,而且强调了对生活质量、满意度和幸福感的提升。其中一个显著的特征便是从之前对于老年人生存性权益的保障向全面发展性权益保障的转变。

结合我国当前人口结构转变和社会经济转型的实际发展状况,现阶段以及未来相当长的一段时期内,老年人通过广泛的社会参与对于自我价值和社会价值的实现,是符合社会整体发展之需的,这也对老年人社会参与的相应权益保障水平提出了更高的要求。2018 年修订的《老年人权益保障法》中的第七章(参与社会发展)便是对我国老年人社会参与的涉及,其中包含第 66 条至第 72 条,共计 7 条内容。通过进一步分析可以发现,这些条目主要涵盖了对老年人社会参与价值的肯定、相关活动及组织形式的明确、具体权益的声明和相应活动内容的设定,依托于这四个层次的内容构建了我国老年人社会参与的法律保障框架体系。

在价值肯定方面,明确指出国家和社会应当对老年人的知识、技能、经验和优良品德予以重视和珍惜,充分发挥老年人的专长和作用。在活动和组织形式方面提出,一方面要成立相应的老年人组织;另一方面国家和社会要采取多方面的措施,以开展有益于老年人身心健康的群众性文化、体育和娱乐活动。在具体权益方面,着重声明要对老年人在涉老事务方面的话语权和表决权予以保障,并强调对于老年人劳动权益、合法收入保障和享受继续教育等方面的具体现实权益的保护。在活动内容方面,指出国家应当为老年人参与社会主义物质文明和精神文明建设创造条件,根据社会需要和可能，鼓励老年人在自愿和量力的情况下，可从事下列活动：①对青少年和儿童进行社会主义、爱国主义、集体主义教育和艰苦奋斗等优良传统教育；②传授文化和科技知识；③提供咨询服务；④依法参与科技发展和应用；⑤依法从事经营和生产活动；⑥参加志愿服务，兴办社会公益事业；⑦参与维护社会治安、协助调解民间纠纷；⑧参加其他社会活动。

三 战略性设计：《国家积极应对人口老龄化中长期规划》

从 20 世纪 90 年代开始，我国老年人口快速增长，处于即将进入老龄化社会的边缘，大量老年人开始出现在我们的视野中，同时我国的医疗、健康和社会保障也面临着人口年龄结构的变化带来的新挑战，这对我国老龄事业的发展也提出了更高的新要求。因此，1994 年国家计委、民政部联合制定并推出了《中国老龄工作七年发展纲要（1994—2000 年）》，这是我国第一部全面规划老龄工作和老龄事业的指导性文件。该纲要也对老有所为进行了具体的界定和阐释，指出"老有所为是指低龄和健康老年人在自愿量力的前提下，参与社会发展，推动社会物质文明和精神文明建设"。在此之后，每五年国务院便发布一部老龄事业发展的计划纲要。值得强调的一个转向是，2010 年前后随着我国劳动年龄人口增长出现下行拐点，2011 年国务院印发的《中国老龄事业发展"十二五"规划（2011—2015 年）》中提出"要扩大老年人社会参与，注重开发老年人力资源，支持老年人以适当的方式参与经济发展和社会公益活动"。这一系列的阶段性规划，为我国系统地统筹、规划和解决系列性的老龄问题提供了根本性的行动纲领。

基于过往 20 余年对我国老龄问题和老龄事业的探索和实践，面对老龄化社会的人口结构新常态这一基本国情，2019 年中共中央、国务院印发了《国家积极应对人口老龄化中长期规划》。该规划近期至 2022 年，至此我国积极应对人口老龄化的制度框架初步建立；中期至 2035 年，至此相应的制度安排要更加科学有效；远期至 21 世纪中叶 2050 年，至此要形成完备而成熟的与社会主义现代化强国相适应的应对人口老龄化制度安排体系。《国家积极应对人口老龄化中长期规划》主要从五个方面部署了具体任务：一是夯实应对人口老龄化的社会财富储备；二是改善人口老龄化背景下的劳动力有效供给；三是打造高质量为老服务和产品供给体系；四是强化应对人口老龄化的科技创新能力；五是构建养老、孝老、敬老的社会环境。这些任务也昭示了我国积极应对人口老龄化的战略目标，对我国老龄事业的发展具有综合性、战略性和指导性很强的战略部署意义，同时这也是实现以人民为中心的发展思想、经济高质量的持续发展和社会稳定和谐的内在要求。

不同于之前短则 5 年长则 10 年的系列性时期规划，《国家积极应对人口老龄化中长期规划》是一个历时长达 30 余年的愿景性蓝图设计。深入剖析该规划中对老年人社会参与的涉及和指向，可以发现规划的五个方面均有涵盖和体现，其中在劳动力有效供给、为老服务和产品供给体系和适老环境建设这三个方面表现尤为突出。在改善劳动力有效供给方面，首先，提出要构建老有所学的终身学习体系，创新老年教育形式，全面发展老年大学行动计划，到 2022 年全国县级以上城市均至少建成 1 所老年大学，这就为提升老年人力资本水平奠定了重要支撑基础；其次，提出了要优化老年人的就业环境，充分调动有意愿和有能力的老年人参与就业和创业的积极性。在打造高质量为老服务和产品供给体系方面，不仅提出要积极探索和鼓励老年人自愿开展各种形式的互助式养老，而且也强调了对于老年人健康生活和健身活动的指导和干预，进而形成健康、文化与娱乐相结合的融合性养老服务和产业发展模式。在适老环境建设方面，既重视对于硬件环境建设标准的进一步规范，致力于打造老年宜居性环境，同时，也格外强调基于法律、家庭支持和社会年龄友好这些软环境因素的优化。

第二节　相关支持机制的具体变动示例

一　从精英化到大众化的群体性转向

从纵向的时间轴线脉络进行梳理，我国老年人社会参与的主体具有比较明显的群体性转向。在起步的初期阶段主要是以离退休干部、专业技术人才为主的有限主体参与，具有明显的精英化特征。在后续的发展过程中，老年人社会参与相关政策的适用对象逐渐扩大和放开，开始鼓励和倡导所有老年人积极参与各类活动，与既往相比，呈现大众化的群体性转向，越来越多的老年人开始广泛参与到各领域的社会活动中。

1. 老年人社会参与的形成与典型示例"银龄行动"

1958 年，我国政府颁布了《关于安排一部分老干部担任各种荣誉职务的通知》，指出在新中国成立初期的历史阶段，虽然领导干部普遍遵循终身制原则，但对于一些由于身体等原因无法承担过于繁重工作的老干部，在予以一定的荣誉称号的基础上，以保障这些老干部仍然能继续适当地发挥余热，为社会主义建设事业继续贡献力量。这是我国最早涉及老年人社会参与的相关文件，也阐明了我国历来都将老干部视为"国家的宝贵财富"的基本定位。1982 年，中共中央发布了《关于建立老干部退休制度的决定》，这标志着我国干部退休制的正式形成，领导干部终身制被彻底废止。这就使大量老干部在离退休后，有更多的时间和精力，能在更广泛的社会领域做出贡献并提供了制度上的保障。

在地位价值和制度保障方面确立之后，立足具体社会发展时期性问题和特征，政府又提出了一系列的方向、内容和形式的具体引领方案。1982 年，中共中央办公厅转发中央组织部《关于发挥中央、国家机关离休老干部的作用的意见》出台，提出离休老干部应继续参与社会公益等活动，进而充分发挥其自身的能力以服务社会。1986 年，中央组织部、中央统战部等部门发布了《关于发挥离休退休专业技术人员作用的暂行规定》，该规定指出在我国各项事业工作的推进和发展过程中，离退休专业技术人员仍然是重要的支持力量，因此鼓励和支持他们继续在各自的领域继续积极发挥作用，贡献余热。1990 年，国家主席江泽民在为中国离退休科技工作者团体联合会题词时强调："团结广大退离休工作者，为科技进步、经济繁荣、社会发展和民族振兴再作贡献。"步入 21 世纪，我国正式进入人口老龄化社会，离退休干部和专业技术人员的重要性也一直被强调。例如，号召发挥"五老"（老干部、老专家、老战士、老教师和老模范）队伍在加强和改进未成年人思想道德建设中发挥作用，组织开展各种有益于青少年健康成长的活动；号召进一步发挥离退休专业技术人员的作用，充分肯定他们在现代化建设中的重要价值，创造各种条件以积极支持他们继续发挥作用；等等。

其中，最具有代表性和社会影响力的"银龄行动"便是精英化老年人社会参与的典型示例。2003 年，全国老龄工作委员会办公室发布《关于印发〈组织开展老年知识分子援助西部大开发行动试点方案〉的通知》，倡导并组织东部地区大中型城市的离退休知识分子以各种形式向西部经济欠发达地区提供智力援助行动，即"银龄行动"。银龄行动是由各地区老龄部门动员和招募，一般情况下会选择 70 岁以下的健康老年人，并结合服务对接地区的具体实际需求，为老年知识分子提供相应的培训和保障，以确保老人们能够安全并且有效地提供智力和技术性援助服务。该行动实施 10 多年以来，服务所涵盖的地区从最初的西部省份已经扩展到了全国，服务的内容也从初期对医疗卫生的强调逐步丰富到了科教、农业、教育等诸多领域。银龄行动为西部不发达地区带去了大量珍贵的技术支持性服务，它既是 2000 年我国西部大开发战略实施的有效举措，也为我国扶贫攻坚全面脱贫事业提供了重要支持，也是对促进实现共同发展和共同富裕社会的坚实践行。

2. 大众化老年人社会参与的形成与典型示例"老年人志愿服务"

如前文梳理所示，我国对于老年人社会参与的倡导和支持走的是精英引领路线，以离退休老干部和专业技术人员为先行者和排头兵，事实证明这是一个非常成功的规划，既符合我国人口结构和社会经济发展转型的现实条件，也最大限度地实现了对老年人力资源的合理配置和利用。进一步深入分析总结可以发现一个明显的特征是，老年人社会参与群体的扩大化趋势。参与群体从离退休老干部和专业技术人员，逐渐将老工人、老教师等更广泛的人群也分别都涵盖了进去。1996 年的《老年人权益保障法》的首次颁布，昭示着老年人社会参与权益方面的普适化和全面化，提出有能力和有条件的老年人均可以在自愿、量力原则的基础上参与各种类型的社会事务。在后续各时期阶段的老龄事业发展规划中，也均开始以全体老年人为社会参与的限定对象进行规划设计。

值得注意的是，2011 年国务院印发的《中国老龄事业发展"十二五"规划（2011—2015 年）》提出，"要扩大老年人社会参与，注重老年人力资源开发，支持老年人以适当方式参与经济发展和社会公益活动"，这是对我国经济社会发展滞后于老龄化进程加剧的积极回应，开始以一种更积极的态度审视老年人的价值，更加强调对广大老年人价值的挖掘和利用。强调我国大众化老年人社会参与的形成，而并未使用"转向"这样的表述，是因为以老干部和老专家为代表的精英群体也依然属于人民大众的一分子，而且他们积极而广泛的社会参与也从未停止。因此，当下的老年人社会参与是一种在涵盖和吸收了前期精英化老年人社会参与的组织经验和构成优势的前提下，进一步在参与群体基础上的扩大化。

其中，最具有代表性的典型示例便是日渐广泛的各种类型的"老年人志愿服务"活动。《中国老龄事业发展"十二五"规划（2011—2015 年）》提出，"要重视发挥老年人在社区服务、关心下一代、调解邻里纠纷和家庭矛盾等方面的积极作用，广泛开展老年人志愿服务活动，老年志愿者数量要达到老年人口总数量的 10% 以上"，国家已经将广泛老年人的志愿服务活动作为弥补社会服务不足的必要举措。2017 年国务院印发的《"十三五"国家老龄事业发展和养老体系建设规划》进一步指出，要加强促进老年人积极参与到基层民主监督、移风易俗、公益慈善、文教卫生等社会事务中，到 2020 年我国老年志愿者数量要达到老年人口总数量的 12% 以上。通过对志愿活动内容的不断细化和扩展，以及对老年志愿者数量要求的不断增长，可以看出，我国政府对老年人志愿活动的重视程度越来越高。虽然目前我国老年志愿服务还存在着城乡地区之间的发展不平衡，且志愿活动内容和组织形式单一等问题，但不容否认的是，老年人的志愿活动参与积极性普遍较高（孙鹃娟、梅陈玉婵、陈华娟，2014）。我国老年志愿者队伍的不断壮大，既有利于实现对老年人力资源的充分利用，同时也有利于老年人健康福祉水平的整体提升，相比于延迟退休的强制性，它是一个更具弹性和自主选择性的积极应对老龄化路径（高翔、温兴祥，2019）。

二　从技术鸿沟到技术运用的适老性提升

对于老年人和技术运用之间的关系，通过活动理论和脱离理论的各自视角进行分析，会产生不同的观点。活动理论视角认为老年人可以通过使用新技术，拓展出新的社会参与内容，进而提升生活满意度。而脱离理论视角则认为，老年人面对新技术会产生不适应感，进而会加速老人与社会的脱离过程，并加剧老人的低落情绪。无论持有何种观点，老龄化和现代化的进程必然都会不断向前推进和发展，因此，思考如何辩证地认识和处理老龄化与科学技术之间的关系，对于当下积极应对老龄化和实现社会经济的高质量可持续发展都是至关重要的。同时也应该看到，技术的发展已经为老年人带来了很多助益性影响。例如，生物医学技术为老年医学提供了强有力的支撑，老年人在保持健康长寿和疾病预防和治愈等方面的整体水平均有显著提升。21 世纪对人们生产生活方式影响最大的是互联网技术，越来越多的老年人开始使用互联网，2019 年中国互联网络信息中心发布的统计公报显示，我国网民规模已达 8.54 亿，其中 60 岁以上网民占比 6.9%，与 2018 年相比（6.6%）有显著提升。有研究指出，互联网的使用能显著提高我国老年人的生活满意度（杜鹏、汪斌，2020）。

技术为老年人带来支持、保障、便利和提升的同时，不可避免地也使部分老年人面临着一定程度上的困难和挑战。随着数字技术的快速发展，各种数字化服务给人们的生产、生活带来了极大的便利，甚至已经对整个社会治理模式产生了变革性影响。然而不同的社会群体在获取和使用数字资源时也会面临着不同的情境，老年人尤其是农村老年人由于受自身能力和外部资源配备普及等因素的影响，很大可能会成为智能技术运用的典型弱势群体。虽然老年人网民的总数量在不断增长，但截至 2019 年，我国 60 岁及以上老年人已接近 2.54 亿，其中老年网民数量为 6000 万左右，也就是说，仍然有近两亿的老年人并未充分享受到数字化智慧社会的红利（范玉波，2021）。因此，有相当多的老年人在诸如购物、就医、出行等各个方面面临着越来越多的困境，不会或不适应在线支付方式、不会在线预约挂号和自助取读检查结果等。尤其是在新冠肺炎疫情的影响下，许多老年人受限于智能手机的普及使用，在出行等各个方面受到了很大的限制和冲击。另外，一些老年人由于缺乏对于网络信息的判别能力，很容易成为网络诈骗的对象。整体而言，当下老年人所面临的数字鸿沟问题仍然是非常突出的。

为了更好地解决老年人在智能技术方面遇到的问题和困难，2020 年 11 月国务院办公厅印发《关于切实解决老年人运用智能技术困难的实施方案》，要求各部门和各地区结合实际贯彻落实，聚焦涉及老年人就医、出行、文化娱乐、消费等高频事项和服务场景，坚持传统服务方式和智能化服务创新并行的原则，切实解决老年人遇到的困难。围绕该议题，人力资源和社会保障部、工业和信息化部、各省等部门纷纷出台了相应的落实方案，共同致力于保障广大老年人能够更好地适应并融入智慧社会，相应的智能技术适老化改造举措也越来越多。以围绕新冠肺炎疫情防控所使用的出行"健康码"为例，我国老年人在这方面出现困难之后，便引起了广泛的社会关注，并予以了迅速的积极回应。全国范围内绝大多数的地区和场所均设立了"无健康码通道"，有条件的地区在保障个人信息安全的前提下，将身份证、老年卡、社会保障卡等与"健康码"相关联，实现刷卡与扫码效果相一致的功能。此外，在老年人的日常就医服务、健康管理服务、线上和线下消费活动、文体娱乐活动等各个领域，都开始基于老年人的具体特征和需求，增强和提升智能技术在设计方面的适老性，进而促进智能技术被更多的老年人接纳和利用。

第三节　老年人社会参与的实践路径发展表征

相关制度性保障是影响老年人社会参与的重要条件，通过对其进行梳理，我们可以发现，不断完善优化的法律法规和相关政策，使我国老年人社会参与权益得到了几乎全方位的保障。那么，老年人的具体社会参与实践又有哪些相伴随的变化呢？根据相关政策法规及学界对老年人社会参与活动内容的常见表述和限定，下面将分别对家庭领域、经济领域、社会公共领域、文化娱乐领域和政治领域的老年人社会参与实践进行分析。

一　家庭领域的老年人社会参与

从传统社会向现代社会快速转型的过程中，在快速发展的现代社会中，我国的家庭结构和功能也普遍处于一个不断变化、调整和建构的状态。虽然孝道伦理基础仍然较为稳固，对人们的家庭赡养和代际支持等行为有着比较强的约束力，但受到人口流动频繁、生育水平下降、家庭规模缩小等的影响，人们在保持良好代际互动和支持方面遇到了很多新的冲击，需要与现实困境不断碰撞和协调。在此背景下，老年人往往不仅需要通过力所能及的家务劳动来保障自己的生活，甚至有很多老年人需要为子女家庭提供各种形式的代际支持，也包括隔代照顾等。在中国这样一个奉行"大家庭"观的环境中，家庭概念基本可以理解为家族，通常是涵盖了两代、三代甚至多代血亲和姻亲的生活共同体。因此，老年人在家庭领域的社会参与是绝不仅限于自己小家庭本身的，当下我国老年人的家庭付出显然已经成为确保家庭代际支持有序而和谐的重要基础。

不管是在城市还是在农村地区，目前婴幼儿托育、儿童照顾等方面的公共服务供给存在缺失和不足的现象比较普遍和突出，很多老年人便需要承担起"自我照顾 + 照料他人"的双重任务。在我国农村地区，随着青壮年外出务工日渐频繁，出现了大量的留守儿童和老人，这些老人就需要承担起自我照顾和隔代照顾的责任（宋璐、李树茁，2010）。而当这些外出务工的青壮年实现了在城市的社会融入和身份的转换，便会将妻子和孩子也迁移到城市生活，实现整个核心小家庭的整体迁移，很少有将家中老人也纳入迁移的范畴。这就使农村出现了很多独居"空巢"老年人，他们完全需要依靠自我照料进行养老，对于一些健康状况较差的农村老年人来说是很困难的处境，虽然近年来的农村幸福互助院能够为老年人提供一些互助性支持，但能覆盖的群体也往往比较有限。在我国城市地区，女性就业率普遍提高，同时也出现了很多年轻型家庭成员在工作和生活中难以协调平衡的困境（许琪，2017）。而面对收费较高且质量参差不齐的商业性托育服务，多数年轻人会更倾向于从父辈那里寻求家庭支持，由老年人来进行隔代照料。面对我国城乡都普遍存在的"一老一小"公共服务不充分这一问题，2020 年 12 月国务院办公厅印发了《关于促进养老托育服务健康发展的意见》，提出将要致力于为广大普通家庭提供成本可负担，而且服务方便、可及性强的普惠性养老托幼服务。但不容否认的是，我国广大老年人已经在家庭领域做出了很大的贡献，而且还在持续中，这方面的社会意义和价值对于我国整体社会经济的发展也是不容忽视和低估的。

二　经济领域的老年人社会参与

当讨论到经济领域的老年人社会参与时，比较消极的观点会认为老年人抢夺年轻人的就业机会和资源，而比较乐观的观点则是认为老年人不仅能够对劳动力市场形成有益补充，能够优化和补充当下的劳动力资源配置，而且能够使老年人获得更充分的价值实现机会和经济保障。无论是消极还是积极，对该问题的判定都必须依托于相对充分的实践经验和数据资料。中国老年人的主要经济收入来源位列前三的分别是子女或其他亲属经济供养支持、老年人的劳动收入和离退休金（杜鹏、武超，1998）。受养儿防老的传统思想和子女养育支出负担较重等因素的影响，我国老年人的储蓄水平并不高。尤其是农村老年人，在没有务农以外的其他经济收入来源的情况下，通常到了老年时期就会面临经济保障不足的现实困境，甚至因为衰老和疾病而陷入贫困境地。另外，五普、六普和近年来《中国劳动统计年鉴》的相关数据显示，我国 60 周岁及以上有经济活动的老年人仅占三成左右，具体到这些在业老年人的产业分布我们可以发现，其中有超过八成的老年人是在从事农、林、牧、副、渔等第一产业活动，生产、运输、零售、仓储等经济活动也是相对较为普遍的参与内容，而被单位返聘的技术型、管理型老年人才的整体绝对数量很小（李翌萱，2016）。基于此，我们可以发现，当下我国老年人的经济活动参与并未在很大程度上对劳动力市场产生冲击。

在我国农村地区，老年人的经济活动虽然一直以来都是以务农为主要内容，然而，从早期的"生计型"到现在的"生计 + 情感型"，其内在意义和价值却发生了深刻的变化。一般情况下，农村地区的老年人在身体条件允许的前提下，都会继续从事力所能及的劳动，劳动所收获的农产品一部分会储存下来以满足家庭食用，另外也会将剩余的部分卖出以增加经济收入。因此，农村老年人的务农大多数是基于物质生活得以保障的需求，通过继续从事生产劳动以保障生计。随着农耕机械化水平的提高和青壮年劳动力的外流，我国农村的生产、生活方式也产生了相应的变化，老年人日渐成为土地最主要的守护者和耕种者。而耕种条件和惠农政策等的整体水平提升，也为老年人从事务农活动提供了重要的现实性条件和基础。农村老年人对土地的热爱程度是远远高于年轻人的，这是一个不容否认而又相对较为普遍的现实情况。因此，基于农村老年人"生计 + 情感型"的生产劳动，不仅实现了他们对于生活的基本保障，也减少和避免了农村地区土地被大面积撂荒的现象发生。

在我国城市地区，老年人的经济活动参与越来越广泛，不仅表现在经济活动的具体内容和方式上，也表现在所覆盖的老年群体日渐广泛。现代化对老年人所产生的排斥性在经济活动领域是最为直接和明显的，劳动力市场的老年人歧视现象也较为常见（吴帆，2008）。发生这样的问题，一方面是由于结构性就业矛盾给劳动力市场带来了较为丰富的可选择空间；另一方面是由于固守老年人"逢老必衰、逢老必病"等一些刻板印象，为避免老年人健康等方面的意外情况发生，企业雇主往往会更倾向于选择年轻人。因此，一般只有技术型老年人才能通过被返聘等一些方式继续从事与退休前相近的工作，他们通常经济和社会保障水平都比较高，更大程度上是在寻求自我价值实现和为社会发展贡献余热。而大多数城市老年人会在 60 岁以后退休，非正规就业的老年群体也会主动或者被动地离开劳动力市场，另外，城市还有很多从未有过就业经历的老年人，尤其是女性老年人，这些老年人中有一些人是存在着经济活动参与需求的（王晶、苏中文，2013）。近年来，随着我国人口结构和社会经济的转型，全社会普遍认识到老年人是我国重要的人力资源财富，在更为积极的保障性制度和行动计划的支持下，城市老年人的经济活动参与也获得了更加广泛的机会和平台。从之前的偏重老专家的专业技术岗位，到现在更为普遍化的以服务业为主的第三产业，以及股票、基金等金融活动，活跃着越来越多的老年人。

三 社会公共领域的老年人社会参与

我国老年人在社会公共领域的参与活动内容主要体现在志愿者服务和社区公共事务两个领域，而其中的部分社区公共事务也是属于志愿服务范畴的活动内容。据统计，截至 2016 年年底，在中国志愿服务网站上进行过注册的老年志愿服务组织占全部在册组织的 15.6%，远低于青年志愿服务组织（62.1%），青年仍然是我国志愿服务的主要构成群体（中国志愿服务联合会，2017）。但基于调研发现，老年志愿服务组织占比不高，主要是由于我国有非常多的基于专业特长、兴趣爱好、公共服务等为共同特征和目标而成立的老年群众性组织，而他们所开展的很多活动也都具有服务社会的公益性质，这些与志愿服务存在很大的交叉重叠性，但他们却并未按照老年志愿组织进行注册。早在 2012 年全国老龄工作委员会办公室就印发了《关于加强基层老年协会建设的意见》，提出要加强对基层老年协会进行扶持，使它们成为维护基层社会稳定和发展的重要构成力量。他们凭借经验和闲暇优势，将自己的能力和价值无偿地输送给他人和社会，国内外大量研究均表明，志愿活动参与对于提升老年人的身心健康水平、自我效能感、幸福感等都有显著正向影响（陈茗、林志婉，2003）。

从参与内容和参与水平来看，老年人无论是通过正式或者非正式的志愿服务活动，或者是通过其他公共性事务，均对社会产生了广泛而积极的促进作用，显然已经是一支不可忽视的队伍。老年志愿服务的活动内容主要包括少数老年人所从事的技术型服务和大多数老人均可广泛参与的社会服务型志愿活动，具体包括：环境保护、义诊支教、提供科普宣传和咨询服务、指导文体活动的开展和保护民族文化、维护交通安全和社会秩序及规范、邻里日常生活互助、社区清洁维护、纠纷调解、社区治安巡逻、青少年思想教育等。对于老年志愿者的参与水平测量，由于目前我国尚缺乏对志愿活动参与频次和时间统一统计指标的相关数据资源，因此，目前的研究结论偏差较大。但整体而言，我国老年人参与志愿活动内容所涉及的领域日渐趋于广泛，而且有越来越多的老年人乐于投身其中，这已经是当下非常明显的特征与趋势。

从参与目的和参与意愿方面来看，对于大多数老年人而言，其生命历程已经进入相对较为稳固的阶段，他们对于物质型现实利益的需求普遍会有所下降，因此其参与志愿服务的功利性目的也较少，而且大多数老年人愿意继续发挥余热。杜鹏等通过调查发现，我国老年志愿者的参与目的有以下四类：一是履行社会责任；二是建立和保持社会联系；三是实现自我价值；四是帮助实现自我角色转换。该研究进一步对有参与意愿的老年人进行调查发现，其中有超过七成的老年志愿者是以履行社会责任为目的（杜鹏、谢立黎、李亚娟，2015）。通过对中国老龄科研中心所发布的多期"中国城乡老年人口状况追踪调查"数据和"第三期中国妇女社会地位调查"老年专卷数据的分析可以发现，我国目前有八成左右的老年人是具有志愿活动参与意愿的，其中不同老年人对于不同的志愿活动内容参与意愿有一定的偏好性差异，而整体参与意愿是呈逐步上升趋势的。由此可以看出，我国老年人参与志愿活动的目的具有"奉献性强，功利性弱"的特征，并且参与意愿的整体水平较高，是远高于实际参与率的。

四　文化娱乐领域的老年人社会参与

在文化娱乐领域，我国老年人最主要的参与形式主要包括老年教育和老年文化娱乐活动这两部分内容。其中老年教育是指以老年人为教育的主体对象，通过老年大学、社区、公共传媒等平台，以满足老年人发展性和精神文化需求性要求而开展的多种形式活动，它既包括通过老年大学等平台的正式教育，也包括通过电视、网络、报纸和社区宣传等平台所提供的非正式教育形式。老年文化娱乐活动既包括老年人基于公共文化服务体系设施所进行的公共性文化娱乐活动，如参与老年人活动中心所组织开展的各类集体活动，同时也包括老年人个体性的日常文娱活动，如读书看报、广场舞、棋牌等活动。伴随着我国老龄事业的日渐发展，国家和政府对于老年人在文化娱乐方面需求的提高也更加重视，所给予的相应支持也更加充分，这不仅在很大程度上满足了老年人的精神文化需求，也促进了我国文化建设的整体水平提升。

自1983年山东省创办全国第一所老年大学以来，经过近40年的发展，我国的老年教育获得了较为全面的发展，内容更加丰富、形式更为多元灵活、覆盖群体更为广泛。我国老年教育主要是以帮助老年人增长知识、丰富生活、开阔视野、增强体质为目的，通过老年大学、社区老年学校、老年电大、老年远程教育等平台，给老年人提供关于营养与健康、园艺、音乐、舞蹈、离退休心理调适等专业课程讲授的综合性社会教育（肖金明，2013；曹健、刘清瑞，2012；肖金明，2015）。我国的《老年人权益保障法》也明确规定，"老年人有继续接受教育的权利"，以及"把老年教育纳入终身教育体系"，在法律层面上对老年教育的发展建设和老年人终身教育权益的保障支持都给予了明确。与我国老年人整体受教育程度和健康水平不断提升相同步的是他们对于精神文化生活需求的不断提高，而现代化、信息化的快速发展也为我国老年教育的发展和普及提供了更充分的技术保障，老年教育在全国范围内均获得了不同程度的普及和发展。得益于新媒体、网络化等对老年教育的技术性支持，老年教育资源的即时性、可分享性均得到了很大程度的提升，这对于促进老年教育的均等化发展具有重要意义。尤其是对于农村老年人而言，他们也有了更多的机会和可能去获得多方面的教育信息。整体来说，我国老年教育的发展成就是非常突出的，它在促进老年人全面发展的同时也助力了我国经济社会的发展，对于积极老龄化和全面小康社会的建成有着重要的基础性意义。

在文化娱乐活动方面，近年来，随着我国公共老龄文化服务的逐步推进和完善，我国老年文化服务体系建设已经相对较为成熟，老年人的娱乐活动也更具时代性、适老性和健康性。2010年，中国城乡老年人口追踪调查数据显示，城市老年人的文娱活动参与度（69.4%）显著高于农村老年人（37.6%），而且在活动内容上存在较大差别，城市老年人大多会进行读书看报、看电视电影、上网、书画、旅游、唱歌跳舞等活动，而农村老年人则更倾向于看电视、听戏和棋牌等活动。农村老年人的文化娱乐活动相对较少且内容单调，这与前些年我国农村地区缺乏公共文化服务资源和组织支持有很大关系。随着我国对城乡发展一体化和公共文化服务均等化等工作的逐步推进，国家不断加大对农村地区公共文化服务设置的投入和建设力度，向农村广泛投入了公共空间体育健身器材、图书阅览室、歌舞培训等资源，并进一步丰富和扩建了在农村地区较为喜闻乐见的戏剧平台。这些举措对于丰富农村老年人的文化娱乐活动产生了显著的推进作用，使农村老年人的文化生活不再单调和枯燥，另外，也在很大程度上避免了棋牌等对于他们生活和健康带来的不良影响，并降低了农村老年人因精神生活空虚而被非法宗教活动蒙骗等恶性事件的发生率。值得一提的是，近年来我国农村老年人在文化技艺传承方面也发挥了愈加广泛和积极的作用，这对于维护我国区域性文化特色具有重要的现实意义。

五　政治领域的老年人社会参与

政治参与是指广大公民为了争取、维护和实现自身的利益而参与到政治决策过程中，包括参与选举投票、信访、向政府部门反映问题、进言献策等活动内容和形式，它是反映一个国家政治发展程度和民主水平的重要指标，也是确保政治系统稳定的必要条件（李雪卿，1998）。《宪法》赋予和保障我国公民普遍享有政治活动参与权，指出公民可以通过相应的法定程序参与公共政治生活，以表达个人或集体的意愿与诉求。《老年人权益保障法》中也明确提出，"制定法律、法规、规章和公共政策，涉及老年人权益重大问题的，要听取老年人和老年组织的意见"，为老年人的政治参与提供了法律保障。当前阶段的老年人大多见证了新中国成立和发展的瞩目成就，因此普遍具有较强的政治认同感和较为良好的政治素养，在持续的良好传统的影响下，我国老年人长期以来都是普遍具有较高政治活动参与积极性的构成群体。

有研究指出，在实际活动中目前我国老年人政治参与的主要内容仅局限于基层选举和居（村）民自治，在选举中也存在着对被选举人不了解等问题，而且参投率也呈稳中有降的趋势（杜峰，2008）。但不容否认的是，相较于其他年龄阶段人群，以基层选举活动的参与率为例，我国老年人的参投率一直是处于相对较高的水平。所以，在对目前我国老年人政治参与过程中所存在的一些问题进行分析时，需要注意对普遍性和特殊性进行区分辨别，这样才具有群体性分析的精确性。据调查，超过六成的老年人会在详细了解候选人情况后亲自投票，因此，我国老年人的政治参与质量并不低（李翌萱，2017）。

但从参与的形式和渠道方面来看，目前，我国在公民政治活动参与的组织形式上确实对老年人的兼顾性尚不充分，客观上形成了很多不利于老年人政治参与的负面影响。另外，随着我国互联网等传媒的快速发展，基于网络平台的政治参与形式正日渐成为我国公民政治参与的新路径和新渠道。然而，目前，我国仍有为数不少的老年人在互联网应用方面存在着困难，甚至根本就不具备使用网络政治参与平台的可能性。虽然网络政治平台相较于传统平台模式具有时效性高、互动性强、成本更低等许多新优势，但这些新平台与老年人之间的技术鸿沟问题也有待进一步予以关注和解决，进而使有政治活动参与意愿的老年人能够更充分、更便利地实现有效参与。

第四节　既往整体特征和未来趋势设想

我国的老龄事业发展起步早于老龄化的出现，至今已经有几十年的经验积累。2016 年 2 月，习近平总书记指出，要加强顶层设计完善重大政策和制度，及时、科学、综合应对人口老龄化。2016 年的《中华人民共和国国民经济和社会发展第十三个五年规划纲要（2016—2020 年）》中再次提出"积极应对人口老龄化"，强调要开展应对人口老龄化行动，加强顶层设计。可以看出，长期以来我国对于老龄工作的重视程度非常高，整体来说，对于老年人社会参与的促进和保障处于一种不断推进和优化的状态，自始至终都秉持着非常积极的价值导向。在此，我们将围绕老年人社会参与的既往特征和未来发展趋势进行整体把握和阐释。

一　既往侧重于对保障水平的不断提升

通过对我国关于老年人社会参与的制度性保障、支持机制和实践路径的梳理，可以发现，既往工作所围绕的重点主要聚焦在参与群体、环境和权益等方面保障水平的不断提升，其特征可以概括为以下两点。

其一，保障范围的不断扩大和延伸，具体表现在所涉及的老年群体和活动内容方面。一方面，就目前而言，我国老年人社会参与所涉及的群体是相对广泛的，然而也有部分弱势老年人受限于自身的健康或者文化水平，与外部社会沟通、交流和互动的能力较弱，因此处于一种近乎零参与的状态。对于这部分老年人群体，虽然他们可能仅占很低的比例，但我们在追求高质量发展和更广泛地满足人民对美好生活的向往这一伟大事业过程中，也应关注和关爱这部分弱势群体老年人。这些老年人往往不仅面临着社会参与能力和机会的缺失，还可能面临着多方面利益表达渠道的不畅通，极其容易陷入各种境遇性困境。因此，为避免和降低这部分老年群体被边缘化的风险，积极将他们纳入社会参与权益所覆盖和涉及的对象范畴是十分必要的。另一方面，就社会参与的具体活动内容而言，目前存在着极为显著的不均衡性，这种不均衡性主要表现在老年人在政治、经济、文化、社会和家庭等领域活动内容所涉及程度的极大差异上。这种不均衡性既有整体性的偏宏观的体现，例如，农村老年人目前普遍偏重于家庭生活性和务农经济性活动，而娱乐性和社会公益性活动明显存在着不充分，女性老年人往往会被家庭照顾性活动消耗很多的时间和精力；同时，这种不均衡性亦有个体性的体现，一些老年人基于个体爱好特长或者所处环境的资源结构影响，会存在着非常明显的活动内容偏好，我们在尊重此差异的基础上也应该着力于对人力资源和环境资源所蕴含潜力的挖掘。

其二，保障标准的不断细化和提高，具体表现在对老年人社会参与诸多相关权益边界和正向执行标准的明确化方面。通过对我国老龄事业发展历程中相关政策的系统梳理可以发现，在老龄化出现之前中国政府就已经秉持一种相对较为积极的保障性政策价值导向。从老年人社会参与相关政策的发展变迁路径来看，在各个时期均有涉及，并在不断加强，相关的保障性政策越来越多。既往的政策整体更偏重于价值指向性和方向倡导性保障内容，会更多地谈及"应该做什么"，然而却缺少具体的规范性和标准性政策依据，也就是说，对于"要做到什么样"是缺乏具体规定的。例如，老年人权益保障的相关法律和政策中均会提及要保障老年人参与经济、政治、文化和社会生活，却并未对老年人在这些活动参与过程中机会被剥夺的情境界定和惩戒措施予以明确。这也就是说，相关政策的价值理念是正向和积极的，但政策的执行标准和工具性措施却并不充分。近年来，随着我国应对人口老龄化经验的不断丰富，老龄政策的框架体系和要素内容均更加科学化和明确化。例如，2020年国务院办公厅印发的《关于切实解决老年人运用智能技术困难的实施方案》，从政策视角、政策对象和政策工具等方面来看均十分清晰，在政策体系的设计和衔接方面也非常明确。这不仅在很大程度上提升了政策的执行成效，同时也提升了政策体系内部子系统之间的协同效应。对于老年人社会参与这样一个涉及问题领域和老年群体数量均较为广泛的老龄事业而言，这无疑是极具现实意义的。

二　未来着力于对赋权增能的持续完善

随着社会经济的发展，尤其是公共卫生和医疗事业的不断进步，老年人的资质禀赋和健康状况均得到了显著改善。2015 年世界卫生组织（WHO）发布的《关于老龄化与健康的全球报告》中强调要秉持健康老龄化和积极老龄化的基本宗旨，建立一个体现多样化、关爱、贡献和功能发挥的老龄化社会。党的十九大以来，我国更是明确地将积极应对人口老龄化提升到前所未有的新高度。2019 年中共中央、国务院发布的《国家积极应对人口老龄化中长期规划》明确了未来一段时期内积极应对人口老龄化的战略目标和发展方向。基于社会经济和人口发展的具体现状，结合目前国际、国内的老龄化应对战略，我们可以非常清晰地认识到，在未来相当长一段时期内对于老年人社会参与的支持将需要着重落脚在赋权增能方面。

其一，赋权将主要体现在对参与机会和参与权利的更充分拓展方面。我国有尊老敬老的优良传统，老年人的权益受到尊重也是衡量社会文明程度的重要标志之一。自 21 世纪初我国进入人口老龄化社会以来，老年人口不断地快速增长，全社会对于老年人也开始进行新的审视，如何才能更为公正理性地看待老年人与社会、老年人与其他年龄群体的权益地位和互动关系，将在很大程度上决定着我国能否顺利积极应对人口老龄化。老年人曾经对社会发展所做出的贡献和自身所具有的社会价值，都对我们如何建设一个代际和谐的老龄社会提出了新要求。人口老龄化社会运行的机制应该是包含着文化氛围、社会情感、环境资源和产业经济结构等各方面要素，应从更深层面去消除可能对老年人不利的影响因素，并不断从更广泛的维度去建设和完善年龄友好型社会，进而才能从真正意义上实现代际的公正公平。其中一个较为值得关注的重要问题是老年人的经济活动参与，近年来，随着劳动年龄人口的下降以及经济产业结构和技术的调整变化，老年人就业和继续就业的现象越来越普遍。大量事实证明，我国老年人的经济活动参与不仅不会给年轻人的就业带来太多负面影响和冲击，相反还能够在很大程度上弥补部分产业部门劳动力的不足，也能够优化和提升劳动力市场的人力资源匹配质量。因此，在各个场域创造条件和机会来确保老年人能积极参与到社会发展过程中，并充分保障他们能够真正享受到社会发展的成果，进而为老年人营造一个支持性良好的社会环境，才能够为老年人各方面价值的发挥和实现真正的提供赋权性支撑。

其二，增能将主要体现在对老年人观念意识和人力资本水平的提升方面。截至 2021 年，中国人均预期寿命已达到 78.2 岁，超过了美国；在社会保障方面，13.6 亿人已经被纳入国家基本医疗保险，基本养老保险覆盖了近 10 亿人。[①] 自 2017 年 "健康中国" 发展战略实施以来，我国国民健康水平整体显著提升，其中老年人的健康水平提升尤为明显，"逢老必病、逢老必衰" 的刻板印象正在逐渐被瓦解。因此，从身体客观条件来审视当前我国老年人社会参与的基础和能力，我们可以十分乐观地给出积极肯定的判定。当下对于保障和促进我国老年人社会参与最为迫切的增能应主要聚焦于对老年人科学老龄观的树立方面，具体应着力于对老年人自主性、独立性和积极性等观念意识的提升。受传统社会养儿防老观念的影响，我国仍有不少老年人，尤其是农村地区的老年人会过分依赖子女，他们不仅会排斥社会性和商业性养老服务，而且会认为人到老年如果继续从事一些社会活动，尤其是经济活动，会显得自己不被子女重视和孝顺。因此，这些老年人极有可能会选择与子女共同居住，围绕和顺应子女的生活状况来安排自己的晚年生活，这样便会很大程度上降低老年人社会参与的丰富性。观念意识的改变是老年人具体生活方式改变的基本前提，因此，通过公共媒体向全社会宣扬和传播更为积极的老龄观，营造符合新时代人口经济和文明特征的友好老龄社会新风尚，能够促使老年人开始重新思考和定位自己的价值，进而逐渐提升自身的独立性和积极性。除此之外，目前，我国老年教育存在较为明显的休闲娱乐主导性特征，这显然并不能充分满足老年人自身和社会对他的需求。技能型教育更能满足老年人更高层次价

---

① 《2021 年度国家老龄事业发展公报》，http://www.nhc.gov.cn/lljks/pqt/202210/e09f046ab8 f14967b19c3cb5c1d934b5.shtml，最后访问日期：2023 年 5 月 6 日。

值目标实现的需求，也更能够满足社会对于老年人资源开发的需求。因此，我国老年教育的持续性转型、拓展和优化，对于老年人增能是极为关键和必要的平台性资源。

小　结

整体而言，我国通过各种制度性框架的逐步构建和完善为老年人社会参与提供了愈加充分的各类保障，使我国老年人社会参与的相关社会环境、资源、组织条件、文化氛围等要素在适老性方面都有了较大的提升，这些外部支持性因素在各个层面上又不同程度对老年人社会参与实践活动形成了促进，进而才促成了我国老年人社会参与日渐广泛而有序的局面和发展趋势。正是制度性保障的不断优化和提升为我国老年人社会参与实践的开展带来了非常直接而显著的效果，为实现积极老龄化提供了制度性保障和依托，另外，不断对老年人社会参与需求、现状和问题的实践活动性分析，也有利于实现我国老年人社会参与在制度与实践层面互相推进和优化互惠性建设关系。伴随老龄化程度的持续加快，我国老龄事业的开展经验也得到了不断积累，老年人社会参与相关权益的保障水平显著提高，与此同时，以赋能增权为价值引领导向的老龄工作，将会继续致力于推进我国积极老龄化战略的实施。

第三章

意识之维：老年人社会参与的观念共识

　　人类的具体行为活动是受到个体意识支配的。对于老年人而言，秉持什么样的观念也直接影响和决定着他们在社会参与方面的具体选择和实践。通常情况下，对于步入老年期和个体老龄化现象持有较为积极乐观态度的老年人社会参与水平也普遍比较高，他们更愿意通过参与各种社会活动以丰富自己的晚年生活。那么老年人对于社会参与持有什么样的态度，即个体性的参与意愿状况如何？又有哪些意识性因素对老年人的社会参与行为有显著的影响效应？各类显著影响因素分别发挥着什么样的具体作用机制？这些也都是理论界在不断关注和研究的问题，对老年人主体意识和观念的厘清和挖掘，是老年人社会参与研究的重要前提。因此，本章将主要基于意识之维展开研究，首先，对老年人社会参与意愿进行了指标和现状的探索；其次，对老年人所秉持的性别观念、年龄认同感这两个意识性因素对于其社会参与度和内容取向的影响效应进行了分析；最后，检验了老年人的社会参与度对于其社会经济地位和幸福感关系的中介效应。

第一节　参与意愿的现状分析

　　对于老年人社会参与意愿的测量，如果仅仅停留在"您是否愿意进行社会参与"这样的问题表述层面，就很容易导致所采集的数据效度偏低等测量误差的出现。出现"测不准"问题，主要有以下两个方面的原因：其一，不同老年人对于社会参与所涵盖的内容理解是不一样的，表现较为突出的现象便是有很大一部分老年人仍然认为只有经济活动和公益志愿活动才属于社会参与，而发生于家庭内部的活动，以及个人的文化娱乐活动并不属于社会参与范畴；其二，不同老年人对于"愿意参加"的理解和定义是存在差异的，有些老年人所表达的愿意仅仅是指当有参与的具体机会出现时会参与其中，而有些老年人所表达的愿意是指他们会乐于积极寻求各种参与机会并参与其中。因此，在对老年人社会参与意愿的测量过程中将指标细化，进一步挖掘能反映老年人社会参与意愿的多重根源是十分必要的。本章将结合我国具体现实背景，对老年人社会参与的指标和现状进行探索性研究。

一 老年人社会参与意愿指标的多维解构

如前文所述，参与意愿并非一个简单的态度表达，而是具有多元内部要素的复合性意识构成，它蕴含和反映了老年人的社会认知状况、价值理念和情感选择偏好等内容。据此，可以尝试从主观态度、内容倾向和形式偏好三个维度对老年人的社会参与意愿进行测量。

1. 主观态度

就老年人参与意愿而言，人们通常最先想到的就是老年人主观上"想参加"或者"不想参加"，这也直接反映出老年人主观上对于社会活动所持有的"疏离"或"参与"态度倾向。如果老年人对于社会参与持有积极乐观的态度，那么他们在实际生活的各类活动中也通常会表现得更为积极；反之，如果老年人所持有的态度本身就是消极或者淡漠的，那么他们日常参与各类社会活动的可能性往往也会比较低。因此，社会参与意愿对于老年人而言，首先它是一种个体化的主观选择，老年人会根据自己对个人和社会的认知状况、情感偏好等做出符合其本人内在需求的适当决定。

一般情况下，我们对于态度都会采取分层级的测评方式，较为常用的是美国社会心理学家李克特的认同程度量表，即每一个问题陈述都会包含"非常同意"、"同意"、"无所谓（一般、不确定）"、"不同意"和"非常不同意"这五个选项，并分别对其进行5、4、3、2和1的赋值，以此来获得被调查者关于此事项所秉持态度的具体强弱程度。我们在对老年人社会参与意愿的主观态度进行测量时也应该对其具体程度进行关注，在"非常愿意"和"愿意"之间，以及"不愿意"和"非常不愿意"之间，显然它们相互之间是存在程度上的细微差别的。如果忽视了对于老年人参与意愿在态度倾向上的程度差别，就非常容易产生将整体参与意愿过高估计而导致夸大乐观，或者过低估计而导致盲目悲观。因此，老年人社会参与意愿不是一个非此即彼的绝对化概念，必须充分考虑到它参照具体标准做出的相对性选择结果。

2. 内容倾向

老年人社会参与是一个复合型的整体概念，就其内容而言，它包含多个领域和层面的活动内容。目前学界已经基本形成共识，认为只要老年人与外部社会环境发生互动的活动均可被认定为社会参与，即活动内容全包括论的观点导向。世界卫生组织在《积极老龄化政策框架》中也明确指出老年人的社会参与不仅包括政治、经济、文化、社会和公民事务，还包括他们对其家庭、同辈群体、社区和国家所做出的一切有酬劳或者无酬劳的活动。我国在近年来的老龄事业发展规划中也是以强调对老年人力资源的进一步开发和倡导老年人积极参与"家庭发展、互助养老、社区治理和各类公益事业等活动"为内容方向引领。可以发现，老年人社会参与是一个包含内容日渐广泛和丰富的概念，因此在对老年人社会参与意愿进行测评时忽略内容选择的倾向性是不可取的。

大多数情况下，老年人在日常生活中对于不同类型社会活动的参与情况存在较大差别，每一位老年人都有自己的内容偏好和选择倾向。例如，有一些女性老年人在其生命历程的前期阶段没有工作（有酬劳性质的）经历，她们常年在家中操持各种家庭事务，步入老年期之后这种状态仍然在延续。如果将家务劳动和代际支持认定为非社会参与行为，那么这些女性老年人是否就可以被认为是既没有社会参与意愿又没有社会参与行为了呢？显然，近年来对于家务劳动的社会贡献性和经济价值转换已经成为较为普遍的社会共识。因此，当对女性老年人进行社会参与意愿测评时对于家庭事务性参与的涵盖和肯定是必要前提。也就是说，参与意愿指标的构建必须要以对参与内容的整体性涵盖为前提，这样才能对绝大多数老年人的参与意愿进行准确测评。

3. 形成偏好

此外，不容忽略的是老年人社会参与是具有多元性和同时性的，每位老年人都可能在同一时期参与多种社会活动（谢立黎、汪斌，2019）。因此，老年人社会参与意愿指标的构建也必须要注意到对其参与形式的考虑，是仅参与了一项还是参与了多项社会活动，是经常参与还是偶尔参与。例如，我们不能武断地认为，愿意长年累月终日承担家务劳动的老年人与热衷于各类公益志愿活动的老年人相比参与意愿就低。从某种程度上来说，对于一项社会活动持有较高的参与意愿和对于多项社会活动都持有较高的参与意愿，可以被认为是同样程度的高社会参与意愿水平。相应地，也不能认为对于各种社会活动都有浅尝辄止性参与意向的老年人就具有比热衷于某一项社会活动的老年人社会参与意愿高。总体而言，对老年人社会参与意愿在参与形式方面的测量应该包括老年人所参与活动的广度和频度这两方面内容。

长期以来，公众普遍认为以家庭为中心的女性老年人社会参与意愿较低，这一偏见性认识的成因主要有两点：一是对社会参与内容的狭义化理解；二是源于对这些女性老年人在承担家务方面主观意愿的忽略和错误理解，认为她们是"不得不"承担，而不是自己愿意去承担。这就要求对老年人是积极的主动选择性参与还是消极的被动性参与进行区分辨别。诚然，也确实有不少农村老年人和城市低收入水平老年人还会迫于经济压力从事一些满足其生存性需求的经济参与活动，而对于这些实际参与度不低的老年人，我们似乎也并不能判断他们就具有较高的社会参与意愿。因此，对老年人进行社会参与意愿测评时，"主动选择"和"被迫选择"也是不容忽视的测量视角，这样既有益于避免对积极型高参与意愿的低估，也有益于减少对消极型低参与意愿的高估。

总体而言，要想对老年人社会参与意愿做出相对科学的客观性测量，就必须基于多维度的解构性分析来提升测量的精确度，并通过对多元途径的综合分析来降低测量偏误。

二 老年人社会参与意愿现状的多维评估

对于老年人社会参与意愿的测量，本研究主要基于微观个体性的质性分析视角，通过半结构化的深入访谈法进行了资料收集。选取该研究方法主要涉及两个方面具体因素的考虑：一方面是因为对于研究对象（老年人）而言访谈的方式更能有效获取相关信息，避免老年人由于视力下降、文化程度不高等导致的信息收集困难，同时也能够确保调研资料的连贯性和可信性；另一方面主要是因为访谈法更适于对社会参与意愿这一研究主题的挖掘，意愿是个体主观性很强的意识反映，面对面的访谈更有利于对不同老年人各自的具体社会参与意愿进行深入挖掘。本研究的访谈对象共包括27位老年人，访谈提纲和访谈对象基本信息及编码情况见于附录部分。为提供一个相对清晰而全面的分析结果描述，本研究不仅对老年人的具体态度和选择进行了统计性分析，另外，也梳理了访谈记录的逻辑文本，对一些特征进行了描述性分析。整体而言，本研究发现，目前老年人社会参与意愿主要有以下三个特点。

1. 绝大多数老年人希望与社会保持互动

实际上，老年人社会参与意愿产生于个体意识的认知和情感两个层面，只有当老年人对参与社会活动这一行为既具有认知层面的认同性，又具有情感层面的接纳性，才有可能形成积极的社会参与意愿。也就是说，有可能老年人虽然能够认识到参与社会活动的积极意义，是持有认同态度的，但是在个人情感接纳层面却由于诸多其他原因选择不参与。因此，对于社会参与意义的认同和情感上的接纳都是老年人社会参与意愿的必要前提条件，二者缺一不可。据此，本研究在进行调查时，也分别对这两方面内容进行了辨识性检测，以便更进一步获得对老年人社会参与意愿的深层解析。

调研发现，老年人社会参与意愿的一个突出特点是参与的积极性普遍非常高，受访的近九成老年人表示在自身能力允许的条件下只要有机会他们就愿意参与各类社会活动。YL3是一位73岁的男性老年人，退休前是中学物理老师，该老人说道：

> 虽然我已经退休很多年了，但我还是会非常积极地参与各种社会活动，除了日常生活和自己的一些锻炼活动，我还经常去之前工作单位的老年活动中心和老同事们一起开展一些团队性活动，比如门球比赛、大合唱、组团旅游等。我不能接受总一个人待在家里，出去参加活动时我会感到非常愉快。即便是在家，只要社区里开展什么活动，我都会积极去关注和参加。社区给小学生开设了"下午四点半课堂"，我经常会帮孩子们辅导一下功课，他们还专程给我开设过物理知识小讲座，这些都让我感觉自己还是一位老师，自己还能为社会做贡献。

此外，几乎所有的老年人对社会参与必要性和意义都持有较高的认同感，不愿意参与社会活动的老年人大多是由于情感上的排斥，而其成因又是多方面的，既有老年人的个体性内因，也有一些外部客观原因。YL5 是一位 67 岁的女性老年人（早期无任何工作经历），子女均在外地工作，老伴儿被医院返聘，该老人说道：

> 年轻的时候照顾孩子们多一些，生活也算是忙忙碌碌的，现在他们都各自成家了，又都不在当地，就剩下我们老两口在家。平日老伴儿去医院上班，我就一个人在家看看电视什么的，他休息的时候，我们会一起出去逛逛。看到好多老太太喜欢约着跳广场舞什么的，挺乐呵，但是我不想参加，还是喜欢一个人散散步。

对这位老人进行访谈时，可以很明显地发现她性格较为内向，社会交往的主观愿望很低，平日生活内容也很单一。YL2 是一位 65 岁的退休工人，他说道：

> 我觉得自己身体挺好的，一直挺想再找份工作，但老板们就担心我们老年人身体不行，怕给自己惹上麻烦事，一般不愿意雇用我们。再说了，现在那么多大学生找工作，我们肯定各个方面都比不上这些年轻人啊！

通过对老年人社会参与意愿的调研我们可以很明显地发现，绝大多数老年人能通过参与社会活动继续与社会保持互动。而那些参与意愿较低的老年人大多是个人性格、前期生命历程累积的行为惯性等主体内部性因素导致的，也有部分老年人虽然自己主观上有继续参与社会活动的意愿，但受到了一些外部诸如资源、环境和舆论等障碍性因素的影响后，也可能会开始出现情感方面的犹豫和退缩，进而降低个体参与意愿。而在此方面的研究发现，也是本研究将研究体系设定为包含意识、能力、资源和环境四个维度，即主体性因素和客体性因素两大领域的现实经验性依据之一。

2. 对参与内容的自主选择性有较高期待

在调查过程中还发现了一个较为突出的特征，那便是老年人对参与内容的自主选择性有较高的期待。不同其他年龄阶段群体在选择社会活动的内容时更需要考量诸多现实因素的理性化倾向，例如，青少年更侧重于自身成长的学习型活动，成年人可能更侧重于成家立业等建设型活动，而老年人通常则会更加遵从自己的内心选择那些兴趣使然的活动。对于大多数老年人来说，他们更加愿意选择参加自己感兴趣的活动，而这些活动大多是老年人比较擅长或者有强烈情感认同的活动，对于其他一些社会活动则会酌情选择性参与。

YL7 是一位 69 岁的女性丧偶老年人，公务员退休，儿子已经成家，她说道：

> 我感觉现在的生活非常丰富和愉快，每天早上和傍晚我都有固定的锻炼活动，每周我都会和朋友们去近郊农场打理我们租种的菜园子，最近我还开始学习水墨画了，之前工作太忙，现在终于可以享受一下生活了。我儿子刚结婚，他们还没有生宝宝，如果将来他们需要我帮忙带孩子，我也看情况而定，身边那些帮着带小孩儿的朋友们都叫苦连天的，所以我更倾向于给孩子们资助一些钱让他们找保姆。

通过调查我们还发现，分析老年人社会参与意愿时是绝对不能脱离活动内容来进行简单判断的。也许一位老年人对于他所在社区开展的各类活动均表现得比较冷漠，但他却会去主动寻找和参加其他一些自己偏好的社会活动。老年人社会参与内容选择的异质性非常高，除了健康长寿这一相对普遍的共识性行动目标以外，不同的老年人根据其自身性格偏好和生命历程累积性差异等的区分，各自分别都会有自己对晚年生活内容的选择倾向性。因此，对于社区工作人员而言，这位老年人的社会参与意愿比较低，但给出这位老年人社会参与意愿低的判断又是一个非常不全面和确切的结论。而这个测量偏误正是活动内容指向性不明确导致的。

3. 更倾向于灵活性强的参与形式

另外一个较为突出的特点是老年人普遍更倾向于选择参与那些组织形式较为灵活的社会活动，具体表现为准入、准出机制相对较为松散，无强制性出勤要求，并且对参与状态无评价性或竞技性评判。调查中发现，绝大多数老年人（21 位，77.8%）在参与形式上更倾向于选择"灵活的组织形式"，而只有少数老年人选择"规律的组织形式"。在访谈的过程中发现，老年人对于"自由"十分向往。在谈及社会活动的组织形式时，他们表示：

> 年龄大了，就想过点儿随心随意的生活，今天想去钓鱼了就去钓鱼，明天想去看画展就去看画展，当然也愿意偶尔参与一些组织性的群体活动，但是多数时间我还是更倾向于按照自己的心情和节奏安排活动内容。（LY9，72 岁，男）

> 我更愿意根据自己的身体情况，适度适量地参与一些活动，如果是那种组织程度较高的形式，我就无法保证每次都按时参加，即便去参加也不能总让别人担待我啊！（LY11，75 岁，男，因曾患脑梗死，目前走路略微迟缓）

也有老年人表示即便是同样的活动内容，他们也会倾向于选择组织方式更灵活的活动。LY13 是一位 66 岁的女性老年人，钟爱跳广场舞，她说道：

> 我非常爱跳广场舞，但是我不愿意加入那种打卡制的跳舞队，那样的模式会给我一种压迫感，感觉别人去了我没去就好像不正常了似的，还会陷入一种互相攀比的状态，跳舞不就图个锻炼和心情愉快吗？时间方便了，想过去就过去，想干别的就去干别的，那样多自由啊！

由此可以发现，在对参与意愿进行测评时，活动的组织形式也是不容忽视的一个维度，不能因为有些老年人排斥不适合自己的活动组织形式而低估他们的整体参与意愿。

第二节　性别观念、年龄认同感的影响效应分析

一　研究缘起

社会认知理论认为人们通过自己的认知系统会对各类社会信息进行识别、归类、判别和选择等，并逐步形成对社会性客体的整体认识，进而基

于这些认识去理解和形成各种社会行为。该理论认为个体的意识和认知对于他们在具体环境中的行为模式具有重要影响（林崇德、张文新，1996）。前文我们对于老年人社会参与意愿的分析过程中可以明显地发现，个体意愿会直接影响和决定着他们的社会参与行为。早期对于老年人社会参与影响因素的挖掘和分析大多是围绕着个人资本、关系网络和社会资源等方面而展开。近年来，关于老年人社会参与影响因素的研究逐渐向更加精细的微观个体方向转变，对社会行为具有重要影响的个体观念性因素日益受到国内外研究者的广泛关注（Howard，2000）。在个体性因素中，年龄认同感与性别观念在很大程度上能够反映出老年人对自我价值和社会角色认同的状况，因此备受研究者的青睐，成为验证社会认知理论与考察社会参与观念性因素的两个关键性指标。因此，本研究试图考察老年人的性别观念与年龄认同感对其社会参与的影响及其作用机制。

年龄认同感主要反映了老年人的年龄感知力，即如何从年龄的角度认识和看待自己，以及老年人关于身体衰老和老化的主观态度（Logan，Ward and Spitze，1992；Barak，2009）。老年人的自我认知与社会角色认同感在不同生命历程阶段具有较大的差异性，因此，年龄认同感也会受到诸如自身健康状况等社会因素的影响在不同的时点发生变化（Levy，2003；Schafer and Shippee，2010）。年龄认同感越高的老年人更有可能积极参与各种社会活动，从而增强老年人的自我效能感，提高他们对生活的满意程度，从而获得更高的幸福感，最终实现个体的成功老龄化（Kurysheva，2014）。因此，秉持不同年龄认同感的老年人必然会对社会活动持有不同的认识态度和参与状况。

根据传统性别观念，在我国绝大多数家庭中"男主外、女主内"的性别分工模式占据主导地位，已经深入地嵌套和渗透到社会文化结构之中，成为中国社会性别分工的基本共识。在这一性别观念的影响与濡染之下，女性会因为将更多的时间和精力投入到家务劳动而影响到自身的就业状态，而不充分的社会就业状态又会加剧家庭地位的不平等现象，使女性处于较为不利的地位。随着社会制度与文化对人类社会思想与行为的影响不断深入，建立在生物性别之上的社会性别意识无形地塑造和控制着人类的思想观念与行为模式，最终导致进一步加深性别的不平等。国内外学者社会性别意识的操作化与测量主要体现为人们具有的性别观念（Barrett，

2005；谭琳、贾云竹，2013）。不容否认的是，性别观念的形成和影响渗透于个体生命历程的各个时期阶段，对老年人而言，他们经历了前半生各时期阶段的生命事件，因此已经普遍形成了自己较为固定的社会性别观念，这也直接影响到他们当前和未来的行为选择模式。有研究指出，性别观念不仅可以决定老年人社会参与内容的选择倾向性与社会参与程度（Wanchai and Phrompayak，2019），而且还能够对老年人的时间分配和利用模式产生显著的直接影响（Lachance-Grzela，Mylène and Bouchard，2010；邢占军、周慧，2019）。

回顾既往国内外学者对老年人社会参与影响因素的研究可以发现，研究往往是基于某一类型的社会活动内容进行分析，对老年人社会参与的整体水平和内容类型比较分析尚不充分，对于区域性差异和个体意识层面因素的涉及较少。因此，本研究在此期望以全国性抽样调查数据为基础回答以下几个问题。（1）区域层次因素和个体层次因素对中国老年人社会参与度的影响效应分布情况如何？（2）基于个体微观层次的年龄认同感和性别观念这两个认知性因素对老年人社会参与整体性水平的影响效应和作用机制是怎样的？（3）这些个体认知性因素如何影响老年人对不同类型活动的参与？

二　数据来源与研究设计

1. 数据来源

本研究采用的是 2010 年全国妇联和国家统计局联合共同完成的"第三期中国妇女社会地位调查"老年专卷数据，该项调查是采用按地区发展水平的三阶段不等概率抽样法（PPS），以全国范围内 65 岁及以上老年人为样本抽调对象。老年专卷中对老年人社会参与的多项活动内容、性别观念和年龄认同感等问题均有涉及，且该专卷对于性别观念的测量与其他数据资源相比是最为系统全面的。因此，该项数据资源的选取是相对最为合理和科学的，它足以支撑对本研究的核心命题的分析。经过对变量进行筛选，在剔除关键变量缺失值之后，最终获得能够用于分析的有效样本2771 个。

2. 变量界定及描述性统计

本研究关注的因变量为老年人社会参与度，将主要通过对老年人社会参与活动内容的广泛度来进行评定，其变量操作化为老年人社会参与活动内容的数量，取值为连续型变量，具体活动内容共包括 5 项，即经济型活动、家务型活动、公益志愿型活动、政治型活动和休闲娱乐型活动。若老年人 1 项活动都没有参与，则参与度取值为 0，仅参与 1 项活动取值为 1，依次类推，5 项活动全部都参与取值为 5。取值越高代表老年人参与的活动类型越广泛。

本研究的自变量包含性别观念与年龄认同感两个维度，通过使用迭代公因子方差的主因子法，分别计算出这两个维度的综合因子分。老年专卷中对性别观念的测量具有 4 个相关题项"男人应以社会为主，女人应以家庭为主"、"丈夫的发展比妻子的发展更重要"、"挣钱养家主要是男人的事情"和"女人的能力不比男人差"。其中，将前 3 项进行正向计分，最后 1 项进行反向计分。通过计算得出该性别观念量表的信度系数为 0.697，达到统计学上的可接受水平。老年人的性别观念综合因子得分取值介于 -1.54 ~ 2.15，分值越高代表性别观念越趋向于强调男女平等导向的现代性别观念；反之，则代表其性别观念越趋向于强调男强女弱导向的传统性别观念。老年专卷中关于年龄认同感的测量主要集中在 5 个相关题项，分别为"喜欢与人交往/相处"、"愿意了解/学习新东西"、"愿意并且能够帮助别人"、"觉得自己没用"和"老年人是社会的负担"。本研究对前 3 项进行正向计分，后 2 项进行反向计分。该年龄认同感量表的信度系数为 0.664，达到了统计学上的可接受水平。老年人年龄认同感的综合因子得分介于 -3.05 ~ 1.39，得分越高代表年龄认同感越高，即持有相对更积极的自我年龄接纳性，得分越低代表年龄认同感越低，即自我年龄接纳程度越低。

积极老龄化理论强调身体健康与社会保障均能够显著地影响老年人的生活质量与社会参与程度，因此，本研究的控制变量纳入了反映老年人健康和保障状况的相关变量，具体包括自评健康状况、患病数量、养老保险类型。同时结合已有研究，纳入了影响老年人社会参与的一系列人口学变量，具体包括性别、户口类型、子女数量、受教育水平、收入水平（取对数）和政治面貌等变量（见表 3 -1）。

表 3 - 1   相关变量描述统计（N = 2771）

变量	均值/比例	标准差	变量说明
社会参与度	1.76	0.98	定距变量，0~5
性别观念	0.00	0.92	定距变量，综合因子得分，-1.54~2.15
年龄认同感	0.00	0.88	定距变量，综合因子得分，-3.05~1.39
性别	0.51	0.50	虚拟变量，0为女，1为男
户口类型	0.51	0.50	虚拟变量，0为农村，1为城镇
年龄			年龄分类，5岁组
65~69岁	37.51%	—	
70~74岁	29.60%	—	定序变量
75~79岁	19.70%	—	
80岁及以上	13.19%	—	
自评健康状况			
很不健康	24.96%	—	
一般	39.45%	—	定序变量
健康	35.58%	—	
患病数量			
0种	17.40%	—	
1种	26.44%	—	定序变量
2种	22.52%	—	
3种及以上	33.64%	—	
婚姻状况（有无配偶）	0.64	0.48	虚拟变量，0为无配偶，1为有配偶
养老保险类型			
无社会养老保险	45.13%	—	
城乡居民养老保险	19.70%	—	定序变量
城镇职工养老保险	35.17%	—	
收入对数	6.64	4.17	定距变量，-0.69~12.98
中共党员/民主党派	0.19	0.39	虚拟变量，0为其他，1为中共党员/民主党派
受教育年限	5.32	4.71	定距变量，0~16
子女数量	3.49	1.59	定距变量，0~10

注：对于定序变量，选择呈现百分比；对于定距变量，选择呈现均值和标准差。

3. 模型构建与研究设计

综观既往对老年社会参与所开展的研究，数据资源按照区域性划分主要有两种模式，一种是基于不同省、市、区（镇）的抽样数据，另一种是基于全国范围样本数据，按照七大区域划分或者东、中、西部划分等模式进行区分。老年人的社会参与状况必然会受到各类社会资源和情境性因素的影响，而这些因素在各个省份之间的差异性也十分明显。因此，通过老年人社会参与的区域性调查数据得出的结果无法推广至全国，而全国性调查数据又难以对不同省际差异性进行比较和分析。那么，省际区域性因素对我国老年人社会参与的影响大小如何？与个体性因素相比，哪一个更占据主导地位？基于此，本研究试图探讨省域性因素对老年人社会参与的影响，并在控制省域效应的情况下，进一步考察性别观念与年龄认同感对老年人社会参与程度的影响。

有鉴于 OLS 模型假定省际具有较高的同质性，忽视了不同省域之间的差异性。因此，本研究通过使用多层线性模型（HLM）对老年人社会参与的宏观省域差异与微观个体差异进行估计。在控制宏观省际效应的基础上，进一步考察老年人性别观念与年龄认同感对其社会参与程度的净效应。计算公式为：

层 1：

$$y_{ij} = \beta_{0j} + \sum_{k=1}^{p} \beta_{kj} X_{kij} + r_{ij}$$

层 2：

$$\beta_{0j} = \gamma_{00} + u_{0j}, u_{0j} \sim N(0, \sigma_{u0}^2)$$

层次混合效应：

$$y_{ij} = \beta_{0j} + \gamma_{00} + u_{0j} + \sum_{k=1}^{p} \beta_{kj} X_{kij} + r_{ij}$$

$$y_{ij} = \ln\left(\frac{p_i}{1-p_i}\right) = \beta_{0j} + \gamma_{00} + u_{0j} + \sum_{k=1}^{p} \beta_{kj} X_{kij} + r_{ij}$$

其中，X_{kij} 为模型中个体层次的自变量，包括年龄、性别、社会经济地位、健康与保障状况、性别观念、年龄认同感等；u_{0j} 为省际区域层级的随机变量；p_i 表示老年人参与经济活动、家务劳动、志愿公益、政治活动以及休闲娱乐的概率。

三　性别观念、年龄认同感对老年人社会参与度的影响分析

1. 老年人社会参与度的分层级分解分析

本研究所涉及的调查样本分布于全国 34 个省级行政区，其中包括 23

个省、4 个直辖市、5 个自治区和 2 个特别行政区。我国幅员辽阔，受产业经济布局、行政职能分化等宏观因素的影响，各省、区、市在资源环境和社会情境方面均存在着不同程度的差异性。相应地，老年人社会参与状况也有较大差异，其中，分布在直辖市和特别行政区的老年人与其他省份老年人相比，公益志愿活动的参与水平有显著差异；分布在自治区的老年人与其他省份老年人相比，宗教活动参与水平有显著差异；分布在中部和东部省份的老年人与西部省份老年人相比，经济活动参与水平有显著差异（李翌萱，2017）。为便于更精准地识别出个体认知性因素对老年人社会参与度的影响效应，本研究将相互嵌套的省际区域变量和老年人个体性变量进行了分层。根据两水平分层线性模型的零模型，将影响老年人社会参与度的因素进行分解，结果如表 3 - 2 所示。

表 3 - 2　分层级分解老年人社会参与的差异（$N = 2771$）

固定效应	系数	标准误			
社会参与度	1. 762	0. 036			
随机效应	方差成分	占总方差份额（%）	标准误	卡方值	p 值
层级 1（个体性因素）	0. 967	85. 20	0. 030	54. 73	0. 000
层级 2（省际区域性因素）	0. 168	14. 80	0. 012		

通过表 3 - 2 的方差成分可以发现，组内方差为 0. 967，组间方差为 0. 168，卡方值为 54. 73，p 接近 0。由此可见，我国老年人社会参与度在省际区域之间差异十分显著。通过对方差成分在两个层级间的分布进行计算可以发现，省际区域因素层次的效应比例为 14. 80%，老年人个体因素层次的效应比例为 85. 20%。也就是说，所处省际区域不同造成老年人社会参与度的差异占到老年人总体社会参与度差异的 14. 80%，因此，在本研究中使用多层次模型是合适的，两个层级的区分更有助于提升研究结果的可靠性。

2. 老年人社会参与度的整体性检验

表 3 - 3 中的模型 1 为基准模型，模型 2 和模型 3 分别展示了性别观念和年龄认同感对老年人社会参与度的效应，模型 4 为总模型。数据分析结果表明，性别观念和年龄认同感均对老年人社会参与度有显著影响。总模型显示，在控制其他变量的情况下，老年人的性别观念每提升 1 个单位，

其参加更多活动类型的可能性就增加 8.70% ；年龄认同感每提升 1 个单位，其参加更多活动类型的可能性将提高 14.20% 。这意味着，性别观念越偏向现代、年龄认同感越高的老年人越具有更广泛的社会参与度，并且相对于性别观念，年龄认同对老年人社会参与度的正向影响将更强烈。

在控制变量中，老年人的政治面貌、收入对数和受教育年限的三个社会经济维度均通过了显著性检验，这表明老年人的社会经济地位是促进其社会参与的重要因素。分析结果还显示，女性老年人、自评健康状况为"好"的老年人和有配偶的老年人社会参与度相对更高。此外，年龄、户口类型、子女数量对老年人社会参与度也具有显著影响效应，且效应系数均为负值。其中，城市老年人的社会参与度显著低于农村老年人，随着年龄的增长、子女数量的增多，老年人社会参与程度也相应降低。

表 3 - 3 基于多层线性模型的老年人社会参与度影响因素分析 （$N = 2771$）

变量名称		模型 1	模型 2	模型 3	模型 4
个人特征					
性别	（男）				
	女	0.089 **	0.087 *	0.093 *	0.088 *
户口类型	（农村）				
	城镇	− 0.164 ***	− 0.194 ***	− 0.182 ***	− 0.210 ***
年龄	（65 ~ 69 岁）				
	70 ~ 74 岁	− 0.132 ***	− 0.137 ***	− 0.132 **	− 0.137 ***
	75 ~ 79 岁	− 0.260 ***	− 0.257 ***	− 0.232 ***	− 0.231 ***
	80 岁及以上	− 0.533 ***	− 0.542 ***	− 0.473 ***	− 0.502 ***
健康状况					
自评健康状况	（很不健康）				
	一般	0.348 ***	0.347 ***	0.326 ***	0.322 ***
	很健康	0.450 ***	0.447 ***	0.389 ***	0.392 ***
疾病患病数	（无病）				
	1 种	− 0.012	− 0.027	− 0.007	− 0.017
	2 种	− 0.011	− 0.023	− 0.015	− 0.023
	3 种及以上	− 0.056	− 0.080	− 0.040	− 0.060
养老保险类型	（无社会养老保险）				
	城乡居民养老保险	0.040	0.027	0.023	0.029
	城镇职工养老保险	0.039	0.008	0.012	− 0.002

续表

变量名称		模型 1	模型 2	模型 3	模型 4
政治面貌	（其他）				
	中共党员/民主党派	0.301 ***	0.290 ***	0.265 ***	0.258 ***
收入对数		0.047 ***	0.047 ***	0.046 ***	0.045 ***
受教育年限		0.020 ***	0.016 ***	0.017 ***	0.015 **
婚姻状况	（无配偶）				
	有配偶	0.083 *	0.076 *	0.083 *	0.080 *
子女数量		- 0.023 *	- 0.019 +	- 0.027 *	- 0.025 *
性别观念			0.092 ***		0.083 ***
年龄认同感				0.140 ***	0.133 ***
N		2771	2771	2771	2771

注：$^{+}p < 0.1$，$^{*}p < 0.05$，$^{**}p < 0.01$，$^{***}p < 0.001$。

3. 对老年人社会参与影响效应的分内容检验

表 3 - 4 分别考察了老年人性别观念与年龄认同感对不同类型社会参与状况的影响。结果显示，性别观念与年龄认同可以显著地提高老年人参与公益志愿活动、家务型活动以及政治型活动的可能性，然而对于经济型活动与娱乐型活动而言，两者的影响并不显著。

具体而言，在控制其他变量的情况下，老年人性别观念每增加 1 个单位，其参与家务型活动的比例将提高 14.7 个百分点，参与公益型活动的比例将提升 21.9 个百分点，参与政治型活动的比例将增加 25.5 个百分点。老年人年龄认同感每增加一个单位，其参与家庭型活动的比例增加 20.9 个百分点，参与公益型活动的比例将提升 61.0 个百分点，参与政治型活动的比例将提高 42.2 个百分点。对照模型 3 关于整体参与度的影响效应分析结果，我们可以发现，这些局部的显著效应也促进了整体参与度的正向影响。年龄认同感对这三类活动的影响效应均高于性别观念，这就使得其对整体社会参与度的效应也相应地高于年龄认同感。此外，老年人年龄认同感对参与公益志愿型活动与政治型活动的效应明显高于家务型活动，但是这一效应差异在性别观念方面并没有得以体现。

另外一个需要指出的现象是，获得不同社会保障类型的老年人，其参与经济型活动与休闲娱乐型活动的可能性具有显著的差异。具体而言，与没有获得任何养老保险的老年人相比，享受城乡居民养老保险和城镇职工养老保险的老年人参与经济型活动的可能性更小，而参与休闲娱乐型活动的可能性更大。对于这一发现的解释是，获得更高水平养老保险的老年人通常具有充沛的经济资源与丰富的闲暇时间，这为参与休闲娱乐活动提供了基础与保障。相反，享受较低水平养老保险的老年人往往处于较低的社会地位，他们迫于生活压力与经济负担不得不从事更多的经济活动，并且放弃参与更多的娱乐活动。

表 3-4　不同社会参与内容的多层效应 Ologit 回归结果（ $N = 2771$ ）

变量名称		经济型	家务型	志愿型	政治型	娱乐型
个人特征						
性别	（男）					
	女	-0.540 ***	1.192 ***	0.189 +	-0.219	-0.187 *
户口类型	（农村）					
	城镇	-1.924 ***	-0.255 +	0.371 **	-0.009	-0.140
年龄	（65~69 岁）					
	70~74 岁	-0.780 ***	-0.130	-0.046	0.033	-0.113
	75~79 岁	-1.330 ***	-0.245	-0.239 +	-0.081	-0.098
	80 岁及以上	-2.615 ***	-0.925 ***	-0.601 **	-0.968 **	-0.104
健康状况						
自评健康状况	（很不健康）					
	一般	0.545 **	0.979 ***	0.202	0.361 +	0.298 **
	很健康	0.852 ***	1.045 ***	0.336 *	0.390 +	0.280 *
疾病患病数	（无病）					
	1 种	-0.131	0.264	0.082	0.023	-0.159
	2 种	-0.192	0.130	0.315 *	0.169	-0.343 **
	3 种及以上	-0.176	0.085	0.351 *	-0.108	-0.411 **
养老保险类型	（无社会养老保险）					
	城乡居民养老保险	-0.311 *	-0.096	0.189	0.228	0.254 *
	城镇职工养老保险	-2.462 ***	0.081	0.861 ***	-0.033	0.390 **
政治面貌	（其他）					
	中共党员/民主党派	0.145	-0.142	0.593 ***	0.961 ***	0.114
收入对数		0.324 ***	0.031 +	0.039 *	0.050 +	-0.010

续表

变量名称		经济型	家务型	志愿型	政治型	娱乐型
受教育年限		− 0.011	− 0.007	0.051 ***	0.067 ***	0.012
婚姻状况	（无配偶）					
	有配偶	0.711 ***	0.028	0.291 **	0.135	− 0.178 +
子女数量		0.026	− 0.109 **	− 0.044	0.077	− 0.025
性别意识		− 0.082	0.137 *	0.198 ***	0.227 **	0.072
身份认同		− 0.027	0.190 **	0.476 ***	0.352 ***	0.007
N		2771	2771	2771	2771	2771

注：$^+ p < 0.1$，$^* p < 0.05$，$^{**} p < 0.01$，$^{***} p < 0.001$。

此外，自评健康状况可以显著地预测老年人参与的各种类型的活动，而所患疾病数量仅对公益志愿型和休闲娱乐型活动产生显著的负向影响。具体而言，老年人所患疾病数量越多，其参与公益志愿活动的可能性越高，但参与休闲娱乐型活动的可能性越低。自评健康状况是老年人基于自身健康状况做出的主观评价，自评健康状况为"健康"的老年人通常具有乐观的心态，对参与各类社会活动表现出更多的积极性（陆杰华、李月、郑冰，2017）。值得一提的是，患病数量较多的老年人参与公益志愿活动的发生比更高，因此，从某种程度上我们可以认为，作为健康测评客观指标的患病数量对于老年人社会参与度的反应灵敏度是低于自评健康状况指标的。

四 结论与思考

本研究得到以下主要结论。①省际区域性因素可以对老年人社会参与产生显著的影响，其占到老年人社会参与总体性差异的14.8%。因此，在宏观层面，省际区域之间的差异性对老年人社会参与具有较明显的影响效应得到了验证。②在剥离出省际区域性因素的影响效应之后，研究发现性别观念与年龄认同可以显著地促进老年人的社会参与程度，因此，在微观层面，老年人基于性别观念和年龄认同感的个体认知性因素对其社会参与行为具有正向影响效应也得到了验证。③性别观念和年龄认同感可以显著地提升老年人参与家务型活动、公益志愿型活动和政治型活动的可能性，而且与性别观念相比，年龄认同感对老年人整体社会参与和上述三种活动参与的效应更强烈。

基于上述研究的主要结论，本书提出以下三个方面的建议。

（1）通过对终身教育体系的建设，促进我国老年人树立更科学的个体老年观。随着我国整体人口健康水平的不断提升，固有的"老年人"和"老龄化"概念也遭到不少学者的质疑与修正，这对于整体社会与老年人自身都具有积极的现实意义。随着个体生命历程的不断推进与家庭生命周期的日益演化，老年人的家庭角色、生活方式、思想观念等也随之发生改变。因此，老年人的价值观念与社会行为模式也需要重新塑造与调整。通过全面推进和发展终身教育，依托于既有的老年大学、社区、网络等正规和非正规教育平台，以更丰富及合理的内容和更灵活及便利的形式为更广大的老年人提供优质教育服务，为老年人提供更多关于生命意义与价值、社会性别观念和角色在老年期的调适等宣传教育，致力于营造年龄友好和性别平等的良好社会氛围，才能促进更多老年人继续积极参与建设并分享社会发展的诸多领域。

（2）为老年人提供全面的养老保险和健康支持系统。健全的社会保障和良好健康状况是提高老年人生活质量的基础与保障。近年来，我国的养老保险和医疗保险基本上实现了广覆盖，甚至有一些省份已经完成了全覆盖，这对于广大老年人而言是非常有现实性支持意义的。但不容否认的是，目前在保障水平上依然具有较大差距，尤其是对于农村老年人和城市早期无业老年人而言，他们所能享受的保障水平仍不高，而这些老年人的自我保障能力往往又是比较低的。本研究结果显示，老年人的社会保障水平与健康状况可以促进老年人的社会参与。因此，完善社会保障体系与构建健康支持系统是至关重要的政策保障，尤其应加强对那些需求"刚性"更高的老年人的保障。

（3）进一步促进和提升适老环境建设的省际区域均衡性。我国省际区域之间在文化、经济和社会发展水平的差异必然会使得适老环境建设水平也存在较大差距，一些地区会面临老年人的需求无法得以充分满足的现实问题，抑或对某些活动内容缺乏足够的环境支撑。而针对老年人的环境资源和公共服务的区域不均衡性有可能会与人口老龄化的区域分布不均匀现象形成叠加效应，老年人多而适老环境配套不足或者老年人少而适老环境充分，这些配置模式都不能有效缓解老年人和适老环境及公共服务之间的供需矛盾。因此，基于省际区域差异性视角，结合地区性具体老龄化程度和趋势，更具前瞻性和全局性地对适老环境配置进行科学规划和建设，使资源的错位和不足等问题得以纠偏和补充，如此才能保障和促进老年人更充分地参与各项社会活动。

此外，得益于老年专卷数据包含了比较全面的健康、保障、社会经济状况等相关变量信息的优势，我们尝试检验了《积极老龄化政策框架》中所提出的"尽可能使老年人健康、保障和参与的条件和机制获得最佳机会，以提高其生活质量"的理论命题，数据结果在一定程度上支持该理论假设。良好的健康和保障状况确实能够显著提升老年人社会参与度，尤其是在政治型、公益志愿型和休闲娱乐型活动方面，而这些活动确实对丰富老年人生活具有明显的正向促进意义，这也反映出积极老龄化理论的分析框架确实具有很强的解释力。

第三节　幸福感与老年人社会参与的关系分析

一　研究缘起

幸福长期以来都被视为人类发展所追求的终极目标之一，各国政府也普遍将民众幸福感的获得纳入衡量社会发展和进步的指标体系中，我国政府也明确将"人民幸福"列为小康社会的目标要素之一。由于生命历程的差异，不同群体势必对幸福的理解也会有所不同，幸福感是一个极具主观性的个体意识产物，因此，我们绝不能通过整体性幸福感去认定和估计群体性幸福感，对于个体异质性较强的老年人而言更是如此（郑振华、陈鸿、彭希哲、杨柳，2018）。对于幸福感的研究，近半个世纪以来学界围绕收入水平（财富）与幸福感的关系展开了较为深入的讨论，比较有代表性的便是"伊斯特林悖论"。1974 年，经济学家伊斯特林提出，虽然在短时期内财富水平越高，幸福感也会越高，但长时期内财富的增长却并不能对幸福感产生显著提升作用（Easterlin，1974）。在此主要对我国老年人的幸福感展开研究，着重分析不同社会经济地位的老年人幸福感的状况，并对其社会参与度的中介作用进行检验。

我国当下的老年人大多见证和经历了新中国成立和改革开放，他们的生命历程伴随着中国站起来、富起来和强起来的过程，对于我国社会经济的发展有着更为全面的时期性体验和认识。与此同时，这些老年人也见证了我国从物质财富供应不足到相对充足，并到当前的极大丰富状态，他们的物质生活水平和财富也经历了很大程度的变迁。在此背景下，我国老年人不仅形成了异质性较大的社会经济地位分布，而且也普遍具有各自对于物质财富等的个体性认识和态度，因此，基于各不相同的财富观和人生观等价值基础，物质财富状况给老年人幸福感所带来的影响效应也必然会存在较大差异。2017 年，党的十九大报告提出，"增进民生福祉是发展的根本目的"。政府要坚持在发展中保障和改善民生，保证全体人民在共建共享的发展中有更多获得感。因此，在以人民日益增长的美好生活需要和不平衡不充分的发展为主要矛盾的新时代背景下，以及老龄化程度不断加剧的人口结构新常态中，讨论老年人的社会经济水平差异和幸福感的关系有着重要的政策意涵和时代价值。

围绕经济水平与幸福感的关系问题，我国学术界基于伊斯特林所提出的"幸福悖论"也进行了较多的关注和讨论。有学者通过使用 CGSS（2005）和 CEIC（2005）数据资源进行检验分析，指出中国存在幸福悖论现象（何立新、潘春阳，2011）。通过对个人收入层面的研究，有多项研究均指出中国和其他国家一样，个人收入的增长对幸福感有显著的促进效应，呈正相关关系（朱建芳、杨晓兰，2009；边燕杰、肖阳，2014）。对于区域经济发展水平和幸福感的关系，有研究发现，在中国经济发展水平居于前 5% 的省份里，家庭收入的增加并不能对幸福感产生显著正向影响（Wu and Tam，2015），而且虽然中国城市的经济发展水平普遍高于农村地区，但通过对比发现城市居民的幸福感却相对更低（王鹏，2011）。也有学者通过使用长期数据，对中国居民幸福感进行了趋势性分析，比较有代表性的主要有两项，且研究结论恰好相反。刘军强通过使用 2003～2010 年的 CGSS 分析得出，中国居民近 10 年的幸福感一直处于不断提升的状态，并指出经济增长是居民幸福感提升的显著动力（刘军强、熊谋林、苏阳，2012）。而伊斯特林通过使用 1990～2007 年的世界价值观调查（WVS）数据分析指出，中国居民的幸福感呈先降后升的 U 形曲线，并指出中国的经济增长并没有显著提升居民的幸福感（Easterlin et al.，2012）。

回顾既往研究，对于个体、区域、跨时期等多维度的考量，我们可以发现，对于经济增长与幸福感之间关系的研究结论似乎一直以来都莫衷一是，但不容否认的是，经济状况与幸福感之间确实存在着不同程度的相关关系。这些研究结论的冲突在一定程度上是由于核心指标、抽样群体、数据调查时间等的选择差异造成的。进一步对具体而微的老年群体性幸福感相关研究进行梳理发现，研究大多聚焦于体育锻炼、居住方式、自感身心健康水平、家庭资本、社会支持系统等因素对我国老年人幸福感的影响，虽然在数据分析中也可能会涉及老年人的经济收入，但却鲜少有专项对于经济状况与老年人幸福感进行深入探讨。基于此，本研究试图讨论三个方面的问题。（1）老年人的社会经济地位状况对其幸福感的影响效应如何？（2）老年人的社会经济地位状况对其社会参与度的影响效应如何？（3）在此基础上进一步分析社会参与度在老年人社会经济地位与幸福感之间的中介作用。

二　数据来源与研究设计

（一）数据来源

本研究所使用的数据来源于 2017 年的 CGSS，该项数据不仅包含比较准确的收入测量，而且对于幸福感测量的信度和效度水平均比较高，且与幸福感关联度比较高的相关控制变量也比较丰富。此外，学界选取该项数据资源进行幸福感研究的前期成果也比较丰富，有利于本研究开展相应的借鉴与对话。该调查采用多阶分层概率抽样的方法，在中国大陆的 28 个省级行政单位共抽取 100 个县、480 个村/居委会，每个居委会抽取 25 户家庭，最终获得的有效样本为 12582 个。本研究选取了 65 岁及以上的老年人作为研究对象，依据本文的研究主题，删除了关键变量缺失值后，最终进入分析的老年人样本量为 2986 个。

（二）变量界定及描述性统计

1. 因变量

主观幸福感是一个多维度的概念体系，它既包括情感维度，也包括认知维度。情感维度主要测评人们的即时情绪，对于幸福个人所持的积极情绪或者消极情绪。认知维度则是指人们根据自己所持有的价值标准和主观偏好对当前生活状况满意度所做出的测评。其中，基于认知维度的生活满意度测评是学界较常使用的主观幸福感测量指标，它具有较高的信度和效度已经从多个视角被得以证实（Diener et al.，1999）。目前，我国学界对主观幸福感的相关研究也大多是基于对研究对象生活满意度的测量来开展的。此外，通过生活满意度对老年人主观幸福感进行测量，也能够在很大程度上对老年人的主体性认识状况进行了解，符合本研究的目标和需要。

因此，本研究的因变量选取老年人生活满意度作为主观幸福感的测量指标，测量问题为："总的来说，您觉得您的生活是否幸福？"其变量是五个等级的定序变量，分别赋值为"很不幸福"=1，"比较不幸福"=2，"说不上幸福不幸福"=3，"比较幸福"=4，"非常幸福"=5，分值越高，表示受访者幸福感越高。

2. 中介变量

本研究的中介变量为老年人社会参与度，主要通过对老年人所参与的社会活动内容广泛程度来进行评定。因此，选取的测量问题为"过去一年，您是否经常在空闲时间从事以下活动？"该题的具体选项内容包括"看电视或看碟"、"出去看电影"、"逛街购物"、"读书/报纸/杂志"、"参加文化活动，比如听音乐会，看演出和展览"、"与不住在一起的亲戚聚会"、"与朋友聚会"、"在家听音乐"、"参加体育锻炼"、"现场观看体育比赛"、"做手工（比如刺绣、木工）"和"上网"这十二个指标，其变量测评方式均为五个等级的定序变量，并分别被赋值"从不"=1，"一年次数或更少"=2，"一月数次"=3，"一周数次"=4，"每天"=5。将以上十二个指标的得分进行相加，构建老年人社会参与度的综合得分，可以测量出每一位老年人对这些社会活动内容中的参与程度。可以认为，总得分越高，参与度也就越高。

3. 自变量

既往关于"伊斯特林悖论"的研究中对于财富状况测量时，所选取的指标主要有个体收入（绝对收入和相对收入）、家庭收入、居民消费价格指数、人均地区生产总值等（吴菲，2019）。对于绝大多数老年人来说，进入老年期以后，他们的财富状态会处于一个相对较为稳定的状态，收入和支出基本都会基于他们先期生命历程所形成的社会资本和生活习惯等。社会经济地位（SES）是指个体或家庭基于职业、教育和收入等因素相对于其他人的经济和社会地位的整体性测量。老年群体的社会经济地位普遍已经形成和稳定，因此，本研究认为，选择社会经济地位这个综合性指标来反映老年人的财富状况是比较合适的。

结合对 CGSS 数据资源的挖掘，本研究的核心自变量社会经济地位主要包括四个指标构成要素：个人收入、受教育程度、职业地位以及政治面貌。收入的测量问题为："您个人去年（2016 年）全年总收入＿＿＿＿"将其取对数，构建收入对数变量。受教育程度的测量问题为："您目前的最高教育程度是什么？"我们根据教育程度所对应的具体年限分别进行了赋值，其中"没有受过任何教育"＝0，"私塾、扫盲班"＝2，"小学"＝6，"初中"＝9，"职业高中/普通高中/中专/技校"＝12，"大学专科（包含成人高等教育）"＝15，"大学本科（包含成人高等教育）"＝16，"研究生及以上"＝20，后续模型分析也将以所构建的受教育年限变量为准。职业地位的测量变量是以"2008 年国际标准职业分类（ISCO-08）"为标准，将所采纳样本的职业分别转化为国际职业声望得分。政治面貌变量操作化为虚拟变量，将中共党员/民主党派赋值为 1，其余赋值为 0。

4. 控制变量

此外，参照既有幸福感相关研究，并结合本研究的目标设定，本研究还设置了一些控制变量，具体包括性别、年龄、婚姻状况、宗教信仰、民族、户籍、子女数量、自评健康状况，并将它们与自变量一起纳入模型。详细的变量说明如表 3－5 所示。

表 3－5　相关变量描述统计（N＝2986）

变量	均值	标准差	最小值	最大值
因变量				
主观幸福感	3.944	0.846	1	5
中介变量				
社会参与度	23.846	6.774	12	59
自变量				
收入对数	7.55	5.012	－4.605	16.117
政治面貌（"中共党员/民主党派"＝1）	0.168	0.374	0	1
受教育年限（年）	6.254	4.629	0	20
职业声望地位	45.638	18.28	30	90

续表

变量	均值	标准差	最小值	最大值
控制变量				
性别（"男"=1）	0.487	0.5	0	1
年龄（岁）	72.818	6.468	65	103
婚姻状况（"已婚"=1）	0.64	0.48	0	1
宗教信仰（"信仰"=1）	0.129	0.336	0	1
民族（"汉族"=1）	0.938	0.241	0	1
户籍（"城市"=1）	0.396	0.489	0	1
子女数量（个）	2.697	1.492	0	11
自评健康状况（"健康"=1）	0.634	0.482	0	1

资料来源：CGSS（2017）。

（三）模型构建与研究设计

本研究通过建立 OLS 回归模型的方法来检验老年人社会参与度对主观幸福感影响的中介效应。第一步，建立关于老年人社会参与度的回归模型，检验老年人社会经济地位对其社会参与度的影响。第二步，建立关于老年人主观幸福感的回归模型，检验老年人的社会经济地位对其主观幸福感的影响。第三步，在第二步的基础上加入老年人社会参与度变量，检验社会参与度在老年人社会经济地位与幸福感之间的中介效应。

分析思路如图 3-1 所示。

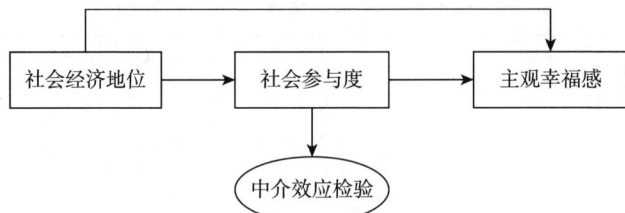

图 3-1　社会参与度中介效应检验思路

具体的模型表达式如下：

$$M_{ij} = \beta_{01} + \beta_{11} SES + \gamma_1 Z + \varepsilon_1$$
$$Y_{ij} = \beta_{02} + \beta_{12} SES + \beta_{22} M_{ij} + \gamma_2 Z + \varepsilon_2$$

该模型包括两个方程，其因变量分别是：M（社会参与度）和 Y（主观幸福感），自变量为 SES（社会经济地位），β 为截距和系数估计值。为了避免其他变量对估计结果的干扰，我们在模型中还加入了一组控制变量 Z，γ 是其回归系数。最后，ε 代表未包含在模型中的随机误差项。

三 数据分析结果

表 3-6 中的模型 1 与模型 2 用来检验老年人社会经济地位对社会参与度的影响。模型 1 仅纳入了性别、年龄、婚姻状况、宗教信仰等控制变量，为基准模型。模型 2 在模型 1 的基础上加入了社会经济地位变量，包括收入对数、政治面貌、受教育年限以及职业声望地位。由模型 2 的数据结果可知，社会经济地位的四个变量均通过了显著性检验。具体情况为：老年人的收入对数每提高 1 个单位，社会参与度的平均得分提高 0.094 个单位；具有中共党员/民主党派身份的老年人，其社会参与程度得分比其他老年人高 1.446 个单位；老年人受教育年限每增加 1 年，社会参与度得分平均增加 0.336 个单位；老年人的职业声望地位每提高 1 个单位，社会参与度得分平均增加 0.074 个单位。由此可以看出，社会经济地位水平能够显著地提升老年人的社会参与程度，也就是说，社会经济地位越高，老年人的社会参与度也就越高。

表 3-6 中的模型 3、模型 4 和模型 5 用来检验社会经济地位对老年人主观幸福感的影响，以及老年人社会参与度所发挥的中介作用。其中，模型 3 为基准模型，模型 4 和模型 5 分别纳入了社会经济地位变量和社会参与度变量。模型 4 的数据分析结果表明，收入、受教育年限以及职业声望地位能够显著地提升老年人的主观幸福感；而政治面貌这一变量并没有通过显著性检验，这说明中共党员/民主党派身份对老年人的主观幸福感并没有显著影响。由此可以得出，除了政治面貌这一因素以外，反映老年人社会经济地位水平的收入、受教育年限和职业声望地位均与主观幸福感正相关，能够显著提升老年人的主观幸福感。

由模型 5 的数据分析结果可知，社会参与度变量通过了显著性检验，表明社会参与水平可以显著地提高老年人的主观幸福水平。此外，我们还可以发现，模型 5 在纳入社会参与度变量之后，收入变量的系数减小但仍显著，受教育年限和职业声望地位变量的系数减小并且变为不显著，这表明社会参与度在收入与主观幸福感之间起到了部分中介作用，而在其他两个变量（受教育年限和职业声望地位变量）与主观幸福感之间起到了完全中介的作用。

中介效应检验结果表明，老年人的社会参与度在社会经济地位与老年人主观幸福感之间发生了中介效应，社会参与度通过两种路径作用于老年人主观幸福感。路径一：收入变量发生了部分中介效应，也就是说，收入水平对幸福感所产生的影响，有一部分是通过老年人社会参与度得以传递和实现的，具体作用路径是"社会经济地位（收入）—社会参与度—主观幸福感"，即更高的收入水平使老年人的社会参与度更高，进而促使老年人的主观幸福感提升，且通过了显著性检验。路径二：受教育年限和职业声望地位变量发生了完全中介效应，也就是说，受教育年限和职业声望地位对幸福感所产生的影响，全部是通过老年人社会参与度得以传递和实现的，其具体作用路径是"社会经济地位（受教育年限、职业声望地位）—社会参与度—主观幸福感"，即更高的受教育年限和职业声望地位会使老年人的社会参与度更高，进而促使老年人的主观幸福感提升，该影响没有通过统计显著性检验。

表 3-6 老年人社会参与度对主观幸福感影响的中介效应模型（$N = 2986$）

变量	模型 1	模型 2	模型 3	模型 4	模型 5
	参与度	参与度	幸福感	幸福感	幸福感
社会经济地位变量					
收入对数		0.094 ***		0.009 *	0.007 *
		(0.021)		(0.003)	(0.003)
中共党员/民主党派		1.446 ***		0.037	0.015
		(0.293)		(0.046)	(0.045)
受教育年限		0.336 ***		0.010 *	0.005
		(0.029)		(0.004)	(0.005)
职业声望地位		0.074 ***		0.002 *	0.001
		(0.007)		(0.001)	(0.001)
中介变量					
社会参与度					0.015 ***
					(0.003)
控制变量					
性别	-0.070	-1.201 ***	-0.093 **	-0.133 ***	-0.115 ***
	(0.218)	(0.205)	(0.031)	(0.032)	(0.032)

续表

变量	模型 1	模型 2	模型 3	模型 4	模型 5
	参与度	参与度	幸福感	幸福感	幸福感
年龄	−0.090 ***	−0.104 ***	0.007 **	0.007 **	0.009 **
	(0.018)	(0.017)	(0.003)	(0.003)	(0.003)
婚姻状况	0.941 ***	0.352 +	0.164 ***	0.145 ***	0.140 ***
	(0.232)	(0.213)	(0.033)	(0.033)	(0.033)
宗教信仰	0.211	0.515 +	−0.046	−0.039	−0.047
	(0.323)	(0.296)	(0.046)	(0.046)	(0.046)
民族	0.188	0.048	−0.118 +	−0.126 *	−0.126 *
	(0.447)	(0.408)	(0.064)	(0.063)	(0.063)
户籍	5.734 ***	2.361 ***	0.152 ***	0.030	−0.006
	(0.232)	(0.256)	(0.033)	(0.040)	(0.040)
子女数量	−0.507 ***	−0.243 ***	0.037 **	0.047 ***	0.051 ***
	(0.080)	(0.074)	(0.011)	(0.011)	(0.011)
自评健康状况	2.337 ***	1.675 ***	0.354 ***	0.329 ***	0.303 ***
	(0.224)	(0.207)	(0.032)	(0.032)	(0.032)
常数项	27.264 ***	23.862 ***	3.074 ***	2.936 ***	2.574 ***
	(1.387)	(1.296)	(0.197)	(0.201)	(0.211)
R^2	0.282	0.402	0.067	0.077	0.086

注：$^+ p < 0.1$，$^* p < 0.05$，$^{**} p < 0.01$，$^{***} p < 0.001$。括号内为标准误，双尾检验显著度。
资料来源：CGSS（2017）。

四　研究结论与讨论

社会经济地位既是反映老年人所占有社会经济资源水平的重要指标，也在很大程度上不断影响着老年人的生活方式、行为习惯和幸福感。分析社会经济地位与幸福感之间的关系，了解个体社会经济地位对于老年人主观幸福感的影响，对于积极应对人口老龄化和提升老年人生活质量均具有重要意义。借助具有全国代表性的调查数据，本研究主要探讨了社会经济地位对老年人主观幸福感的直接影响，并分析了社会参与度所发生的中介作用。主要研究结论如下。

第一，在我国当前的社会情境中，个体社会经济水平的提升能够增强老年人的主观幸福感。本研究通过利用 CGSS 调查数据的实证分析对"伊斯特林悖论"观点在我国老年群体中进行了检验，结果显示社会经济地位水平发挥着显著的正向影响，能够积极促进老年人主观幸福感的提升。这一结果说明，作为保障老年人生活质量的重要物质性条件基础，社会经济地位水平确实是提升老年人主观幸福感的重要载体。一般情况下，与年轻人相比，老年人的社会经济地位基本都会处于一个相对较为稳定的状态，这也是大多数老年人主要依托的养老资源。因此，倘若基于先期生命历程积累的社会经济地位水平较高，老年人的保障程度就会相对比较充足，其生活满意度往往也会更高。

第二，个体社会经济地位对老年人主观幸福感通过社会参与度发挥影响，这种影响主要体现了社会参与的价值塑造和传导性。本研究发现，老年人的社会参与度在老年人社会经济地位与主观幸福感关系中起到了中介作用，也就是说，社会经济地位对老年人主观幸福感的影响是通过老年人社会参与这一渠道实现的。社会经济地位不仅在很大程度上决定着老年人社会参与意识和能力，而且也对其在活动内容选择等方面产生影响。而老年人在参与各项社会活动的过程中，不仅能够缓解他们的孤独感，而且能够在很大程度上保持老年人在社会交往、人际互动等方面的能力。也正是通过参与丰富的社会活动，老年人对于衰老等问题的负面情绪得以缓解，获得和形成对自己生活更多的正向评价，从而提升其主观幸福感。

第三，声望性财富（受教育年限和职业声望地位）相对于物质性财富（收入水平）而言，更需要通过社会参与来实现其对于幸福感的提升效应。对老年人来说，个体先期的受教育程度和所处的职业地位都已经成为一个过往的历时性状态，无论是大学生还是文盲，农民、工人或者干部，进入老年期以后大多都会进入具体的生活情境中，尤其是家庭生活为主的场域，先期基于人力资本而获得的声望性财富所能发挥和显现的影响效应会有所减弱。这些饱含个体先期生命历程累积优势的声望性财富很大程度上需要老年人通过广泛地参与社会活动来发挥和展现，以使老年人在此过程中获得各方面价值感的满足，进而提升自身的主观幸福感。因此，从很大程度上来说，声望性财富对于老年人幸福感的促进作用必须通过老年人的社会参与才能得以实现，社会参与度的完全中介作用是符合经验事实的。而物质性财富对于老年人养老资源以及生活水平的保障是非常直接和关键的，物质生活相对丰富充盈的老年人本身就具有更高的主观幸福感。因此，物质性财富本身对于老年人幸福感具有一定程度的促进作用，社会参与度只能发生部分中介作用也是非常符合生活经验事实的。

在中国已经步入人口老龄化社会并且在未来相当长一段时期都将会延续的人口结构新常态背景下，老年人口的占比和绝对数量都将会继续增长，因此，如何积极和科学地应对人口老龄化，如何在更大程度上提升日趋庞大的老年人群体的生活质量，进而提升其幸福感，是需要被持续广泛关注的重要议题。社会经济地位水平是决定老年人财富资本和社会资本的重要指标，它是确保老年人生活质量的重要客观基础，也确实能够在很大程度上促进老年人幸福感的提升。而社会参与是老年人保持与社会联系，增强与社会互动的重要纽带，在这个过程中，老年人通过扮演各种社会角色，在很大程度上丰富了其生活内容，对社会、对老年人都具有诸多积极的现实意义。本研究不仅探索了社会经济地位对于老年人幸福感的影响效应，而且检验了老年人社会参与度在其中所发生的中介作用。研究结论表明，老年人社会经济地位的影响效应和社会参与度的中介作用均存在。因此，提升对我国老年人物质财富的支持和保障水平，并提高老年人社会参与度，是增进老年人整体福祉水平和幸福感的有效路径。本研究的研究结果（"伊斯特林悖论"）对中国老年群体的适用性检验提供了相关分析证据，并在一定程度上拓展了既往研究的分析维度。

第四节 情感依赖与工具理性：老年家庭家务性别分工模式分析

一 问题的提出

家庭是社会的基本组成单位，是人们精神生活和物质生活的重要场域。家务劳动是家庭成员之间相互提供的无偿劳务，是保障家庭生活有序运行和家庭功能充分发挥的重要内容。受中国传统社会性别观念"男主外、女主内"的角色分工理念影响，女性在家务劳动中承担主要角色，而男性则通常只发挥辅助作用。伴随着我国性别平等理念的牵引，越来越多的女性开始走出家庭而进入就业领域，这对传统的家务性别分工模式形成了较大的冲击和挑战。家务劳动性别分工的特征和影响因素一直备受国内外学者的关注。有研究认为，即便女性走向了就业市场，也并没有在较大程度上改变她们的家务分工状况，女性依然承担着显著多于男性的家务劳动量（郑丹丹，2013；Brayfield，1992；Killewalda，Alexandra and Gough，2010）。对于家务性别分工的影响因素，围绕时间约束理论、相对资源理论和性别角色理论，学者们也进行了较为系统的讨论，深入探寻了这些因素的影响路径和效应（刘爱玉、佟新、付伟，2015；杨菊华，2006；於嘉，2014；Shelton，Anne，and John，1996）。综观前期研究，大多集中于在职（双薪）家庭的家务性别分工，诸如对家庭成员包括工作时间在内的整体时间利用和分配状态的呈现，对在职家庭的家务性别分工模式进行的分析，对工作时间和家务劳动之间关系的探讨等。

家庭是存在着生命周期的，当夫妻双方均退出劳动力市场，步入老年期，那么这个家庭就会处于衰老期，这个阶段的家庭被称为老年家庭。随着人们预期寿命的不断增长，老年家庭的存续期限也将不断延长，甚至成为家庭生命周期中最长的一个阶段（党俊武，2015）。在这一时期，绝大多数老年人的工作时间在很大程度上减少，甚至趋向于零，相应地，老年人个体和家庭的时间分配状况会发生较大的调整和变化。有研究指出，男性老年人会倾向于将过去的工作时间消耗转移到休闲娱乐活动和家务劳动方面，而女性老年人的这一转变特征并不明显，女性老年人的家务劳动时间仍然显著多于男性（邢占军、周慧，2019；Anne，Timothy，and Smeeding，2010）。对我国老年人家务分工的研究可以散见于时间利用的相关研究中，目前很少有对老年家庭家务分工状况及其影响因素的实证研究。鉴于此，本研究期望通过一个具有代表性的全国性样本数据，回答以下几个问题。中国老年家庭的家务性别分工状况如何？与在职家庭相比它具有哪些新特征？当剥离了工作时间的影响和束缚，相对资源和性别观念将会如何相互作用，进而对老年家庭家务性别分工产生影响？其中的影响路径与在职家庭相比又存在着哪些转变？

二　理论框架与研究设计

（一）文献回顾与研究假设

老年家庭的成员绝大多数已经不存在工作时间、生育时间等的消耗，而闲暇时间普遍获得了增长。针对老年家庭的这一特点，本研究将不再围绕时间约束理论对老年人家务性别分工进行解释，而主要对性别角色理论和相对资源理论展开讨论。

1. 性别角色理论

性别角色理论所秉持的传统性别观念认为，"男主外、女主内"是绝大多数家庭的分工状态，而且这种性别分工模式已经嵌套和渗透到社会文化结构之中，使女性处于较为不利的地位（Lachance-Grzela Mylène, and Bouchard，2010）。在该性别观念的影响之下，女性会因家务负担过重影响社会就业，不充分的社会就业状态又会加剧家庭地位的不平等现象。通过对既往经验研究的回顾可以发现，在家务劳动领域的性别隔离现象十分明显，女性往往是家务劳动的主要承担者，她们的家务劳动时间普遍高达男性的 2 ~ 3 倍（Hu and Yang，2015；Kornrich Brines, and Leupp，2013）。在受传统性别观念影响比较严重的日本、韩国和中国台湾地区，女性所承担的家务劳动量甚至可能会达到家务总量的 85%（Kim and Young-Mi，2013）。

性别观念虽然能对男性和女性的家务分工产生上述影响，但也绝非全然如此，它也受到一些经验事实的挑战。例如，在一些传统型家庭中，男性和女性处于传统社会分工状态，女性从事较为边缘和次级的社会工作内容，男性仍然承担着和女性一样多，甚至是多于女性的家务劳动；在一些现代型家庭中，男性和女性处于现代社会分工状态，女性从事社会地位趋近甚至是高于男性的社会工作内容，然而，女性依然愿意承担多于男性的家务劳动内容。"性别表演"可以对此现象进行一定程度的解释，女性通常会将家务劳动看作表达爱情的途径，不会因为获得了经济独立或优势就减少家务付出（Erickson and Rebecca，2005）。可以看出，家务劳动对于家庭运行而言，不仅发挥着工具性支持作用，它也是夫妻之间基于情感的相互支持形式。因此，夫妻之间的情感状况，以及相互之间的情感表达方式，也会对家务分工模式产生影响。

综上所述，本研究关于性别角色理论和老年家庭家务分工模式之间关系的研究假设有：

假设 1：老年家庭的家务分工存在性别差异；

假设 2a：性别观念越趋于平等，夫妻合作型家务劳动模式形成的可能性越高；

假设 2b：配偶的情感投入，会提高夫妻合作型家务劳动模式形成的可能性。

2. 相对资源理论

相对资源理论指出，家庭内部的家务分工与夫妻双方各自所拥有的相对资源状况有关。在家庭内部，夫妻各自所拥有的相对资源（如经济水平、职业声望、受教育程度等）在家庭权力的形成和交换过程中发挥着重要作用，从而构建和维持了家庭内部的性别权力结构，也能够在一定程度上构建和决定社会的性别权力关系（李成华、靳小怡，2012；吴帆，2014；林聚任、谭琳，1999）。其中，国内外学者对于经济依赖和家务劳动分工之间的关系有较多讨论，认为对配偶经济依赖的下降可以减少个人的家务劳动量（Evertsson，Marie，and Nermo，2004），而且经济依赖的影响对于男性家务投入的影响效应小于对女性的影响（Parkman and Allen，2004）。於嘉通过对中国家庭追踪调查 2010 数据的分析也发现，在中国城镇地区妻子对丈夫经济依赖水平的下降可以显著减少她们的家务劳动时间（於嘉，2014）。

此外，除了经济状况这一直接显性指标，有研究发现，受教育程度对于家务分工也具有较为显著的影响。当女性的受教育程度高于男性时，她们的家务劳动时间会相应减少（杨菊华，2014）。与男性受教育程度低于配偶的情况相比，男性与配偶的教育程度相似或高于配偶时，他们的家务劳动时间有可能会减少（周旅军，2013）。对于老年人而言，健康水平是衡量其社会资本的重要指标，不仅决定着老年人的心理和情感健康，而且也会在很大程度上决定着老年人的家务承担状况（河内一郎等，2016）。通常情况下，处于良好健康状态的老年人不仅具备承担家务的能力，与健康状况较差的老年人相比，他们对家务也会具有相对较高的主观参与意愿（Hayslip，Blumenthal，and Garner，2014）。因此，健康状况也是衡量老年人相对资源的一项重要测评指标，它对老年人家务分工模式的影响效应非常值得关注。

综上所述，本研究关于相对资源理论和老年家庭家务分工模式之间关系的研究假设有：

假设 3a：老年夫妻间的经济依赖，会降低夫妻合作型家务劳动模式形成的可能性；

假设 3b：妻子相对于丈夫的受教育程度越高，越有可能形成夫妻合作型家务劳动模式；

假设 3c：良好的健康状况，会提高夫妻合作型家务劳动模式形成的可能性。

（二）数据说明与研究设计

1. 样本构成与变量界定

本研究采用的是全国妇联和国家统计局共同完成的"第三期中国妇女社会地位调查"老年专卷数据。老年专卷所调查的是个人数据，并未进行夫妻配对，但问卷中对配偶相对收入状况、家务劳动承担占比，以及夫妻之间情感互动状况、教育程度差异等问题均有涉及，这些数据足以对本研究的核心命题予以支撑。鉴于研究需要，仅保留了婚姻状态为有配偶的老年人（65 岁及以上），剔除了未婚、离婚和丧偶的样本。进一步按照所纳入变量需求剔除缺失值后，共获得符合条件的样本 2252 个，其中男性老年人 1385 位，女性老年人 867 位。

对于老年人相对资源的测量，本研究将主要围绕经济状况、文化程度、健康状况三个方面来展开分析。对于经济状况将选择收入对数、经济依赖和经济依赖平方的测量，其中经济依赖采取了与既往研究一致的方法（Brines and Julie，1994；Greenstein and Theodore，2000），即经济依赖 =（个人年收入 − 配偶年收入）／（个人年收入 + 配偶年收入），其取值范围为 −1 ~ 1 表示完全依赖配偶，1 表示完全不依赖配偶，从 −1 到 1 意味着经济依赖的下降，其中 0 代表夫妻间收入平等互不依赖。结合既往研究，以期形成对照，也将经济依赖的平方放入模型以考察偏离中和模型是否存在。此外，文化程度将选择对受教育年限和夫妻受教育程度差别的测量，健康状况将选择对自评健康状况和患病数量的测量。

对于老年人性别角色的测量，本研究将主要围绕性别观念和对配偶情感投入这两方面展开分析。对性别观念的测量，将采取与既往研究相一致的方法，选择问卷中"丈夫的发展比妻子的发展重要""挣钱养家主要是男人的事情""男人应以社会为主，女人应以家庭为主"这三个题目，每个题目对应着五个选项：非常同意、比较同意、说不清楚、不太同意、很不同意，依次对其赋值 5 分、4 分、3 分、2 分和 1 分，取值范围为 3 ~ 15 分，再通过极差标准化的方法将其设定为 0 ~ 100 分，从低到高，代表性别观念从传统趋向于现代。对于配偶情感投入的测量，则选择问卷中"配偶倾听自己心事和烦恼"这一题目，其对应的三个选项为非常能、比较能和不能。

性别、年龄、子女数量、城乡分布、政治面貌、养老保险类型等因素在进行模型分析时，均作为控制变量处理。其中，子女数量虽然并非测量老年人的常规型人口特质变量，但它是反映老年家庭结构的重要变量，在家庭代际支持较为普遍的现实背景下，通过对其测量，我们能在较大程度上了解老年人的家庭支持资源状况。表 3 - 7 为分性别的变量基本特征与描述。

表 3 - 7　分性别的变量基本特征与描述

变量	男性 (N = 1385)		女性 (N = 867)	
	平均值	标准差	平均值	标准差
经济依赖	0.37	0.48	- 0.29	0.49
经济依赖的平方	0.36	0.41	0.32	0.41
性别观念（标准化）	37.83	21.02	37.42	20.80
受教育年限（年）	7.09	4.40	4.71	4.80
收入对数（元）	7.86	3.47	6.00	4.40
子女数量	3.33	1.45	3.48	1.52
城乡出身				
城镇户籍	729	52.45	472	54.25
农村户籍	661	47.55	398	45.75
年龄				
65～69 岁	588	42.30	447	51.38
70～74 岁	426	30.65	264	30.34
75～79 岁	253	18.20	122	14.02
80 岁及以上	123	8.85	37	4.25
自评健康状况				
很不健康	298	21.45	219	25.17
一般	538	38.73	341	39.20
很健康	553	39.81	310	35.63
疾病患病数				
无病	288	20.72	145	16.67
1 种	375	26.98	239	27.47

续表

变量	男性（N = 1385）		女性（N = 867）	
	平均值	标准差	平均值	标准差
2 种	310	22.30	197	22.64
3 种及以上	417	30.00	289	33.22
养老保险类型				
无社会养老保险	520	37.55	417	48.10
城乡居民养老保险	247	17.83	170	19.61
城镇职工养老保险	618	44.62	280	32.30
政治面貌				
中共党员/民主党派	422	30.36	100	11.49
其他	968	69.64	770	88.51
配偶情感投入				
不能倾听心事和烦恼	127	9.14	105	12.07
比较能倾听心事和烦恼	661	47.55	396	45.52
非常能倾听心事和烦恼	602	43.31	369	42.41
夫妻受教育程度情况				
妻子受教育程度低于丈夫	664	47.77	368	42.30
妻子受教育程度与丈夫相同	580	41.73	418	48.05
妻子受教育程度高于丈夫	146	10.50	84	9.66

注：对于定类变量，选择呈现其每一项百分比；对于定距变量，选择呈现均值与标准差。

通过表 3 - 7 我们可以发现，老年家庭中可能影响家务劳动分工模式的因素有以下几个方面的特点。在性别观念方面，男性老年人的性别观念得分为 37.83，女性老年人的性别角色得分为 37.42，二者相差不大，性别观念较为趋近。在经济依赖方面，男性老年人的经济依赖均值为 0.37，女性老年人的经济依赖均值为 - 0.29，可以看出，女性老年人对配偶的经济依赖明显高于男性老年人。在受教育程度方面，男性老年人（7.09 年）的平均受教育年限是女性老年人（4.71 年）的 1.5 倍，就教育程度差异而言，受教育程度低于丈夫的女性（44.77%）远远多于受教育程度高于丈夫的女性（10.50%）。在配偶情感投入方面，配偶有较高程度情感投入的超过四成，其中有 9.14% 的男性老年人和 12.07% 的女性老年人认为配偶的情感投入程度较低。

2. 模型与分析策略

为便于形成对照，与既往的在职家庭家务分工模式研究接近一致，本研究的具体分析策略包括以下几个方面。第一步，对老年人的家务劳动状况分性别进行分析，其中包括家务劳动的具体时长、自我认定承担量和分工模式。第二步，通过对上述研究分析结果的整理，与前期有关在职家庭家务性别分工的研究结果进行对比和分析。第三步，将家务分工模式归为两类，即传统妻子为主型家务模式和现代型夫妻合作家务模式，并通过分性别模型展开讨论，以家务模式为因变量（1 代表现代型家务模式，0 代表传统型家务模式），运用二分类回归模型进行分析。

三 老年家庭的家务性别分工状况：差异性及其描述

对老年家庭的家务性别分工状况的分析，将主要围绕不同性别老年人的日均家务时间、家务劳动自我认定承担量、夫妻家务分工模式这三个维度展开。对于时间利用的测量，通常会按照客观和主观分为两类。客观时间利用是指人们具体所消耗的时间；主观时间利用则是指人们所感知和评价出的在不同活动上所投入时间的程度（Gupta and Sanjiv，2006）。在本研究中，日均家务时间是一个测量客观家务劳动量的指标，在具体时间上可以对家务性别分工的直观差异进行呈现；家务劳动的自我认定承担量则是选择了四项与老年人生活关联程度最大的家务内容（做饭、洗碗、洗衣服/打扫卫生、日常家庭采购），这四项家务内容老年人从主观上承担程度的测量；夫妻分工模式则是对老年人关于"夫妻间谁承担家务劳动更多些？"的家务分工评价性测量。通过分析，我们发现，老年家庭的家务分工确实存在性别差异，研究假设 1 得到了验证，具体推断依据如下。

其一，老年家庭的客观家务劳动量存在性别差异。老年专卷对老年人的日均家务劳动时间进行了调查，分性别进行统计可以发现，男性老年人和女性老年人的家务劳动时间差别较大。女性老年人的日均家务劳动时间长达178.80 分钟，接近 3 个小时，是男性老年人日均家务劳动时间的 1.9 倍（见表 3 - 8）。

其二，老年家庭的主观家务劳动量存在性别差异。对所选择的四项家务内容，设置了"全部"、"大部分"、"约一半"、"很少"和"从不"五个选项，将采取与在职家庭家务分工研究一致的赋值方式，依次赋值为

表 3-8　老年家庭分性别日均家务劳动时间

变量	男性（N=1385）		女性（N=867）	
	平均值	标准差	平均值	标准差
家务劳动时间（分钟）	95.27	101.44	178.80	116.58
标准化的自我认定家务劳动时间（分钟）	34.18	24.93	64.82	26.46

4分、3分、2分、1分、0分，对每位老年人四项家务的得分相加，最小值为0分，最大值为16分，再通过极限标准化处理生成一个百分制计量变量，分值越大表明家务量越大。我们将以选择"全部"和"大部分"界定为自我认定家务劳动量，并对四项家务的累积得分进行测算。通过表 3-9 的分析结果可以发现：针对四项家务内容，女性老年人的四项自我认定家务劳动量的绝对值均远远高于男性老年人，而且在家务内容上也存在着明显的性别差异，具体表现为男性老年人将"日常家庭采购"排在自我认定劳动量的首位，而女性老年人却将此项内容排在末位，男性老年人的末位选择为"洗衣服/打扫卫生"。

表 3-9　老年家庭分性别自我认定家务劳动量

单位：分钟

	做饭	洗碗	洗衣服/打扫卫生	日常家庭采购
男性老年人	16.99	15.91	13.40	26.28
女性老年人	67.35	65.17	63.56	41.96

其三，老年家庭中妻子为主的传统型家务分工模式最为普遍。对于家务分工的选项"丈夫多""妻子多""差不多"进行分类统计发现，整体上有 11.74% 的老年人认为"丈夫多"，其中男性老年人（11.81%）和女性老年人（11.63%）的选择相差并不大，而选择"妻子多"的比例均达到六成以上。因此，采取与在职家庭家务分工研究一致的界定方式，将"丈夫多"和"差不多"两项进行合并，统称为"夫妻合作型家务分工模式"。通过表 3-10 的分析结果可以发现，妻子为主的传统型家务分工模式占比超过六成，而夫妻合作型模式占比不足四成。

表 3 – 10　老年家庭夫妻家务劳动的模式

单位：人，%

家务劳动的分工模式	总体人数	比例	男性人数	比例	女性人数	比例
夫妻合作型	806	36.11	481	35.06	325	37.79
妻子为主型	1426	63.89	891	64.94	535	62.21
合计	2232	100.00	1372	100.00	860	100.00

综合上述分析表明，老年家庭家务分工模式是存在性别差异的，女性老年人是家务劳动的主要承担者，客观家务劳动时间和主观认定劳动量均多于男性老年人，家务内容也存在性别差异，妻子为主的传统型家务分工模式仍然是主流。那么，老年家庭家务分工模式与其处于家庭生命周期的前期阶段相比，目前所呈现的特征与之前相比有哪些相似性，又具有哪些差异性呢？基于可及的经验研究资料，我们可以在此与佟新、刘爱玉通过相同数据资源对我国城镇双职工家庭的研究发现进行对照（佟新、刘爱玉，2015），借由对老年家庭和在职家庭家务分工模式的差异分析，以此对家务分工模式的变迁进行探析。

对比发现，与在职家庭相比，老年家庭的家务分工模式有较大程度上的延续性表现，整体而言，女性仍然承担相对更多的家务劳动，但在具体程度上也呈现一些变化。首先，在家务劳动时间方面，在职女性的日均家务劳动时长为 107.46 分钟，接近 2 个小时，是男性的 2.4 倍。可以发现，一方面，老年家庭成员的日均家务劳动时长明显高于在职家庭成员；另一方面，相较于在职家庭，老年家庭的家务劳动性别比（1.9 倍）有所降低，这说明女性老年人和男性老年人承担家务劳动时间差距在缩小。其次，在家务劳动内容方面，与在职家庭的分性别自我认定家务劳动量进行对比可以发现，无论在任何年龄阶段，男性似乎都比女性更偏好"外向型家务"，如日常采购。最后，在家务分工模式方面，与在职家庭（32.20%）相比，虽然老年家庭中妻子为主的传统家务分工模式仍然占主流，但老年家庭的夫妻合作型模式（36.11%）占比略有增长。

四　影响夫妻合作型家务劳动模式的因素分析

通过分性别对老年家庭的合作型家务分工模式影响因素进行分析可以发

现，影响男性老年人和女性老年人家务分工模式的因素既有共性也有差异。通过表 3-11 分析结果发现，配偶情感投入和健康状况是共同的影响因素，此外，对男性老年人家务分工产生显著影响的因素还有性别观念和受教育程度差异。还有一个值得注意的现象是，经济依赖这一因素对于男性和女性老年人家务分工的影响均不显著。结合本研究的理论假设，主要有以下发现。

表 3-11　老年家庭家务劳动性别分工模式的 logistic 回归分析

变量	男性 （N = 1168）		女性 （N = 738）	
	模型 1m	模型 2m	模型 1f	模型 2f
城镇 （农村）	-0.122	-0.133	-0.548 *	-0.505 *
年龄 （65~69 岁）				
70~74 岁	0.194	0.194	0.193	0.200
75~79 岁	0.256	0.257	0.260	0.267
80 岁及以上	0.316	0.310	0.820 +	0.811 +
自评健康状况 （很不健康）				
一般	0.203	0.204	-0.309	-0.305
很健康	0.596 **	0.595 **	-0.629 **	-0.628 **
疾病患病数 （0 种）				
1 种	0.153	0.153	-0.521 *	-0.521 *
2 种	0.014	0.015	-0.714 **	-0.725 **
3 种及以上	0.193	0.195	-0.688 **	-0.687 **
养老保险类型 （无社会养老保险为参照项）				
城乡居民养老保险	-0.268	-0.271	0.204	0.225
城镇职工养老保险	-0.157	-0.189	0.752 *	0.762 **
政治面貌 （其他）				
中共党员/民主党派	0.029	0.027	-0.320	-0.316
收入对数	0.025	0.053	0.014	-0.044
受教育年限	0.017	0.016	-0.013	-0.012
子女数量	-0.004	-0.004	-0.041	-0.043
性别角色观念	0.008 *	0.008 *	0.005	0.005
配偶的情感投入 （不能倾听心事和烦恼）				
比较能倾听心事和烦恼	0.216	0.216	-0.270	-0.273

续表

变量	男性（N = 1168）		女性（N = 738）	
	模型 1m	模型 2m	模型 1f	模型 2f
非常能倾听心事和烦恼	0.424 +	0.427 +	− 0.998 **	− 1.010 **
夫妻受教育程度情况（妻子受教育程度低于丈夫）				
妻子受教育程度与丈夫相同	0.353 *	0.349 *	0.042	0.027
妻子受教育程度高于丈夫	0.641 **	0.625 **	0.380	0.395
经济依赖	− 0.036	− 0.170	− 0.291	− 0.272
经济依赖的平方		0.148		− 0.602
常数项	− 2.001 ***	− 2.210 ***	0.246	0.799
Log pseudolikelihood	− 731.63	− 731.53	− 468.38	− 467.20

注：$*** p < 0.001$，$** p < 0.01$，$* p < 0.05$，$+ p < 0.1$。

（1）性别观念对男性老年人的家务分工模式选择有显著影响。分析结果显示，男性老年人的性别观念越趋于平等（越现代），他们选择和妻子共同承担家务劳动的可能性就会越大，具体而言，观念平等得分每增加 1 个单位，选择夫妻合作型家务模式的可能性将增加 8.3%。然而，性别观念对女性老年人的家务分工模式选择并无显著影响。这可能与老年期主要生活内容的变化有关，随着"男主外、女主内"的分工边界日渐模糊，男性老年人的生活重心普遍开始向家庭转移，因此，他们的性别观念也相对更趋于平等，选择夫妻合作型家务模式的发生率也就相应地有所增长。因此，研究假设 2a 对男性老年人是成立的，但对于女性老年人并不成立。

（2）配偶的情感投入状况对两性老年人的家务分工模式选择有不同的影响。在控制其他因素的情况下，与女性老年人情感投入度较低的男性老年人相比，获得更多女性老年人情感投入的男性老年人选择合作型家务分工模式的可能性要高出 28.0%。然而，对于女性老年人而言，男性老年人的情感投入与她们选择合作型家务分工模式之间呈负相关。也就是说，男性老年人情感投入度越高，女性老年人选择合作型家务分工模式的可能性越低。分析结果显示，与男性老年人情感投入度较低的女性老年人相比，获得更多男性老年人情感投入的女性老年人选择合作型家务分工模式的可能性要低 63.6%。这一研究结果也比较符合我们日常的情感理路和经验事实，良好的夫妻关系会促进双方都更愿意通过家务劳动来进行情感表达，男性老年人更愿意分担家务会促成合作型家务分工模式的实现，而女性老年人更愿意承担家务会促成妻子为主型模式的实现。因此，研究假设 2b 对男性老年人是成立的，但对于女性老年人并不成立，所得出的是反向结论。

（3）经济依赖对两性老年人形成合作型家务分工模式的影响都为负向，但均未达到统计显著水平。通过表 3-11 分析结果，我们可以认为，经济依赖对老年家庭的家务分工模式无明显影响。因此，研究假设 3a 对于男性老年人和女性老年人均不成立。

（4）妻子相对于丈夫的教育水平差异对两性老年人的家务承担有不同影响。对于男性老年人而言，夫妻受教育水平相似或妻子受教育水平相对更高时，他们选择合作型家务劳动模式的可能性更高，而且呈增长趋势。与受教育程度低于妻子的男性老年人相比，夫妻受教育水平相似的男性老年人选择合作型家务模式的可能性增加了 41.8%，而妻子受教育水平相对更高的男性老年人选择合作型家务模式的可能性增加了 52.8%。然而，该因素对于女性老年人的影响却并不显著。通过上述分析结果，我们可以认为，女性老年人的教育资源优势能显著提高其配偶的家务支持积极性，但并不会降低她们对家务的承担量。由此可以看出，女性老年人比男性老年人对待家务分工的态度更具有"去社会交换关系"的特征。因此，研究假设 3b 对男性老年人是成立的，但对于女性老年人并不成立。

（5）健康状况对两性老年人家务分工模式的选择有不同影响。在控制其他因素的情况下，与自评健康状况较差的男性老年人相比，自评健康状况较好的男性老年人选择夫妻合作型家务分工模式的可能性要高 81.3%。对于女性老年人而言，情况却恰好相反，自评健康状况较好的女性老年人选择夫妻合作型家务分工模式的可能性要比自评健康状况较差的女性老年人低 46.6%。这说明，良好的健康状况是老年人承担家务的重要前提条件。通常情况下，健康状况差的女性对配偶的照顾需求会更高，而她们所能承担的家务会更有限，这会在客观上加大男性老年人的家务承担量，进而提升夫妻合作型家务分工模式形成的发生率。因此，研究假设 3c 对男性老年人是成立的，但对于女性老年人是反向影响。

五 发现与讨论

尽管既往大量对于在职家庭家务性别分工的实证经验研究证实了夫妻的经济状况和家务性别分工之间有密切联系，然而该结论在本研究对老年家庭的检验中并不成立。因此，基于家庭生命周期的具体区分，结合个体所处的具体生活情境，对于家务分工模式进行区别化的讨论，有可能会挖掘出不同的形塑元素和影响机制。人们的行为除了受宏观社会结构和文化传统的整体性约制以外，还受个人生命历程阶段特征的差异性影响。本研究发现：中国老年家庭的家务性别分工仍然呈现传统主义特征，妻子为主型模式超过六成，与在职家庭相比，老年家庭家务分工的性别差异有所下降；更趋于平等的性别观念、对配偶的情感投入、配偶的相对教育优势、良好的健康水平能显著提高男性老年人选择合作型家务分工模式的可能性；配偶的情感投入和自身的良好健康水平会显著降低女性老年人选择合作型家务分工模式的可能性。

首先，老年家庭的家务性别分工相对更趋于平等。研究结果显示，在职家庭中女性所承担的客观家务劳动时间是男性的 2.4 倍，而在老年家庭中女性老年人所承担的客观家务劳动时间是男性老年人的 1.9 倍；在职家庭中属于夫妻合作型家务模式的家庭占 32.20%，老年家庭中属于夫妻合作型家务模式的家庭占 36.11%。我们可以发现，男性老年人在时间利用和分配过程中，向家务劳动的倾斜是比较明显的，他们会承担相对更多的家务劳动，缩小与女性老年人的家务承担量差距，这对于形成合作型家务分工模式具有显著促进效应，提高了家务性别分工的平等性。

其次，老年家庭的家务性别分工呈现更多的情感性和工具性。本研究发现情感表达和健康状况对老年家庭的家务分工模式选择均有显著影响，这也与在职家庭存在较大差别，情感表达对于在职家庭夫妻的家务模式选择影响略微显著，而健康因素却并不显著。对于多数老年家庭而言，基于家庭生命周期改变所带来的生活内容变化对老年人的行为模式具有深刻影响，同时，伴随家庭的核心化趋势，"空巢"老年家庭日渐普遍。在此背景之下，"少年夫妻老来伴"，老年夫妻之间的互相照顾和支持就显得更为重要，男性老年人对于家务劳动也往往会更积极主动，以此作为情感回馈的一种方式和策略，女性老年人也会因此从繁重的家务劳动中获得一定程度的缓解。因此，配偶的情感投入状况对于老年人家务分工模式选择的反向影响效应，从某种程度上说正是一种家务劳动与情感投入之间的平衡性机制，使得老年家庭的家务性别分工模式更趋于平等、和谐。对于健康因素而言，如果老年夫妻的健康状况都比较好，他们便更有可能会选择合作型家务分工模式，然而，当女性老年人的健康状况比较差时，男性老年人便不得不承担更多的家务劳动。由此我们可以发现，健康状况不仅是决定老年家庭家务分工的基础条件，也是形成分化的重要结构性影响因素，家务承担的工具性对于老年人更加明显。

最后，老年家庭中家务劳动的社会交换关系属性显著降低。经济状况对于在职家庭的家务分工模式和夫妻各自家务时间都有着显著影响。对老年家庭而言，经济状况并不是影响老年人家务模式选择的灵敏指标，平等的经济关系并未提高夫妻合作型家务模式的发生率，经济依赖也不会显著加剧家务分工的不平等。由此我们可以认为，经济状况对于老年家庭的家务分工影响效应与在职家庭相比明显有所减弱。经济状况被认为是形成社会交换关系的核心资源，经济资源对于家务劳动分工的影响和制约性被广为强调，认为如果女性在经济上依赖于丈夫，那么她们就需要通过相对更多的家务去进行交换，这个过程会产生和加剧权力不平等，而且对家庭性别分工的影响是持续的（Molm，Linda，and Cook，1995）。然而该结论并未在老年家庭获得验证，这在一定程度上证明，对家务分工基于工具理性假设的社会交换关系对于老年家庭的解释力是相对有限的，可以推断，多数情况下老年人的家务付出并非基于经济交换初衷。

基于上述发现与讨论，本研究认为，虽然中国老年家庭仍然沿袭着女性为家务主要承担者的传统分工模式，但相较于在职家庭，老年家庭的家务性别分工模式更趋于平等化。这种转变发生的现实背景为：家庭生命周期变化所伴随的家庭结构和老年人生活模式调整，一方面，家庭支持的需求和功能有显著提升；另一方面，闲暇时间的增加必然会对老年人的时间分配模式产生影响。因此，有关老年人的社会政策应更致力于促进社会性别平等和家庭支持功能建设，充分发挥多元福利的作用对老年家庭提供更充分的家务服务和保障。未来的研究应从以下两个方面入手以深入考察老年家庭的家务性别分工模式。首先，由于本研究所使用的截面数据并不是配对数据，虽然有涉及对配偶相对教育、收入和情感投入等状况的测量，但仍然并非最精准和理想的测评指标，未来研究可基于相应的配对数据对该研究结论进行复核与检验。其次，本研究对于情感投入状况的测量仅仅是通过"配偶情感投入状况"，而感情应该是一个双向投入。因此，未来的研究应该将配偶与被测本人的情感投入状况均纳入自变量体系，从而更精确地评估情感因素对老年家庭家务性别分工模式的影响效应。

小 结

随着我国老龄化进程的不断加快，越来越多的研究开始聚焦于老年人的认识和感受性因素，从更具体而微的角度对老年人进行更加深入和有区分性的研究，进而更科学有效地设计出应对我国人口老龄化的相关制度和政策，以提升老年群体的整体福祉水平。其中，有关人们认知与行为的关系是一个备受学界关注的重要议题，对此，社会学通常会采用社会建构主义的观点来进行分析，认为是社会结构不断形塑着人们的观念，观念再进一步影响人们在社会结构中所处的位置和行为模式；心理学则通常会围绕观念与行为的分离和一致性来进行解释，讨论观念和行为之间的关系，以及从观念到行为的形成和发生机制。

"第三期中国妇女地位调查"老年专卷数据的分析显示，我国老年家庭的整体家务劳动量与在职家庭相比有所增长，女性仍然是家务劳动的主要承担者，她们的家务时间是男性老年人的1.9倍，夫妻合作型家务分工模式的老年家庭占近四成。合作型家务模式的出现受性别观念、配偶情感投入状况、教育和健康水平等因素的影响，但对于不同性别老年人的影响机制存在差异。与在职家庭相比，老年家庭的家务性别分工更趋于平等，基于经济依赖的社会交换属性有显著减弱，而情感性和工具属性更为凸显。因此，基于性别平等和多元社会福利的支持策略，将更有利于老年家庭的功能建设与优化。

在对我国老年人社会参与问题的研究过程中，上述两种观点便表现为对相关关系和因果关系的分析，即诸如性别意识、年龄认同感等观念性因素对老年人社会参与的影响效应和作用机制，以及老年人的主观幸福感和社会参与行为之间的互构关系。老年人的认知观念对其社会参与行为的影响效应也在本研究的过程中相继得到了验证和讨论。本研究在此主要基于截面数据，虽然采取的是相关关系讨论范式，并未对研究假设进行因果关系层面的讨论，然而本研究并不持有老年人的社会参与仅仅是受认知观念影响的心理还原主义观点，而是希望能够在此对老年人的观念认知性因素的影响效应分别进行区分性的具体检验，因此，也将关涉社会资源环境分布差异较高的省际区域因素进行了分层级分解。此外，关于环境与资源性因素，在研究的后续章节会分别进行探讨。

第四章

能力之维：老年人社会参与的个体性条件

在现实生活中，个人的资质禀赋及各个方面的能力会在很大程度上决定着人们的社会生活内容和形式。老年人亦是如此，他们的认知能力、行动能力、日常生活能力等会直接决定着老年人的生活内容，并深刻影响着老年人的生活质量。个体步入老年期之后，随着身体机能的逐渐退化和衰老，表现最为突出的便是老年人健康状况差异化特征的生成，其中既包括老年人的生理健康也包括心理健康。有些老年人的身体健康水平保持在较好的状态，同时也具有较为积极乐观的心理状态；而有些老年人身体机能处于相对较好的状况，但心态却比较悲观消极；再或者是身体机能处于较差状态，却拥有相对较为积极乐观的心态；又或者是身体机能和心理状况均处于比较差的状态。这些健康状况各异的老年人所具备的社会参与能力异质性也是很强的，而这些个体性条件的差异是在我们对老年人社会参与现状进行探索的过程中所必须要关注到的重要因素。因此，本章将基于能力之维展开研究，首先，将分析老年人个体能力对其社会活动参与度的影响；其次，将进一步对不同个体能力老年人的社会参与内容选择倾向性进行分析。对老年人个体能力的测量将主要聚焦于健康能力，不仅对老年人生理和心理健康进行了测评，还涉及对自评健康状况和健康保障状况的测量，以此获得对于老年人健康能力的整体性了解，进而挖掘它们各自对于老年人社会参与的影响效应和作用机制。

第一节　哪些老年人的社会参与更丰富

一　研究缘起

随着社会经济的整体发展水平的不断提高，2019 年，我国人均预期寿命为 77.3 岁，人均健康预期寿命也达到 68.7 岁，整体而言，我国老年人口的健康水平得到了显著提升。2016 年所颁布的《“健康中国 2030” 规划纲要》中明确提出要加强对老年人健康问题的重视程度，将积极应对的干预措施前移，开展立足于全人群、全生命周期的健康教育，全面增强人们的健康意识和行为。自步入人口老龄化社会以来，我国在促进和保障健康人口老龄化方面的成绩是比较突出的。老年人健康问题对于个人、家庭和社会而言都至关重要，但不可否认的是，目前我国仍然有相当一部分老年人存在着健康问题，慢性疾病、失能、心脑血管疾病、阿尔兹海默病、抑郁等依然较为普遍。如何提高老年人的生命质量是我们全社会需要持续予以关注的重要议题，同时，对于当前不同健康状况老年人的生活状况也是需要予以关注的，如此才能切实为健康状况不同的老年人提供更具针对性的有效支持策略。

老年人健康与社会参与的关系是一个长期以来备受国内外学者关注的重要议题，众多研究已经表明老年人健康与社会参与之间存在着显著的相互影响。回顾既往研究可以发现，主要有三条研究路径，第一条路径是社会参与对老年人健康的影响，第二条路径是健康状态对于老年人社会参与的影响，第三条路径是对于健康状况和社会参与之间因果关系的讨论。分析路径一的大量实证研究结论显示，老年人的社会参与越广泛，失能、抑郁和心理疾病的发生率和死亡率也会越低，而且广泛的社会参与对于男性老年人身体健康的正向促进效应显著高于女性老年人（Hsu，2007；Chin，Lee，and Lee，2014；Levasseur，Desrosiers and Noreau，2004；Wei et al.，2017；Minagawa and Saito，2015；刘颂，2017；贾亚娟，2012；胡宏伟、李延宇、张楚、张佳欣，2017）。分析路径二的大量研究结论显示，老年人的健康状况会直接影响其社会参与状况，其中身体失能对老年人社会参与能力的削弱程度最为显著，失能程度越高的老年人社会参与能力越低，健康状况越好的老年人社会参与度往往越高（Tomioka，Kurumatani，and Hosoi，2016；Ding，Berry，and O'Brien，2015；王建国，2011）。还有学者研究发现，拥有正常认知功能和良好心理健康状况的老年人的社会参与意愿通常会比较高，社会参与活动也会更加广泛和深入（Aartsen et al.，2002；申南乔，2017）。分析路径三的大量研究结论显示，老年人的社会参与状况能在一定程度上影响其健康水平，与此同时，老年人的健康状况对其社会参与水平也会产生直接影响，有学者还进一步比较了两者的影响效应，发现老年人健康状况对社会参与的影响要显著大于社会参与对健康的影响（Mendes de Leon，Glass and Berkman，2003；Maier and Klumb，2005；Sirven and Debrand，2012；陆杰华、李月、郑冰，2017）。

综观既往关于老年人社会参与健康关系的研究可以发现，三条分析路径的研究以不同要素和视角为切入点，对于身体生理机能健康、心理健康、自评健康状况和老年人社会参与状况之间的影响关系和作用机制进行了比较丰富的深入剖析。总体而言，较为普遍的研究范式通常是使用健康的某一类指标来开展研究，例如，对老年人抑郁程度、机体活动能力、自评健康状况等因素，各自与社会参与的关系和影响效应的讨论，较少有对老年人的整体健康状况进行整体性系统观测。而对老年人的健康程度有效测评显然应该依托于整体性的测量，这样才能更准确地反映出老年人的整体健康水平，在此基础上讨论健康与老年人社会参与的关系才会更具系统性。因此，本研究在此章将基于分析路径二的研究范式，将多项关于老年人健康的测评指标作为衡量其健康能力的依据，来进一步深入探析它们对老年人社会参与程度的影响。

二 数据来源与研究设计

（一）数据来源

本研究采用北京大学健康发展研究中心（北京大学健康发展研究院）于 2017～2018 年所收集的"中国老年健康影响因素跟踪调查"（简称"中国老年健康调查"，CLHLS）数据来探析我国老年人健康能力对其社会参与广泛程度和活动内容选择的影响效应和作用机制。该项调查数据覆盖了全国 23 个省份，调查涉及老年人及家庭的基本状况、社会经济背景及家庭结构、经济来源和经济状况、自评健康状况和生活质量、日常活动能力等内容，抽样和调查均具有较强的代表性。本研究在此部分选择该项调查为数据资源，主要是通过对比发现，CLHLS 对于老年人健康状况的调查涉及面相对最为充分，既包括对老年人抑郁程度、焦虑程度、日常活动能力、自评健康状况等这些反映心理和生理健康状况的测评指标，也涵盖了对老年人养老保险、医疗保险和生活经济保障状况自评等测评指标，这些测量内容对于我们评估老年人的健康能力都是非常必要的构成要素。因此，该项数据资源的选取是相对最为合适的，它能够在很大程度上为本研究核心命题的检验提供数据资料支撑。经过对各类变量的筛选，在剔除关键变量缺失值之后，最终获得能够用于分析的 15874 位 65 岁及以上的老年人作为有效研究样本。

（二）变量界定及描述性统计

1. 因变量

关于社会参与度的测量，虽然长期以来备受关注，但由于当前对于老年人社会参与概念界定和测量的差异，相关研究的测评标准还不一致，基于社会参与内容确定性的社会参与度也就存在着一定的模糊性。但整体而言，目前关于老年人社会参与内容的界定更趋于一种全面而灵活的导向（Mendes de Leon，2005；Bath and Deeg，2005；杨宗传，2000）。例如，本研究在第一章中对老年人社会参与概念和基本意涵进行讨论时所言，将对老年人的社会参与持有全包括论的观点，即有酬或者无酬、正式或者非正式、家庭内部或者家庭外部等各个范畴体系的全部活动，只要与他人和社会发生联系便可认为属于老年人社会参与。

本研究关注的因变量为老年人社会参与度，依然主要通过对老年人社会参与活动内容的广泛程度来进行测评，因此，变量操作化为老年人社会参与各项活动内容的程度叠加，取值为连续型变量。通过对 CLHLS 数据的相关题项进行筛选，具体所选取的测量问题为："您现在从事/参加以下活动吗？"具体相关题项包括"家务（做饭、带小孩等）""串门、与朋友交往""阅读书报""参加社会活动"四个指标，涉及家务活动、人际交往、文化娱乐和外部社会性活动这四个类型的活动，基本能够反映老年人社会参与的状况。四项活动内容变量测定均是采用五等级定序变量，赋值依次为"不参加"=1，"不是每月，但有时"=2，"不是每周，但每月至少一次"

=3，"不是每天，但每周至少一次" =4，"几乎每天" =5。依次将上述四类活动的参与状况对应得分进行加总，以构建社会参与度变量。

2. 自变量

本研究的核心自变量为健康能力，将主要通过老年人的健康状况来进行测评，具体分为三个部分：生理健康状况、心理健康状况、健康保障性条件。核心自变量的具体操作如下。

其一，生理健康状况选择了自评健康状况和日常活动能力这两个指标。自评健康是国内外学者普遍认为的能够稳定而有效测量健康状况的重要指标，它对于老年人主观健康和客观健康均能予以有效预测（Farmer and Ferraro，1997；Deeg and Bath，2003）。日常生活能力是目前对老年人进行失能等级测定的直接指标，我们未选取日常生活能力量表（ADL）进行测量，而是选择了老年人对日常生活能力的自我评定。其中，自评健康状况的测量变量为"您觉得现在您自己的健康状况怎么样？"，分别赋值"很不好/不好" =1，"一般" =2，"很好/好" =3。日常生活能力自我评定的测量变量为"在最近6个月中，您是否因为健康方面的问题，而在日常生活活动中受到限制？"，分别赋值"没有受到限制" =1，"是的，一定程度上受到限制" =2，"是的，受到很大限制" =3。

其二，心理健康状况选择了抑郁程度和焦虑程度这两项指标，均采用了相关量表进行测评。老年人抑郁的发生率与其社会参与之间的关系是备受学界关注的，研究表明，社会参与能够有效降低老年人抑郁的发生水平（Lee et al.，2015）。我们不仅将反向测量抑郁程度对社会参与的影响效应，也将对老年人焦虑程度的影响效应进行检验。CLHLS问卷中，用于对抑郁程度进行测量的包含十个指标的抑郁量表，包括"您会因一些小事而烦恼吗？"、"您现在做事时是不是很难集中精力？"、"您是不是感到难过或压抑？"、"您是不是觉得越老越不中用，做什么事都很费劲？"、"您是不是对未来的生活充满希望？"、"您是不是感到紧张、害怕？"、"您是不是觉得与年轻时一样快活？"、"您是不是觉得孤独？"、"您是不是感到无法继续自己的生活？"和"您现在睡眠质量如何？"其变量均是五个等级的定序变量，分别赋值1~5，将十个指标相加以构建抑郁程度变量，分值越大表示老年人的抑郁程度越高。用于对焦虑程度进行测量的包含七个指标的焦虑量表，包括"感到不安、担心及烦躁""不能停止或无法控制担心""对各种各样的事情担忧过多""很紧张，很难放松下来""非常焦躁，以致无法静坐""变得容易烦恼或被激怒""感到好像有什么可怕的事情会发生"，其变量均是三个等级的定序变量，分别赋值 1～3，将七个指标相加以构建抑郁程度变量，分值越大表示老年人的焦虑程度越高。

其三，健康保障性条件选择了养老保险、医疗保险的参与状况和经济生活来源是否充足、在当地所属生活水平的自我评定这四个指标来进行测量。养老保险和医疗保险都是保障老年人健康的直接性条件，而生活经济保障对于健康也是非常重要的，我们也可以将它理解为健康保障的间接性条件。其中，养老保险、医疗保险状况的测量我们将其操作化为是否参与社会养老保险与社会医疗保险，均被设定为虚拟变量（"参与" =1，"未参与 =0"）。经济状况的测量变量选取了两个具体指标：一个是"您所有的生活来源是否够用？"将"够用"编码为1，"不够用"编码为0，以构建测评老年人经济来源是否充足的虚拟变量。另一个是"您的生活在当地比较起来属于？"分别赋值"很困难/比较困难"为1，"一般"为2，"很富裕/比较富裕"为3，以构建自评生活水平变量。

3. 控制变量

为了使研究结果更加可信和准确，结合已有研究结论，本研究设置了一些控制变量，具体包括性别、年龄、是否居住在城镇、有无配偶、家庭收入对数、受教育年限、是否享受离退休保障，在分析过程中将这些控制变量与上述核心自变量一起纳入模型。详细的变量描述分析如表 4 - 1 所示。

表 4 - 1　相关变量描述统计（$N = 15874$）

变量	均值	标准差	最小值	最大值
因变量				
社会参与度	8.471	3.829	4	20
家务型	2.880	1.908	1	5
休闲娱乐型	2.672	1.718	1	5
学习型	1.641	1.358	1	5
社会活动型	1.278	0.840	1	5

续表

变量	均值	标准差	最小值	最大值
自变量				
自评健康状况				
很不健康	0.129	0.335	0	1
一般	0.444	0.497	0	1
健康	0.427	0.495	0	1
日常活动能力状况				
受到很大限制	0.135	0.342	0	1
受到一定程度限制	0.235	0.424	0	1
没有受到限制	0.630	0.483	0	1
抑郁程度	22.257	5.394	10	48
焦虑程度	1.430	2.682	0	21
生活经济来源是否充足	0.859	0.349	0	1
经济状况（自我评定）				
困难	0.107	0.309	0	1
一般	0.704	0.457	0	1
富裕	0.189	0.391	0	1
有无社会养老保险	0.458	0.498	0	1
有无社会医疗保险	0.841	0.366	0	1
控制变量				
性别	0.436	0.496	0	1
年龄（四分类）				
65～74岁	0.213	0.409	0	1
75～84岁	0.269	0.444	0	1
85～94岁	0.250	0.433	0	1
95岁及以上	0.268	0.443	0	1
是否居住在城镇	0.553	0.497	0	1
有无配偶	0.386	0.487	0	1
家庭收入对数	9.872	2.110	-4.605	11.513
受教育年限	3.227	3.905	0	22
是否享受离退休制度保障	0.256	0.437	0	1

资料来源：CLHLS（2017～2018）。

（三）模型构建与研究设计

围绕本研究的目标设定，将探析老年人的健康能力对其社会参与度的影响，模型中将依次逐步纳入各类对老年人能力的测评变量，分别检验其对于老年人社会参与度的影响效应，以及整体作用机制。考虑到同一省份老年人生活的文化背景和社会环境会具有相近性，而相近的生活情境又会较大可能带来老年人社会参与内容和机会的趋同性，因此，为了排除观测样本被所在省份共性特征的影响，我们使用省域随机效应模型（Province Random-Effects Model）进行估计，具体公式为：

层 1：

$$Y_{ij} = \beta_{0j} + \sum_{k=1}^{p} \beta_{kj} X_{kij} + \sum \gamma_i Z + r_{ij}$$

层 2：

$$\beta_{0j} = \gamma_{00} + u_{0j}, u_{0j} \sim N(0, \delta_{u0}^2)$$

层级混合效应：

$$Y_{ij} = \gamma_{00} + \sum_{k=1}^{p} \beta_{kj} X_{kij} + \sum \gamma_i Z + u_{0j} + r_{ij}$$

该公式预测了老年人健康能力的三个维度八项指标变量对社会参与度的影响作用。其中，Y_{ij} 表示第 j 个省域第 i 个老年人的社会参与度得分；X_{kij} 表示模型中有关健康能力测评的解释变量，包括自评健康状况、自评日常生活能力状况、抑郁程度、焦虑程度、经济来源是否充足、自评经济状况、有无社会养老保险、有无社会医疗保险；Z 为模型中的其他变量；γ_{00} 为截距项；u_{0j} 为省域间的随机效应；r_{ij} 为个体层次的随机误差项。

三 数据分析结果

表 4-2 中的模型 1 仅纳入了控制变量，为基准模型。模型 2 至模型 4 依次纳入了生理健康指标变量、心理健康指标变量、健康保障条件性变量，模型 5 为全模型，纳入了所有变量。研究将依据研究假设检验的需要，通过逐步依次纳入各类健康能力相关变量以考察各自的影响效应和整体作用机制。通过对结果进行整体分析后有如下发现。

老年人在生理健康能力方面，在将其他变量控制在相同影响水平的情况下，与自评健康状况为"很不健康"的老年人相比，自评健康状况为"很健康"的老年人社会参与程度要显著高 0.585 个单位（$p < 0.001$）；此外，与自评日常活动"受到限制"的老年人相比，自评日常活动"受到一定程度限制"和"没有受到限制"的老年人的社会参与程度要分别显著高出 1.172 个（$p < 0.001$）和 2.234 个单位（$p < 0.001$）。也就是说，老年人自评健康状况越好，自评日常活动能力受限程度越低，他们的社会参与度就相对越高。这一结果表明，生理健康能力会显著影响老年人的社会参与程度。整体而言，老年人的身体健康能力越好，其社会参与程度往往越高。

老年人在心理健康能力方面，在将其他变量控制在相同影响水平的情况下，老年人的焦虑状况与他们的社会参与程度没有显著的关联，也就是说，老年人的焦虑状况并不会对其社会参与度产生显著的影响。然而，老年人的抑郁状况与他们的社会参与程度之间存在着显著关联性，老年人的抑郁程度越高，其社会参与程度就越低。具体表现为，老年人的抑郁程度每增加 1 个单位，其社会参与程度就降低 0.031 个单位（$p < 0.001$）。该项数据分析结果意味着，与焦虑相比，抑郁对于老年人社会参与的影响更为直接和显著。因此，抑郁程度是现代社会中测评影响老年人社会参与程度的重要心理健康指标。

老年人在健康保障能力方面，在将其他变量控制在相同影响水平的情况下，经济来源是否充足与自评生活水平并不会对老年人的社会参与程度产生显著的影响，而养老保险和医疗保险的享受情况却对老年人的社会参与程度产生显著影响。也就是说，享受养老保险和医疗保险的老年人社会参与程度显著高于未享受养老保险和医疗保险的老年人。具体表现为，在控制其他变量的情况下，与未参与养老保险的老年人相比，参与养老保险的老年人社会参与程度要高 0.282 个单位（$p < 0.001$）；与未参与医疗保险的老年人相比，参与医疗保险的老年人社会参与程度要高 0.362 个单位（$p < 0.001$）。其中值得注意的一个现象是，在模型 4 仅将健康保障性条件纳入模型进行检验时，自评经济来源是否充足和生活水平能够对老年人的社会参与度产生一定程度的显著影响，但当在模型 5 中纳入其他健康能力变量时，其影响便不再显著了，这说明当将老年人的其他健康能力因素控制在相同的影响水平时，较为间接和主观的经济保障条件与其他因素相比

并不显著。整体而言，该项数据分析结果表明，与老年人自我评定的物质经济性保障条件相比，是否享受养老保险和医疗保险这类客观基础性保障条件对于老年人社会参与的影响效应更为显著，因此可以认为，养老保险和医疗保险是保障老年人社会参与的关键性支持条件。

此外，参照基准模型 1 和全模型 5，我们可以通过模型中的控制变量分析结果发现，女性、年龄更低、有配偶、家庭收入水平低、受教育年限更长、享受离退休制度保障老年人的社会参与广泛度更高。另外，在各模型中我们所选取的多数控制变量均达到了显著的影响水平，且较为稳定，这说明变量的选取是非常合理和必要的。

表 4 – 2　老年人健康状况对其社会参与影响的省域随机效应模型（$N = 15874$）

变量	模型 1	模型 2	模型 3	模型 4	模型 5
自变量					
自评健康状况（以很不健康为参照）					
一般		0.146 +			0.100
		(0.077)			(0.079)
很健康		0.722 ***			0.585 ***
		(0.081)			(0.086)
日常活动能力状况（以受到限制为参照）					
受到一定程度限制		1.182 ***			1.172 ***
		(0.083)			(0.083)
没有受到限制		2.267 ***			2.234 ***
		(0.079)			(0.079)
抑郁程度			− 0.065 ***		− 0.031 ***
			(0.005)		(0.005)
焦虑程度			− 0.022 *		0.010
			(0.011)		(0.010)
经济来源是否充足				0.243 **	− 0.040
				(0.083)	(0.080)
经济状况（以困难为参照）					
一般				0.138	− 0.149 +
				(0.093)	(0.090)

续表

变量	模型 1	模型 2	模型 3	模型 4	模型 5
富裕				0.577 ***	0.091
				(0.111)	(0.108)
有社会养老保险				0.280 ***	0.282 ***
				(0.059)	(0.056)
有社会医疗保险				0.445 ***	0.362 ***
				(0.070)	(0.067)
控制变量					
性别（以女性为参照）	- 0.248 ***	- 0.357 ***	- 0.291 ***	- 0.245 ***	- 0.369 ***
	(0.055)	(0.053)	(0.055)	(0.055)	(0.053)
年龄（以 65~74 岁为参照）					
75~84 岁	- 0.838 ***	- 0.686 ***	- 0.805 ***	- 0.849 ***	- 0.677 ***
	(0.074)	(0.071)	(0.074)	(0.074)	(0.071)
85~94 岁	- 2.595 ***	- 2.232 ***	- 2.554 ***	- 2.625 ***	- 2.227 ***
	(0.081)	(0.079)	(0.081)	(0.081)	(0.079)
95 岁及以上	- 4.578 ***	- 3.802 ***	- 4.564 ***	- 4.583 ***	- 3.794 ***
	(0.086)	(0.086)	(0.086)	(0.086)	(0.086)
是否居住在城镇（以否为参照）	- 0.021	0.000	- 0.001	- 0.024	0.003
	(0.055)	(0.053)	(0.055)	(0.055)	(0.053)
有无配偶	0.254 ***	0.256 ***	0.207 ***	0.238 ***	0.219 ***
	(0.063)	(0.060)	(0.062)	(0.062)	(0.060)
家庭收入对数	- 0.006	- 0.023 +	- 0.020	- 0.029 *	- 0.033 **
	(0.013)	(0.012)	(0.013)	(0.013)	(0.012)
受教育年限	0.172 ***	0.161 ***	0.165 ***	0.164 ***	0.155 ***
	(0.008)	(0.008)	(0.008)	(0.008)	(0.008)
是否享受离退休制度保障	0.698 ***	0.690 ***	0.660 ***	0.514 ***	0.557 ***
	(0.073)	(0.070)	(0.073)	(0.078)	(0.075)
常数项	9.724 ***	7.572 ***	11.379 ***	9.134 ***	8.192 ***
	(0.202)	(0.215)	(0.243)	(0.216)	(0.269)
Log-Likelihood	- 40662	- 40009	- 40553	- 40590	- 39952

注：$^+ p < 0.1$，$^* p < 0.05$，$^{**} p < 0.01$，$^{***} p < 0.001$。①行为自变量，列为因变量；②括号内为标准误；③双尾检验显著度。

资料来源：CLHLS（2017~2018）。

四 研究结论与讨论

健康、保障和参与作为积极老龄化的三大体系内容，其中每一项内容对于老年人都至关重要，只有三者均达到充分而合理的水平，老年人才能够真正拥有更高的生活质量。本研究以老年人的健康能力为分析基点，分析了健康能力对于老年人社会参与程度的影响效应，其中也涉及一些对于保障性因素的讨论，因此，该研究也是基于积极老龄化理论分析框架的经验性分析。基于 CLHLS 2017～2018 的调查数据，利用省域随机效应模型考察了健康能力对老年人社会参与程度的影响。主要研究结论如下。

第一，老年人的生理健康能力对其社会参与程度具有显著的正向促进效应。本研究通过自评健康状况和日常活动能力这两项关于生理健康能力的测评指标对老年人社会参与程度的影响效应进行了检验，结果显示两者均对于提升老年人社会参与程度具有显著的增进效应。这一结果说明，身体机能的健康状况对于老年人非常重要，具备较好的身体机能性生理健康条件是老年人参与各种社会活动的必备条件，从一定程度上来讲，只有在身体机能基本条件允许的前提下，老年人才能更充分地参与社会活动。生理健康能力由诸如听力、视力、肢体活动能力、慢性疾病患病情况等诸多元素构成，结合既往研究的测量经验，我们选择了具有对健康综合测量较为有效和稳定的自评健康指标，它对于老年人生理健康的反映和预测性都比较好，而日常活动能力也是决定老年人社会参与可能性的制约性因素。本研究选取这两项指标来测评老年人生理健康能力，在对社会参与程度影响效应的检验中也一致呈现显著正向作用，一方面证明了指标选择的有效性，另一方面也更进一步验证了生理健康能力对于促进和保障老年人社会参与的重要性。

第二，老年人心理层面的抑郁程度对其社会参与度具有显著的反向影响作用。目前抑郁已经成为对老年人健康负向影响的显著风险性因素，有研究指出，抑郁是导致老年人失能和疾病负担的五大构成因素之一，抑郁会显著降低老年人参与社会活动的积极性（Holtfreter, Reisig, and Turanovic, 2015）。本研究通过对老年人抑郁程度和社会参与度之间的关系进行检验也与上述研究发现基本吻合，研究结果显示，我国老年人的社会参与程度是显著受到抑郁水平影响的，抑郁水平越高，其社会参与程度就越低。毋庸置疑，目前，我国老年人群体中有抑郁症状的比例越来越大，而且随着我国老龄化程度的不断加深，该群体的绝对数量必然还会呈增长趋势，这也将成为我国老年人心理健康问题中发生率较高的内容之一（伍小兰、李晶、王莉莉，2010）。而且抑郁对于老年人健康的影响是体现在心理和生理两个方面的，它不仅会使老年人的心情低落、悲观消极，还会增加老年人的一些疾病风险，而这些因素都会降低老年人参与社会活动的积极性和可能性。因此，抑郁这一老年人心理健康问题是非常值得被关注和重视的，它将直接影响到老年人的生活质量，从一定程度上来讲，降低老年人的抑郁风险和抑郁水平，能够显著提升老年人的社会参与度。

第三，基于养老和医疗的制度性保障条件对老年人社会参与程度有显著而稳定的促进作用。我国政府历来都将增进老年人保障福祉水平作为重要责任和工作方向，经过几十年的逐步发展和改革，我国的养老和医疗保障体系均得到了很大程度的健全和完善，覆盖城乡全体居民的养老和医疗保障体系已经初步建成。其中，养老保障作为我国社会保障体系中覆盖面最广、资金支出最大的一项内容，是社会保障的重要核心部分。随着我国老年人口的不断增长和平均预期寿命的不断延长，养老和医疗保障的水平和能力势必也会与之相应地不断提升和发展，这不仅是衡量我国社会进步的一个重要标志，同时也是提升我国老年人生活质量的重要保障条件。从这样一个制度性保障设计到对老年人生活质量的实质性提升，社会参与在其中发挥了重要的枢纽和转化作用。养老和医疗保障为老年人提供了保障更好生活的基础性条件，在此基础上老年人才会享有相对更充足的物质和医疗条件以维持和增进个人的健康水平，进而他们才能有健康的体魄和闲适的心情，通过参与各种类型的社会活动以丰富自己的晚年生活，从而实现个人更健康和积极人口老龄化。由此我们可以发现，我国的养老和医疗保障对于老年人健康能力的促进作用是非常富有成效且必要的，对于老年人社会参与程度的促进作用亦是显见且直接的。同时，积极人口老龄化理论框架中所论述的健康、保障和参与三者达到最佳程度的结合是实现积极老龄化的重要条件，本研究也通过实践性经验研究对该命题进行了验证，并获得了一致性结论。

总体而言，本研究结果表明老年人的健康能力对于其社会参与程度确实存在着显著影响，较好的自评健康状况和较高的自评生活能力、相对更低的抑郁水平、良好的养老和医疗保障状况均对老年人的社会参与程度具有正向促进作用。随着我国社会经济发展水平的不断提高，在技术、环境等各个方面为老年人健康长寿提供了更为充分的条件和保障。在我国发布的《国家积极应对人口老龄化中长期规划》中也多次强调要将老年人健康放在至关重要的位置，要为未来我国老年人的健康长寿做充分的准备。未来对于老年人而言，所要强调的绝不仅仅只是寿命的长度，将会更加重视生命的质量。以健康的身心体魄参与到各类社会活动当中，全面提高晚年的生活质量，将会是未来大多数老年人的生活期盼。在未来相当长一段时期内，我国人口老龄化程度将会持续不断加深，在此背景之下，如何更好地确保和提高老年人健康水平是积极应对人口老龄化的一项重要议题。本研究基于老年人健康对其社会参与影响作用的分析路径，纳入了更充分的健康测评指标，构建了对老年人健康能力更系统和全面的测量，因此，在内容维度上，较既往经验性研究而言是一个拓展性尝试。

第二节　老年人社会参与内容选择的倾向性分析

一　研究缘起

既往关于健康和老年人社会参与之间关系的讨论，大多数是基于对某一类型活动的讨论而展开，或者是将不同类型的活动进行叠加获得一个综合性指标进行分析。毋庸置疑，老年人的健康能力对于其在参与不同社会活动内容的过程中的影响是存在差异的，究其原因，很大的可能是因为老年人的健康能力对于不同活动内容的影响机制不同。如果我们将社会参与作为一个综合性指标，不加区分地引入分析当中，就可能因为活动内容和属性之间的差异导致一些分析结论的不明确，甚至是偏误。例如，有些老年人在家务活动和娱乐类活动方面的参与度极高，但是在政治活动和社会公益活动方面的参与度却相对较低，我们便不能笼统地判定这些老年人社会参与水平较低。那么，我们在分析健康与老年人社会参与关系的时候，便不能忽视了社会参与内容的差异性。

从另一个层面来讲，不同社会活动内容对于老年人健康能力的要求也是不一样的，有些活动受肢体活动能力的影响比较大，而有些活动受限于肢体能力相对较小，只会更多受到认知能力的影响。很显然，在研究健康对于老年人社会参与的影响机制时，是不能忽略不同社会活动类型之间差异性的。目前，我国学界对于健康和社会参与关系进行讨论时，多数情况是采用某一项健康指标或者综合性健康指标对某一类社会活动的影响展开分析，如日常生活能力、自评健康状况、抑郁程度这样的单项指标对老年人志愿活动、娱乐活动等的影响，或是对整体社会参与程度的影响，又或是如本研究在上一节的分析模式那样，采用健康综合指标检验其对于老年人社会参与整体程度的影响，也可以用健康综合指标检验其对某一类社会活动内容的影响。

当前，学界虽然围绕健康对老年人社会参与的影响进行了一些讨论，但由于对社会参与内容的分类和操作指标还缺乏较为体系和一致性的规范，导致对不同社会活动参与影响差异的系统讨论和关注相对比较少，同时，一些研究结论也出现了一定程度的冲突。整体而言，关于老年人健康对不同社会活动的影响机制的分析目前还比较缺乏。基于此，本研究将结合上一节所操作和限定的健康能力综合指标，进一步分别检验老年人健康能力对构成其社会参与度测评的四项活动内容的影响效应和作用机制。

二 数据来源与研究设计

（一）数据来源

与本章第一节保持一致，研究采用了北京大学健康发展研究院 2017～2018 年 CLHLS 数据对我国老年人健康能力对其社会参与广泛程度和活动内容选择的影响效应和作用机制进行了探析。一方面，它对于老年人健康能力和社会参与活动涵盖都相对比较充分；另一方面，保持与整体参与程度的构建相一致的活动内容元素，有利于我们形成对照性分析。同样，基于研究目标的设定，经过对各类变量的筛选，在剔除关键变量缺失值之后，最终获得能够用于分析的 15874 位 65 岁及以上老年人作为有效研究样本。

（二）变量界定及描述性统计

1. 因变量

关于老年人社会参与内容的讨论仍然较为广泛，莫衷一是，本研究在第一章也对此进行了讨论，并选择了偏向于全包括论的广义性社会参与概念限定模式，即老年人一切与他人和社会发生联系的活动均可被认为是社会参与。与此同时，基于对所选取数据资源的支撑性条件，本研究所选取的因变量最终包含了四种不同类型的社会活动内容。具体的测量变量分别为"您现在从事/参加以下活动吗?"，包括"家务（做饭、带小孩等）"、"串门、与朋友交往"、"阅读书报"及"参加社会活动"四个指标，我们使用以上四个指标来依次构建社会参与活动的四种类型：家务型、休闲娱乐型、学习型及社会活动型。

2. 省份随机效应次序 Logit 模型

本研究讨论的另外一个问题是老年人的健康状况对不同类型社会参与的影响。CLHLS 数据库中所选定的因变量"家务型社会参与"、"休闲娱乐型社会参与"、"学习型社会参与"及"社会型社会参与"是五分类的定序变量，因此，我们使用次序 Logit 模型来进行整体分析和估计。模型中的自变量除了包含老年人健康能力的相关测评变量之外，还包括性别、年龄、居住地、有无配偶、家庭收入对数、受教育年限等变量。同样地，考虑到省域间社会经济文化间的巨大差异对老年人社会参与内容选择所可能带来的趋同性影响，我们仍然使用了省域随机效应次序 Logit 模型，以排除其可能会带来的干扰性影响。具体的模型表达式为：

$$\ln\left(\frac{P(Y>j)}{P(Y\leqslant j)}\right) = X'_{ij}\beta + u_j$$

其中，$P(Y>j)$ 表示社会参与次序大于第 j 个类别的阈值的概率；$P(Y\leqslant j)$ 表示社会参与次序小于第 j 个类别的阈值的概率；X_{ij} 为模型中加入的各变量；u_j 为省域间的随机效应。

三　数据分析结果

表 4-3 中的模型 1 至模型 4 的因变量分别为家务型社会参与、休闲娱乐型社会参与、学习型社会参与以及社会活动型社会参与，我们分别检验了健康能力对于老年人这四类社会参与活动内容的影响效应。对于模型结果的分析，我们将从老年人的生理健康能力、心理健康能力和健康保障能力这三个方面来依次展开，具体分析结论如下。

从生理健康能力方面来看，老年人的自评健康状况对其学习型和社会活动型参与的影响作用不显著，对于其家务型和休闲娱乐型参与具有显著正向影响作用，另外，老年人的自评日常活动能力可以显著地提高四种类型社会活动的参与程度。具体而言，在将其他变量的影响效应控制在相同水平的情况下，自评健康状况为"很健康"的老年人与自评健康状况为"很不健康"的老年人相比，参与家务型活动的发生率要高出约 31.4 个百分点，参与休闲娱乐型活动的发生率要高出约 42.5 个百分点；自评日常活动能力"没有受到限制"的老年人与自评日常活动能力"受到限制"的老年人相比，在控制其他变量的情况下，参与家务型活动的发生率要高出约 4.061 倍，参与休闲娱乐型活动的发生率要高出约 3.759 倍，参与学习型活动的发生率高出约 1.366 倍，参与社会型活动的发生率要高出约 1.512 倍。对照本章第一节我们对老年人生理健康能力对于其整体社会参与度的影响作用可以发现，自评日常活动能力对于老年人参与各种类型社会活动的提升效应确实均显著高于自评健康状况的影响作用。其中，自评健康状况仅对于家务和娱乐型活动有正向影响作用，而自评日常活动能力对四类活动均具有正向影响作用，且自评日常活动能力对各项活动的增进效应都显著高于自评健康状况。因此，在本节通过分别对各种类型活动内容的解构性分析，也对上一节关于整体参与度影响效应的检验结果进行了进一步验证和深入。

从生理健康能力方面来看，老年人的抑郁程度除了对娱乐型活动的参与状况无显著影响以外，对其他三类活动的参与状况均具有显著的负向影响，即老年人的抑郁程度越高，其参与家务型活动、学习型活动和社会型活动的发生率越低。另外，老年人的焦虑程度对学习型活动的参与状况无显著影响，对休闲娱乐型活动有显著的负向影响，而对于家务型活动和社会型活动却具有显著的正向影响。具体而言，在将其他变量的影响效应控制在相同水平的情况下，老年人的抑郁程度每增加 1 个单位，他们参与家务型活动、学习型活动和社会型活动的发生率就会分别降低约 1.2 个百分点、4.2 个百分点和 2.5 个百分点；老年人的焦虑程度对于不同的社会活动内容具有双重的反向作用机制，在控制其他变量的情况下，老年人的焦虑程度每增加 1 个单位，其参与休闲娱乐型活动的发生率就会降低 2.0 个百分点，而参与家务型活动和社会型活动的发生率分别会提高 1.4 个百分点和 3.9 个百分点。对照上一节的研究结论，老年人的焦虑程度与他们的社会参与程度没有显著的关联性，而老年人的抑郁程度与他们的社会参与程度之间呈显著的负向影响关系。结合本小节的研究发现，老年人的抑郁程度对于家务型、学习型和社会型活动的参与均具有负向影响关系，对上述研究发现也是进一步的印证。然而，老年人焦虑程度对于老年人不同活动内容的参与状况的双重反向影响也是值得被注意到的重要现象，在上一节对整体参与度的影响效应进行检验时，老年人焦虑程度的影响作用是不显著的，而这一研究结论很可能就是由于焦虑程度对不同活动内容的正向影响和负向影响作用相互抵消导致的。

从健康保障条件方面来看，生活经济来源充足对老年人的社会活动型参与有显著的正向影响，但对其他三类活动无显著影响；老年人的相对经济状况越好，其家务型社会参与的发生率便会越低，而休闲娱乐型和学习型社会参与的发生率会显著升高；享受社会养老保险可以显著提高老年人参与四种类型活动的发生率，而享受社会医疗保险仅能够显著提高老年人参与家务型活动和休闲娱乐型活动的发生率。在上一节的研究结论中，经济来源是否充足与自评相对生活水平并不会对老年人的社会参与程度产生显著的影响，而养老保险和医疗保险的享受情况却能对老年人的社会参与程度产生显著影响。因此，我们通过对四种类型活动内容的分别检验，进一步筛查出了充足生活来源对老年人社会活动型参与的正向影响效应，以及自评相对生活水平对老年人参与休闲娱乐型、学习型活动的正向影响效应和家务型活动的负向效应。

表 4-3　老年人归属不同社会参与类型的省域随机效应模型（$N = 15874$）

变量	模型 1	模型 2	模型 3	模型 4
	家务型	休闲娱乐型	学习型	社会活动型
自变量				
自评健康状况（以很不健康为参照）				
一般	0.063	-0.005	-0.021	-0.049
	(0.059)	(0.053)	(0.081)	(0.090)
很健康	0.273 ***	0.354 ***	0.098	0.179 +
	(0.064)	(0.057)	(0.085)	(0.094)
日常活动能力状况（以受到限制为参照）				
受到一定程度限制	1.137 ***	1.085 ***	0.604 ***	0.621 ***
	(0.076)	(0.068)	(0.105)	(0.132)
没有受到限制	1.723 ***	1.560 ***	0.861 ***	0.921 ***
	(0.072)	(0.065)	(0.100)	(0.125)
抑郁程度	-0.012 **	0.000	-0.041 ***	-0.025 ***
	(0.004)	(0.004)	(0.005)	(0.006)

续表

变量	模型 1	模型 2	模型 3	模型 4
	家务型	休闲娱乐型	学习型	社会活动型
焦虑程度	0.014 +	− 0.020 **	0.012	0.038 ***
	(0.008)	(0.007)	(0.011)	(0.012)
经济来源是否充足	− 0.088	− 0.036	− 0.019	0.166 +
	(0.059)	(0.053)	(0.086)	(0.099)
经济状况（以困难为参照）				
一般	− 0.333 ***	0.156 **	0.050	− 0.096
	(0.068)	(0.061)	(0.103)	(0.113)
富裕	− 0.365 ***	0.253 ***	0,335 **	0.004
	(0.081)	(0.072)	(0.115)	(0.126)
有无社会养老保险	0.118 **	0.101 **	0.167 **	0.239 ***
	(0.042)	(0.037)	(0.057)	(0.065)
有无社会医疗保险	0.243 ***	0.252 ***	0.005	− 0.016
	(0.051)	(0.046)	(0.063)	(0.071)
控制变量				
性别（以女性为参照）	− 0.879 ***	− 0.024	0.886 ***	0.033
	(0.040)	(0.034)	(0.050)	(0.056)
年龄（以 65 ~ 74 岁为参照）				
75 ~ 84 岁	− 0.514 ***	− 0.182 ***	0.066	− 0.200 **
	(0.050)	(0.044)	(0.059)	(0.062)
85 ~ 94 岁	− 1.446 ***	− 0.714 ***	− 0.226 **	− 0.889 ***
	(0.056)	(0.049)	(0.070)	(0.081)
95 岁及以上	− 2.741 ***	− 1.715 ***	− 0.707 ***	− 1.550 ***
	(0.067)	(0.058)	(0.088)	(0.107)
是否居住在城镇	− 0.132 ***	− 0.097 **	0.362 ***	0.271 ***
	(0.039)	(0.035)	(0.054)	(0.062)
有无配偶	0.227 ***	− 0.030	0.084	0.060
	(0.043)	(0.038)	(0.053)	(0.060)
家庭收入对数	− 0.051 ***	− 0.019 *	0.054 ***	0.018
	(0.009)	(0.008)	(0.015)	(0.016)
受教育年限	0.021 ***	0.009 +	0.181 ***	0.069 ***
	(0.006)	(0.005)	(0.007)	(0.007)
是否享受离退休制度保障	− 0.007	− 0.126 *	0.864 ***	0.561 ***
	(0.055)	(0.049)	(0.063)	(0.073)

续表

变量	模型 1	模型 2	模型 3	模型 4
	家务型	休闲娱乐型	学习型	社会活动型
社会参与类型等级阈值				
最低的 20% = 1	- 2. 544 ***	- 0. 800 ***	2. 777 ***	1. 987 ***
	(0. 180)	(0. 186)	(0. 238)	(0. 267)
较低的 20% = 2	- 2. 355 ***	- 0. 397 *	3. 099 ***	2. 679 ***
	(0. 180)	(0. 185)	(0. 238)	(0. 268)
中间的 20% = 3	- 2. 262 ***	- 0. 089	3. 315 ***	3. 164 ***
	(0. 180)	(0. 185)	(0. 239)	(0. 269)
中上的 20% = 4	- 1. 910 ***	0. 755 ***	3. 833 ***	3. 886 ***
	(0. 179)	(0. 185)	(0. 239)	(0. 271)
Log-Likelihood	- 13891	- 19534	- 9346	- 7629

注：$^+p < 0.1$，$^*p < 0.05$，$^{**}p < 0.01$，$^{***}p < 0.001$。①行为自变量，列为因变量；②括号内为标准误；③双尾检验显著度。

资料来源：CLHLS（2017～2018）。

四 研究结论与讨论

老年人社会参与的内容构成是测评其生活状况的重要指标，老年人对于不同活动内容的选择和参与程度，能够在很大程度上反映出老年人的个人状态、生活习惯和行为方式。通过对影响老年人社会参与内容选择的能力性因素进行分析检验，有利于我们对老年人社会参与程度进行更加具体而微的深入分析。本研究借助于全国代表性调查数据，与上一节的参与度分析在指标变量操作化中保持一致性以形成对照，分别探讨了老年人的健康能力对于家务型活动、休闲娱乐型活动、学习型活动和社会型活动参与情况的影响。主要研究结论如下。

第一，老年人的生理健康能力对于提升老年人参与各项社会活动具有显著的促进作用，其中自评日常生活能力的正向影响效应更突出和更全面。通过老年人的自评健康状况和自评日常生活能力对各项活动内容参与率的影响效应分别进行检验，我们发现，生理健康能力的这两个构成指标对老年人社会参与的各类活动，均具有不同程度的显著正向影响作用。其中，相较于自评健康状况，老年人的自评日常活动能力对于本研究所选定的四种活动类型均具有显著影响作用，且效应指数也普遍更高。由此，我们可以认为相对较好的日常活动能力是老年人参与各项社会活动最重要的基本条件。如果老年人的日常活动能力受到一定程度的限制，那么他们参与各种类型社会活动的可能性就可能会降低，受影响程度依次从高到低为家务型活动、休闲娱乐型活动、社会型活动和学习型活动，可以发现，这四类活动对于肢体机能和活动能力的依赖性也确实是由高到低的状态，且其活动方式和强度的可选择和可控性也越来越高。尤其是学习型活动，本研究所选定的测量内容具体包括读书看报等形式，而这些活动形式对于即便是失能和半失能的老年人来说也是能够在一定程度上实现的。因此，本研究研究命题的检验结果与现实生活经验的吻合度是非常高的。

第二，抑郁和焦虑对于老年人在各种类型活动中的参与率具有较为显著的负向影响，但一个有趣的现象是，焦虑程度的增高能够显著提升老年人在家务型活动和社会型活动方面的参与率。抑郁和焦虑是两种不同的心理现象特征，抑郁突出的症状特征表现为情绪持续低落，感到精神上空虚和难过，并且对自己曾经感兴趣的事情也提不起精神，同时也可能会出现自卑、内疚和无意义感等；焦虑的突出症状特征表现为对于亲人或自己生命安全、健康、前途等的过度担心而产生的烦躁情绪，出现紧张、着急、忧愁、恐慌和不安等负面情绪。通过对比，我们便可以发现，这两个心理特征确实存在着较为明显的差异性。结合本节的具体研究结论发现，相对更高的抑郁程度确实会对老年人的多项社会活动参与率产生负向影响，影响效应由高到低依次为学习型活动、社会型活动和家务型活动，抑郁确实会导致老年人对外部社会意义和价值探寻动机的减退，因此对于学习型活动和社会型活动的负向影响相对更高是符合经验事实的。从某种程度上来说，虽然都是负向心理现象，但相较于抑郁，焦虑对一个人行为的影响是几乎完全不同的状态。如果说，抑郁使人失去意义感、价值感和兴趣，那么焦虑则会让人对意义感和价值感更加有追逐的动机，对照分析结果，我们发现，焦虑程度越高的老年人越不会去参加休闲娱乐型活动，而是更倾向于选择具有现实性价值的家务型和社会型活动。因此，我们可以发现，焦虑这种负面心理状态也可能会提升老年人在某些类型社会活动的参与率，这为我们后期进一步探索心理健康与社会参与关系提供了一个新的视角和线索。

第三，除了相对更好的自评经济状况会降低老年人家务型活动的参与率以外，其他的健康保障性条件均能对老年人参与各类活动产生正向促进作用。本研究通过检验制度性和物质性健康保障条件对老年人所参与的各项社会活动的影响作用发现，二者均具有不同程度的正向影响效应，其中，制度性保障条件中的"享受社会养老保险"对四种类型活动均具有显著的正向影响作用，可见，我国的社会养老保险对于老年人的意义绝不只是停留在基本生活需求满足层面上，它也显现出对于老年人精神性和发展性需求满足的保障作用。此外，分析结果中所显示出的自评相对经济水平越高的老年人家务型活动参与率越低，这与既往关于家务分工的研究结论是基本吻合的，有大量研究表明，相对更高的经济水平和更低的经济依赖程度能够显著减少个体承担的家务量。结合现实生活经验我们也可以对此研究结论获得更充分的验证，经济状况相对更好的老年人，一方面可以通过市场性家政服务获得外源性支持，另一方面在家庭内部也可以通过自身更低的经济依赖程度来获得配偶或子女更多的家务支持。这一研究结论的发现，在一定程度上说明本研究所选取的数据资源和变量指标是非常合理的，在分析过程中具有很敏锐的区分性和辨识度。

本节的研究内容是立足于第一节的分析路径基础之上，进一步对老年人的健康能力对于家务型活动、娱乐型活动、学习型活动和社会型活动参与状况的影响效应进行了检验。研究结果证明，此项分析对于老年人社会参与内容选择和构成状况差异性的探索具有较好的解释力，有利于我们获得对老年人在不同类型社会活动参与状况及其影响机制的全面了解，对一些涵盖于活动内容差异之下的隐性问题进行了很好的辨识。事实上，不同的活动内容对于老年人健康能力的需求度是不一样的，例如，有些活动内容对于老年人机体活动能力要求较高，而有些则对该能力的依赖性很低，因此，将活动内容区分开来分别进行分析和检验是十分必要的。相对而言，不同的健康能力对于老年人在不同活动内容参与状况上的影响作用也是不一样的。通过对老年人相对比较稳定和关键的健康能力测评指标来对其在不同活动内容参与状况方面的影响效应和作用机制进行分析，也被证明是一种非常必要且合理的分析路径。本研究此处的研究结论也为后期我们进一步单独分析某一种健康因素与某一类活动内容之间更深层次的关系提供了探索性分析基础。此外，该研究也有利于为进一步制定和优化促进老年人社会参与的相关政策提供更具针对性的经验性资料依据。

第三节　基于优势视角的老年人社会参与
能力差异性分析

正是由于社会参与是一个综合性较强的概念，当我们在对老年人社会参与状况进行概括时，通常会基于不同的活动内容或不同的参与群体来进行区分性描述分析，因此，所总结出的现状特征也往往具有内容或群体指向性，或者是内容和群体相交叉的一些复合型结论。例如，城市老年人的公益志愿活动参与状况、老年人在经济活动参与方面的性别差异、不同健康水平老年人的文体娱乐活动参与状况等研究命题是我们较为常见的分析模式。通过对相关类型研究的结论进行汇总分析后，可以发现，每一类老年人都有他们所偏爱和擅长的活动，对于不同的活动内容老年人也会有不同的选择和表现。因此，本节我们将基于优势视角尝试对老年人的社会参与能力差异进行分析和总结。

一　优势视角的理论阐释

与问题导向思维不同，"优势视角"更加关注的是人和事物内在所具备的潜在资源和优势，而不是将聚焦点放在困难、问题和劣势方面。该理论所秉持的核心价值理念是任何人和事物本身都具备一种通过自身资源来改变自身境遇的能力。它更强调和相信人们自身的能力，认为每个人都有自身的价值、优点和尊严，我们应该尊重每一个人，并帮助他们共同挖掘自身优势，以促使其与社会保持更好的互动关系。整体而言，优势视角理论所关注的是潜能和优势，能够密切贴合人们的现实生活和经验世界，对于分析、影响、指导和改变人们的观念意识和行为习惯具有很强的实践引领价值。

随着老龄化程度的不断加深，老年人口数量持续增长，倘若我们仅仅是将老年人视为受保护群体甚至是弱势群体，而不能积极地去重新审视老年人的内在能力和社会价值，那无疑会造成对老年人力资源的极大浪费。以优势视角为理论基础来分析老年人的社会参与能力，是因为它不仅最符合老龄化社会结构特征和老龄工作价值导向，同时它也最符合老年人自身的能力和需求。以优势视角为分析框架，不仅能够帮助我们更加充分和深刻地去认识老年人，也能够指引我们更为积极地去策划和推进老龄事业的有效开展。新时期我国老年人的健康水平和其他各方面综合素质均有极其显著的提升，越来越多的银发资源活跃在社会经济发展的各个领域。在此，基于优势视角对当前我国老年人社会参与的能力进行一个相对较为全面和深入的分析是十分必要的。

二　社会参与能力的内涵辨析

社会参与能力是一个综合性很高、层次性很广的概念，因此，对其进行定义和判断就需要我们能够更加充分地结合经验事实。"能力"本身的具体释义是指完成一项目标或任务所体现出来的综合素质。人们总是在具体的活动中才能体现出能力，因此，能力和人们的实践紧密关联，离开具体实践活动无法表现和衡量人的能力，同时能力也是在实践中产生和发展的。"社会参与"也是一个涵盖内容较为广泛的概念，它包含着非常丰富的具体活动内容，政治、经济、文化、社会、家庭等各个领域均有涉及。因此，当我们去定义和辨析社会参与能力这一概念时便会发现，它需要去关联和回应的现实经验性元素是十分广泛的。

正因为"社会参与"和"能力"本身各自所强调的实践性特点，在对社会参与能力这一概念进行界定时也就必定要从实践性入手。通常情况下，对于能力会使用"高低"、"强弱"和"大小"等来进行判定，会根据人们在具体活动中呈现的效率、效果来进行区分，在日常生活中经常会使用"能力强（弱）"、"能力高（低）"和"能力大（小）"等表述。然而，如果我们对社会参与能力也据此进行判定的话，就不是很准确和严谨。在政策法规、学术研究和日常生活中我们很少会看到对社会参与能力进行高低、强弱和大小的判定性表述方式，其主要是"社会参与"的多层次性和综合性特征所致。

结合对老年人社会参与的现状观察可以发现，有些老年人虽然在经济活动参与方面的表现并不突出，但在文化娱乐和社会公益方面表现十分积极，我们便不能武断地判定这些老年人的社会参与能力是强还是弱；也有一些老年人仅仅是在家庭内部承担了大量的家务劳动，他们的日常活动几乎都是围绕家庭而展开，也能够积极地给子女家庭提供各种代际支持和帮助，我们也不能简单地认为，这些老年人的社会参与能力是高还是低；还有一些老年人由于酷爱某项文化娱乐活动，并投入大量的时间、精力和金钱，比如打麻将、跳广场舞等活动，这些活动看似与外部不断发生着关联和互动，但似乎也并不能认为这些老年人的社会参与能力是高还是低。通过上述这些简单的列举我们可以发现，要对老年人社会参与能力进行评估和判定，广度、频度和质量（意义价值）是三个必不可少的重要构成元素。

三 不同老年人社会参与能力的差异性分析

老年人自身的理念性格、资质禀赋、生活环境（城乡、社区、家庭）等各个方面都存在着较大差异，而这些因素都会直接或者间接地影响到老年人对各类社会活动的认识和参与情况。因此，老年人社会参与存在着明显的群体性差异。正如前文所述，社会参与和社会参与能力都是一个综合性极强的概念，简单给出高低强弱的判别是不准确、不严谨的，本节主要结合具体经验现实对老年人社会参与能力的差异性进行呈现和探讨。结合既往研究对老年人社会参与差异性所涉及的主要领域，我们选择不同性别、地区和社会经济地位的老年人为主要分析对象和聚焦视角。

1. 不同性别老年人社会参与能力的差异性分析

性别差异是贯穿生命历程整个周期而存在的，1999 年时任联合国秘书长安南曾指出："在老龄化的过程中，我们应当特别关注性别差异问题。虽然女性的寿命普遍超过男性，但老年女性的贫困和慢性疾病发生率也相对更高，也更容易受到歧视和忽略。"（世界卫生组织，2003）我国也有许多学者曾对女性老年人在各类生活场景当中的境遇性特征进行过关注，并发现基于先期生命历程中的资源可及性、社会角色和生活事件等诸多因素的综合性影响，女性到了老年期的确会出现某些方面的脆弱性，如经济安全、健康指标和居住保障等（杨菊华、谢永飞，2013）。

本研究在对"哪些老年人的社会参与更丰富？"部分也引入了性别变量，模型数据结果显示，在控制了健康、保障和社会经济地位等因素之后，男性老年人社会参与的广泛程度显著低于女性老年人（见表 4 - 2）。进一步对"老年人社会参与内容选择的倾向性"进行分析，在本研究所选取的家务型活动、休闲娱乐型活动、学习型活动和社会型活动四类参与模式方面，女性老年人和男性老年人在休闲娱乐和社会活动方面的参与情况无显著差异，女性老年人参与家务型活动的发生率显著高于男性老年人，参与学习型活动的发生率显著低于男性老年人（见表4-3）。通过上述两个研究结论可以看出，女性老年人虽然在社会参与的广泛程度上显著高于男性老年人，但在内容选择倾向性方面与男性老年人相比，其呈现重家务轻学习的特征。

"第三期中国妇女社会地位调查"老年专卷数据的分析显示，我国老年家庭的整体家务劳动量与在职家庭相比较大，女性仍然是家务劳动的主要承担者，她们的家务劳动时间是男性老年人的1.9倍，夫妻合作型家务分工模式（男性老年人和女性老年人共同承担家务）的老年家庭占近四成。结合本研究所开展的调研访谈，在日常生活实践中尤其是处于老年期低龄阶段的女性老年人会投入相对更多的家务劳动时间，调查发现，女性老年人的平均家务劳动时间是男性老年人的2倍左右，甚至在一部分家庭当中男性老年人不会承担任何家务劳动，所有家务均由女性老年人承担。如果说在年轻时期的家务分工模式更多地基于性别角色分工和经济依赖的社会交换属性，那么老年时期则更多是基于传统观念和情感依赖的家庭生活属性。

女性老年人承担相对更多的家务劳动，这对于她们来说影响和意义又是怎样的呢？在调研过程中通过对10余名承担较多家务劳动的女性老年人进行访谈发现，虽然存在着一定的差异性，但多数女性老年人并不认为家务劳动对自己有过多的负面影响。NL1老人和老伴儿均为国企退休工人，比老伴儿早退休4年，该老人说道："没退休之前，我们俩家务分工还比较明确，算是共同承担的状态。后来我先退休了，那时他还在上班，我就承担了相对更多的家务活。到现在他已经退休好几年了，我们家也还是这样，我承担的多一些。主要是我觉得他没我干得好，做饭不好吃，卫生也没我做得干净。"对这位老年人进行访谈时，可明显感觉出她本人的精神状态很好，家庭关系十分融洽。NS3没有从事过任何工作，一直是家庭主妇状态，目前正住在儿子家中帮忙照顾孙子孙女，该老人说道："孩子们现在都离不开我，我不在这儿帮忙实在不忍心也不放心，虽然孩子小带起来确实有点累，但是我还是觉得很幸福，等两年孩子们大一点儿都上学了，我就能回老家享清福了。"访谈中我们发现，多数女性老年人并未对家务劳动存在抵触心理，虽然也有几位老年人进行了"抱怨"，但她们还是能够相对比较乐观积极地看待家务分工。就如 NL7 老人所言：一家人其实也分不了那么清楚，我多干点家务活就当锻炼身体了。家里干干净净的，人才不会生病。"少年夫妻老来伴"确实是我国很多老年家庭的缩影和概括，不容否认的是，女性老年人在其中发挥着至关重要的支持性作用。因此，基于性别视角去审视老年人社会参与能力的差异性时，无论从广泛程度还是内容选择方面来看，我国女性老年人都不能被片面地认为是处于弱势地位的一方。与此同时，基于调研本研究还发现，绝大多数女性老年人对于家务劳动的主观排斥性并不高，能够比较积极地去看待家务劳动对自身以及家庭的建设性意义。

2. 不同区域老年人社会参与能力的差异性分析

中国幅员辽阔，因此我国人口老龄化也存在着较为明显的空间区域差异：一方面是各省份之间的差异，另一方面是各省份内部的城乡差异。受地理风貌、人文环境、社会经济发展水平等方面因素的影响，我国不同地区的人口老龄化和老年人在基本状况、特征和发展趋势等方面确实存在着一定程度的差异性。因此，当我们在讨论老年人社会参与能力时便不能忽视区域差异这一环境性因素的影响，具体环境场域所能提供的资源条件在很大程度上会促进或者限制老年人社会活动的开展情况，进而也会影响到老年人的社会参与能力。

本研究在上一部分关于参与广泛度和选择偏好的分析过程中，鉴于考虑到各省份在社会经济文化之间的差异可能会产生的影响，为减小和排除它的影响，选择使用了省域随机效应次序 Logit 模型，所以无法从上述数据的分析结论当中获得省际区域差异对老年人社会参与能力影响的评估。在实地调查过程中，限于自身研究条件和疫情管控等原因，我们的调研地点主要在河南省、陕西省、安徽省和内蒙古自治区，与全国 34 个省级行政区域的划分范围相比，调研点的覆盖面相对比较窄。基于对生活现象经验的梳理和总结，似乎也是很难对不同省份老年人社会参与整体特征进行概括，不同省域各具特色的同时，也具有部分相似性，众多元素特征交织在一起便很难厘清蕴含其中的特质。倘若按照东、中、西部或者其他方式进行省域区划，也可能会在很大程度上掩盖掉内部差异性。因此，在没有较为充分现实支撑和合理方法工具的情况下，本研究暂不讨论省域差异对老年人社会参与能力的影响。

　　城乡二元化特征是我国现代化进程中的一个十分突出的表现，近年来的快速城镇化和乡村振兴事业的推进在很大程度上缩小和缓解了城乡发展的不平衡。然而，长期以来的城乡二元发展格局有着非常深入的渗透力，在公共服务、基础设施和社会政策等诸多方面都略显不同，这也就使我国城市居民和农民在生产、生活方式上存在着显著的差异性，对于城乡老年人的社会参与实践亦是如此。在上一部分研究中，老年人居住在城镇还是农村是我们关涉的一个研究变量，基于数据分析结果也确实发现了城乡老年人在社会参与能力上的一些差异性表现。分析结果显示，城乡老年人在社会参与广泛度上不存在显著差异，但在活动内容选择倾向性方面存在着显著差异性，具体表现为城市老年人参与家务劳动和休闲娱乐活动的发生率相对更低，在学习型活动和社会型活动方面的参与率相对更高。

　　结合我们的实地调研，目前，我国城乡老年人在社会参与方面确实存在着在内容和形式上的显著差异，而这与他们日常生活的具体场景和内容是密切相关的。在农村地区，多数老年人会在身体条件允许的情况下继续务农以获得经济方面的保障，尤其是处于低龄阶段的老年人。除了在农忙季节务农之外，他们往往不会再选择外出务工，便会投入较多的时间在休闲娱乐活动方面，棋牌、戏剧、聊天等是他们较为常见的活动内容。但由于目前我国农村地区的老年教育平台和社会公共性活动组织与城市相比较为匮乏，这些客观条件对于老年人在这些领域的活动参与方面的限制性也就十分突出。因此，我们不能因为农村老年人没有参与或者极少参与此类活动而推定他们在此类活动方面的参与能力就弱或者说不强。在调研中我们发现，很多农村老年人有着极强的学习和公益活动热情，然而却受限于缺乏平台和机会。在城市地区，随着近年来社区公共服务和商业化家政服务的日渐完善和普及，家务劳动的可选择性替代资源越来越丰富。很多城市老年人基于减轻负担或者提高生活质量的目的也会选择购买一些家务服务，与农村老年人相比，城市老年人参与家务劳动的发生率较低。

　　整体而言，我国城市老年人基于各自具体的日常生活和资源配置状况的不同，在社会参与内容方面存在着较为明显的差异。因此，我们在对其社会参与能力进行评价时，必须兼顾老年人自身主体性特征和外部环境性条件才能得出相对较为客观的结论。

3. 不同社会经济地位老年人社会参与能力的差异性分析

社会经济地位是对于个人经济、社会和生活特征的综合性概括，它能在很大程度上影响和决定人们的日常生活方式、健康水平和资源获取能力，这是国内外大量研究所得到的一致性结论。关于社会经济地位对于老年人的影响，学界存在两类不同的观点，有部分研究认为，社会经济地位使老年人在健康、贫困和生活方式等方面的影响会随着生命历程不断积累，在老年阶段这些影响均会处于一种强化状态（Dupre，2008）；另外一部分研究则提出了"收敛假定"，认为社会经济地位对于老年人的影响到老年期呈缩小趋势，老年人更多的境遇和更多的状况是由老年人身体本身的生物因素所决定（Mirowsky and Ross，2005）的。基于此，本研究也将社会经济地位作为评估不同老年人社会参与能力的引致性因素进行了考察。

在我国，受教育年限和是否享受离退休保障与老年人的生命历程早期职业属性是有较大关联性的，也是在很大程度上决定其社会经济地位的重要指标，而家庭经济收入则是更为具体和敏锐的测量指标。在上一部分研究中对于老年人的社会经济地位测量涉及家庭收入对数、受教育年限、经济收入是否充足的主观评定、是否享受离退休保障等多项指标，整体来说，涵盖得比较全面。数据分析结果显示，家庭收入水平越低、受教育年限更长、享受离退休保障老年人的社会参与的广泛程度相对更高（见表4-2）。社会经济地位差异对于老年人在社会参与内容选择倾向性方面的影响非常显著，模型分析数据显示，经济收入水平越高的老年人家务劳动和休闲娱乐活动的参与率越低，在学习型活动方面的参与率则相对更高；享受离退休保障的老年人参与学习型活动和社会公益型活动更多，参与休闲娱乐活动相对较少；受教育年限越长的老年人参与四种类型活动的发生率均相对更高（见表4-3）。上述分析是基于同一个数据库所进行的，因此，我们可以在一定程度上将两个分析模型的研究发现综合在一起进行观察和分析。可以发现，受教育年限和是否享受离退休保障这两个指标对老年人社会参与广泛度和选择性偏好的影响作用是比较一致和稳定的，而家庭经济收入水平的影响作用则有明显的区分性。

目前，我国老年人的经济收入来源相对比较广泛，如退休金、子女经济支持、资产性或金融性收入等渠道。然而，由于早先时期我国教育普及化程度不高、社会经济发展转型等各个方面因素的影响，当前，我国老年人的职业分化现象非常突出，这就导致他们收入水平的差异化也非常明显。调查中，我们了解到那些不能享受离退休保障的老年人通常储蓄水平也较低，他们往往会继续寻找工作机会（农村老年人会继续务农）以维持自己的生活开支，这也印证了上述关于经济收入水平越低社会参与广泛度更高的分析结论。与此同时，那些享受离退休保障的老年人因工作属性、工龄长短、地区统筹等方面的差异，在经济收入水平上也会存在着较大的差异，部分养老金较少的老年人也会存在一定程度上的经济压力。虽然多数老年人与年轻人相比，消费欲望会更低，但由于衰老、疾病等原因，他们在健康和照料等一些方面的消费需求显著提升。因此，未来我国有极大的可能会出现越来越多的"银发"劳动者，这一现象在老龄化出现更早且程度更高的邻国日本已经极其普遍化。

综上所述，当兼顾差异性、综合性和实践性的分析视角来审视老年人社会参与时，不同老年人的社会参与状况有着不同的特征，在社会参与活动内容的广泛度和内容选择倾向性上存在着明显差异。同时，老年人的社会参与普遍是基于自身资质禀赋、外部环境资源等条件，并结合他们的现实需求而展开的。在此，性别、区域和社会经济地位等方面的差异性并不会必然导致老年人在社会参与能力等方面绝对弱势和缺失的出现。也就是说，我国老年人很大程度上是在参与一些自己所能且自己所想的活动，并通过参与这些活动丰富自己的生活、实现自己各层次的价值（包括物质、精神等），进而使自身与社会保持一种符合自己现实条件和需求的和谐互动关系。

小　结

人类各种实践活动的终极目标是使人类获得自由和全面的发展，而健康无疑是实现以人为本的必要前提，因此，可以认为健康既是发展的目标，也是发展的手段。同时也有大量的研究和实践证明，我国社会经济的发展、劳动生产率的提高、科学技术的进步等一切成果都离不开人民身体健康素质的提高来作为保障和支持。随着我国人均预期寿命和健康预期寿命的不断提高，"逢老必衰、逢老必病"刻板印象已经过时，全社会已经开始以一种更为积极的态度重新审视老年人的价值和作用，实践也证明，目前，我国确实有越来越多的健康老年人仍然参与在各种类型的社会活动当中，继续实现自身价值的同时，也为推动社会经济的发展做出了有益贡献。因此，健康的老年人对于社会更大程度上是一种财富和资源而绝非负担，与此同时，健康对于老年人的意义和对社会的意义便显得尤为重要和关键。

只有当老年人拥有较好的健康水平时，他们才能以相对较好的状态参与到各类社会活动当中，对于健康水平的保持是需要身体、心理和保障条件的整体性维持和平衡的。随着我国经济社会整体发展水平的不断提升，公共卫生环境、营养支持水平、医疗技术、社会保障体系等都获得了极大程度的完善，我国老年人的身体健康水平也普遍得以显著提高，预期寿命和预期健康寿命的不断提高就是最为直接的证明。而随着国际社会对于健康老龄化的不断推进，其主旨目标早已不再仅局限于生命的长度，而是更加强调生命的质量，对于健康的重视也不再仅局限于生理层面，而是更加重视心理和社会的整体健康和完满状态的实现。2019 年所发布的《健康中国行动（2019—2030 年）》中对于健康中国建设的目标任务进行界定时指出，要加强对公众的心理健康促进，提升公众心理健康水平，提高公众幸福感。因此，如何让我国老年人在拥有了躯体生理健康的基础上，进一步实现个体心理和社会心理的健康，将是现在以及未来相当长一段时期都需要持续关注的重要议题。因此，本章检验老年人健康能力对于其社会参与程度和内容的影响效应和作用机制，对于后续研究的深入和政策的完善都是极具现实意义的。另外需要说明的是，本章仅着重分析了对于老年人而言比较重要的健康能力，对于其他一些也能反映老年人能力的资质禀赋性因素仅作为控制变量进行了处理，而对这些因素与老年人社会参与之间相互关系的分析也有待进一步深入，在后续研究中我们也将会逐步涉及和深入。

第五章

资源之维：老年人社会参与的支持机制

马克思在《资本论》中对资源进行定义时指出，资源是指一切可被人类开发和利用的物质、能量和信息的总称，它不仅包含自然资源的客观存在，也将人的因素（包括劳动力和技术等）视为资源形成的另一个不可或缺的来源（《马克思恩格斯选集（第四卷）》，1995）。生活在社会中的任何一个人都不可能脱离资源而实现自身的生存和发展，与此同时，每一个人也都会通过自身的人力资本去实现和创造出新的价值和资源。从某种意义上来讲，人既是资源的使用者，又是资源的创造者，人与资源的关系处于一个不断互相构建的过程当中。我们对老年人社会参与的相关问题进行研究，绝对不可能脱离对于资源的探讨，因为任何老年人的社会参与都离不开各类资源的支持，同时，老年人的社会参与又会为其自身及社会不断创造出新资源。通过老年人社会参与所能创造出的价值进行梳理发现，老年人通过再就业、参与公益志愿活动、进行隔代照顾等活动所发挥的人力资源经济价值是相当可观的。另外，老年人也是物质文化、制度文化和精神文化的主要传导者（姜向群，2001）。因此，本章将首先以老年人作为资源的创造者为分析起点，对我国古代和新中国成立后关于老年人社会地位和价值的传统文化相关阐释进行探索和梳理，进而再从老年人作为资源的利用者视角出发，基于人工智能的技术资源背景，对老年人社会参与的价值进行审视和伦理反思。

第一节　对中国老年人社会参与传统文化的探源

在我国社会经济快速发展和老龄化程度不断加深的背景之下，学界对与老龄化相关问题的研究也愈加丰富和深入，然而综观现有研究，基于文化视角所开展的研究还比较缺乏和分散。然而，老年人社会参与这一事项绝对不是在 20 世纪末 21 世纪初我国步入人口老龄化之后才出现的，时间倒溯也不限于新中国刚成立之后，通过对我国目前所传承的尊老敬老文化进行最为基本的审视，我们便可发现，老年人的社会参与是有着源远流长的文化传统背景的。在此，我们不仅将对古代我国对于老年人社会地位和价值的基本定位进行文化资源性探源，同时也将对新中国成立以来关于老年人社会地位确认和社会价值发挥的持续倡导的理论文化资源进行系统梳理。

一 古代我国对于老年人社会地位和价值的基本定位

1. 对老年人社会地位的尊崇

社会的发展始终是伴随生产力的不断变革而发生的，伴随生产力的持续发展，原始社会、奴隶社会和封建社会的社会形态缓慢发生着继替和消亡。但无论是在狩猎、游牧还是农耕文明主导的生产、生活背景之下，人们对于积累形成于生产生活实践中的知识和经验的继承都是需要通过传授的方式来实现，因此，更具生活阅历和丰富经验的老年人便被奉为"智者"来发挥这一价值功能。整体而言，在古代的传统社会里，老年人普遍被认为是经验和智慧的重要载体，他们不仅备受民众的尊重，国家也给予了老年人极高的推崇地位，全社会普遍视老年人为一种权威，是才能和技术的传授者，也是疑难问题和困境的化解者。

在古代社会，老年人正是因为具备为后代传授生产、生活及文化知识的社会价值，老年人也便被法律授予和确立了极高优待、礼遇和照顾水平。据目前我国最早的相关尊老法律西汉时期的"王权诏书令"中所规定，全国范围内凡是达到 70 岁及以上的老年人均可被赐予"王杖"，但凡持有"王杖"的老年人，不分城乡，全部可以享受社会地位和待遇相当于当时俸禄 600 石的官吏，同时，倘若有对这些老年人的不敬之举，则会按照蔑视皇权进行严惩（邬沧萍、杜鹏，2012）。另外，据《礼记》记载："周承殷制，五十养于乡，六十养于国，七十养于学，达于诸侯"。同时还强调，"尊老养老，而后成教。成教，而后国安也"（尹万杰，2005）。可以看出，我国古代所奉行的尊老敬老观和当时的封建法度是融为一体的，而且已经潜移默化地成为稳定社会秩序和治国安邦的重要工具和准则，也确实对老年人的社会地位和权利予了极大程度的保障。

2. 在家庭和社会领域对老年人价值的重视

在我国古代社会的家庭中，老年人也拥有较高的地位和威望，而且受到了法律在诸多方面的明确申明和保护，比如在家庭教育、财务资产分割和赡养等各个方面。在家庭教育方面，古代法律赋予了老年人最具权威性和核心地位的教令权，倘若子女有违父母祖辈的教令，便会受到相应的刑法制裁。而且在唐朝、明朝和清朝的法律中都有规定，祖辈和父母尚在之时，倘若子孙有分割家产和另立门户之行，则会按照"不孝罪"进行处置（张中秋，2008）。家庭是社会的基石和细胞，我国古代法律和传统文化中对于老年人核心地位的确定是非常明确的，这与后续儒家伦理文化中所倡导的"孝道"有着极其密切的关联性，具有丰富的内涵，同时也对后人的观念认识和行为产生了极为深远的影响（穆光宗，2002）。

就我国古代社会层面而言，也有很多对于老年人的优待保障措施。《礼记》中记载："五十不从力政，六十不与服戎，七十不与宾客之事，八十齐丧之事弗及也。"我国古代人们的平均预期寿命是显著低于当代的，50 岁基本已经算是社会年龄结构中的老年人了。上述《礼记》篇中所言，具体也就是说，50 岁以上的老年人不需要从事繁重的政务，60 岁以上的老年人不需要参加从军戍边事务，70 岁以上的老年人不需要再亲自迎送宾客，80 岁以上的老年人不需要再参加丧葬之事。此外，除了这一系列社会生活层面的优待和事务征役免除等保障举措之外，对于那些尚且有智力、体力和意愿继续参加社会事务的老年人，我国古代也有相应的保障制度，比较有代表性的便是"三老制"。在《汉书》和《史记》中均有记载，其中，"乡三老"制是中国古代传统社会进行基层治理和教化的基本制度构成之一。通过任命"三老"为"民师"，具体承担与道理和礼俗教化相关的事务。除了"乡三老"外，古代社会还设置了"县三老"和"国三老"等职务。其中，"县三老"承担着与县官一起参与议政的职责，通过收集和反映民意实现以事相教的作用。而"国三老"则属于最高级别的三老，他们主要承担着反映民情和为民请命的职责（万义广，2008）。整体而言，"三老"不仅发挥着对于社会实质性的教化和治理作用，同时他们也具有非常明显的礼仪和象征性意义，在对于建立礼俗秩序和稳定社会秩序方面有着不可替代的重要价值。

据此，我们可以发现，我国古代对老年人权威地位的确立是自下而上的，涉及家庭社会等多领域，并渗透在礼俗教化和社会治理的众多方面，在这样的制度文化背景之下，中国古代老年人的权威和长者地位已经得到了较为稳固的形成和确立，而且这些传统的孝老、敬老、尊老和爱老文化也已经逐渐内化为我国历代所秉承的社会行为价值规范，深入人心且源远流长。

二　新中国成立以来对老年人社会地位确认和社会价值发挥的持续倡导

1. 马克思主义理论中对于老年人价值的积极确认

马克思主义作为一种思想传入我国，经过各种思潮的碰撞和实践的检验，其真理的力量也日渐得以彰显。在马克思主义思想的引领和指导之下，中国共产党带领人民逐步实现了中华民族的伟大复兴。在此，本研究也将从马克思主义思想中挖掘和检视出与老年人价值和地位相关的思想意蕴，进一步探寻出与老年人社会地位和价值相关涉的理论依据和解释。

马克思认为，老年人价值的存在不仅是客观的和现实的，也是社会经济发展的必备条件之一。从唯物主义和人道主义两个角度去看，无论是任何年龄阶段的人都是价值主体和价值客体的统一：一方面，人是社会物质财富和精神财富的直接创造者和间接创造者，是社会发展的重要助推力量，人们对于社会发展的有用性和贡献性，都表明了他们是社会价值的客体和载体；另一方面，人既是社会得以存在的基本前提，同时他们更是社会发展的最终目的所在，人也是社会价值的所有者和享受主体。因此，对于老年人而言，他们无论是过去和现在都在为家庭、社区、社会和国家持续创造着物质和精神方面的财富，也就是在不断为社会创造着价值，因此，他们也理所应当成为社会价值的享受者，这是符合马克思主义唯物史观和人道主义的合理现象（胡建成、钟平，2001）。这也正好与联合国所倡导的"建立不分年龄人人共享的社会"老龄化应对战略与宗旨是极度吻合的，老年人作为曾经和现在的社会参与者和贡献者，他们有权利和其他年龄阶段群体一起共享社会发展的成果，共享社会公共资源，并继续共享参与社会发展的机会。中国是一个具有五千年文明发展史的礼仪之邦，璀璨知识和文明的积累是历代人基于广泛而持续的社会实践而积累的，现在的发展和进步是离不开曾经的积淀和传承的，而这些都离不开代代相传的承载主体——人的贡献。因此，我们对老年人价值的充分尊重和肯定，既是符合客观现实的，同时也契合了我国传统道德文化对人们观念和行为规范所秉承的内在要求。

此外，马克思还强调继续参与社会发展是老年人进一步实现自身价值的有效途径。人，既具有生物自然属性，同时也具有社会属性。马克思认为，人的生物自然属性是前提和基础，但相对而言，人的社会属性更为重要。在《神圣的家庭》一书中，马克思和恩格斯指出，既然人天生是属于社会的生物，那么他就只能也必须在社会中才能实现其价值。因此，马克思在关于人的本质的讨论中，更多所强调的不是如何从生物自然属性入手去延缓衰老和获得长寿，而是更加强调从人的社会属性出发去充分满足老年人的需要以及实现老年人的价值。关于人的需要，马克思和恩格斯是从经济学的角度来进行阐释的，包括生存需要、社会需要和发展需要这三方面内容。作为社会个体的人必须要通过参与各种活动来不断满足这三方面的需要，进而实现自身的活着的需要、全面而自由地发展的需要以及自我价值全面实现的需要（熊必俊，1998）。对于老年人而言，他们和中年、青年群体一样，仍然是具有社会属性的个体，其社会属性并不会随着年龄的增长而减弱，也不会因为离开工作岗位而消失，社会属性是伴随个体终生的重要属性特质。因此，老年人也仍然需要参与广泛的社会活动来继续保障实现他们三个方面的需要，进而才能更充分地实现其个人自我价值和继续发挥社会价值。

2. 我国在实践发展的过程中不断对老年人价值的再确认

自新中国成立以来，我国一直强调全体人民的共同奋斗，回顾我国社会主义事业在过往70余年的发展历程当中，从未忽视和忽略过对老年人社会价值重要性的强调和重视。如马克思所言，历史不外乎是各个时代的依次交替，每一代人都是基于前面世代人所积累的生产资料、生产力和资金而续写新篇章的。对于当前我国老年人而言，他们对于新中国的成立、建设和繁荣富强付出了大量的心血、汗水，这些老年人大多经历了中国社会经济发展最为艰苦卓绝的时期，其历史性和现时性的贡献都是不容被轻视和忽略的。无论是城市还是农村，中国老年人对于社会经济的发展都直接或间接地做出了很大贡献，而且这种贡献是一直持续的。

在中国，尤其是在农业生产为主的时期和地区，老年人不仅承担着耕种经验和技术指导者和传承者的角色，他们同时也是农业活动中非常重要的人力资源组成部分。对于多数农村老年人而言，他们普遍秉承着应该终生耕种的朴素价值观，不管是基于满足物质生活的生存性需要，还是基于乡土情结的精神性需要，农村的老年人普遍都在持续地发挥着自身价值。即便不是在生产领域的价值实现，他们也会通过隔代照顾等活动间接地发挥自身价值，为子女、为家庭做出力所能及的付出和奉献。而城市地区的老年人也大多是经历了中国供给制和计划经济时代的那部分人群，当时国家采取的是供给制和按劳付酬的工资制度，人们的工资水平是普遍较低的。因此，我们可以认为，当前有相当一部分城市老年人都以相对较低的酬劳为社会经济发展做出过贡献，他们既无愧于艰苦创业的曾经，也无愧于富强繁荣的当下。许多老年人退而不休，继续为社会、为家庭做着力所能及的贡献，在社会各行各业各类生活场景中依然活跃的老年人便是最真实的体现。而这些与我国所一直倡导的"老有所为"价值引领是分不开的，重视老年人自我价值和社会价值的实现，鼓励并保障老年人发挥专长继续参与社会发展在我国已经成为一种文明风尚。

3. 当代社会发展转型背景下对老年人价值的进一步探讨

然而不容否认的一个现象是，虽然中国是一个有着悠久尊老敬老文化传统的国家，但同时也在一定程度上是一个"未富先老"或者说"边富边老"的国家，因此，在面对快速老龄化和社会经济发展转型的过程中，不可避免地也会遇到各种各样的困难和问题。例如，在公共财富和资源的分配环节有"重幼轻老"的倾向，重视效率的绩效考核管理模式对很多老年人而言并非都是"年龄友好"，急速变革和发展的信息化技术也给很多老年人带来了新的"信息鸿沟"，等等。而这些都是必须去正视和面对的现实问题，如何去认识和理解这些由于发展而不可避免出现的挑战，以及如何进一步实现代际的公平、技术与人文之间的平衡等问题，这些都是关乎所有人的时代议题。

我国在接下来的人口结构转变过程中，必然还需要面临老龄化程度的加剧和老年人口数量的不断增长，实现科学和积极应对老龄化战略目标的一个重要前提就是要保持对于优秀传统老年文化资源的吸收和传承。必须要在符合中国传统价值文化的基础上，结合时代发展的新特征，在保留优秀传统文化的基础上，不断推陈出新地形成和拓展新的尊老敬老文化。另外，除了对传统精神文化资源的继承和发扬之外，进一步推进老年人实现与物质文化创新相匹配和融合也是一项非常重要和迫切的议题。对此，本研究在下一节将围绕人工智能时代对老年人的具体助益和挑战展开分析，进而对人工智能背景下老年人社会参与的价值进行审视，并对所涉及的伦理困境和调适性策略进行讨论。

第二节　人工智能时代老年人社会参与的价值审视和伦理思考

当今社会，人工智能和基因编辑等科学和技术的发展，正在迅速、深入而全方位地影响和改变着人类的生存和活动方式。综观科技史可以发现，作为工具和手段的技术革新像一把双刃剑，在对人类社会进步产生积极效应的同时，如果不加以合理地引导、管理和应用，必然会产生许多负面影响，从"解放的力量"转而成为"解放的桎梏"（马尔库塞，1989）。科学和技术的发展，一方面，使人类获得了深刻认知、利用和改造自然的有效手段，为增进人类健康水平和预期寿命、提升人类生活质量等领域提供了强大支撑（韩水法，2019）；另一方面，也会带来新旧技术融合和替代过程中的摩擦，出现"人与技术"关系的动荡和失衡。

科技的发展与伦理密不可分，其过程和结构中蕴含着一系列伦理问题。同时，科技也必须受到伦理学的评估，因为科技是人的权力的表现，是行动的一种形式和结果，而一切人类行为都应受到伦理道德的检验（约纳斯，2008）。必须对人工智能及其应用后果进行系统、深入和审慎的伦理思考，才能够确保人工智能的安全健康轨道，实现人与科技的和谐发展。本节试图结合老龄化的人口结构背景，基于技术悖论视角对老年人社会参与的相关境遇进行伦理审视和反思。

一　人工智能时代与老龄化社会的邂逅

人工智能和人口老龄化是当代社会在物质技术和人口结构转变方面最为突出和显著的特质要素。首先对人工智能时代的特征和老龄社会的现状及未来趋势进行梳理，并初步了解它们对于老年人社会参与的现实影响，以及它们相互之间的关联性，这将有利于我们更准确地把握和刻画老年人社会参与的具体背景。

1. 人工智能时代的特征

什么是人工智能，界定莫衷一是。然而，要探究人工智能时代的特征，首先需要从厘清人工智能的定义和主要内容出发。进而才能结合人工智能的性质和特征，把握其对人类的影响及其与人类的关系，而这也恰是对人工智能时代特征的塑造基础。人工智能在早期曾被定义为"智能"，近期也被称为"智能体"。图灵是最早尝试判定机器是否可能具有自身智能的先驱之一，其试验预设便是希望设计出"思考的机器"，不仅能够实现它的智能价值，同时也能够模拟和产生以生理为基础的心智过程（博登，2017）。后期，人工智能的概念讨论也大多以此为核心和基础而展开。埃特尔在对众多关于人工智能的定义进行梳理和辨析后，提出了一个相对较为简洁明晰的定义，他指出人工智能就是关于计算机如何去做现在由人做得更好的事情的研究（Ertel，2017）。在此，人工智能的主体、介质、对象和目的都有了较为明确的指向，人工智能也被广泛应用到人们生产生活的各个方面。

综观人工智能的运用领域，信息技术和基因工程是这个时代对人类社会影响意义最为深入而广泛的内容，因此，它们的实践意义也便蕴含和反映了人工智能时代的基本特征。一方面，信息及其网络技术深入地形塑着人类社会的基本结构，随着人类知识掌握储量的不断增加，以及对知识的更深入和复杂化探索，仅靠人脑智力是难以实现的，人工智能便是储备和加工巨量信息的有力手段，与此同时，其特殊的信息收集、处理、传递和应用模式则必然会逐步被社会广泛依赖；另一方面，基因编辑等生命科学技术将持续影响人类的健康和生命形式，生命科学自 20 世纪 50 年代进入分子水平以来，依托生化实验和信息运算技术的不断提升，在提高人类生命质量方面取得了显著的成绩，人类预期寿命不断得以延长，细胞基因干预、人造器官替代等技术将人类生命状态推向了更广的维度。

2. 老龄化社会的现状及未来趋势

国家统计局于 2019 年发布的国民经济和社会发展统计公报数据显示，我国 60 周岁及以上老年人口数量已达 25388 万，占总人口的 18.1%，其中 65 周岁及以上老年人口数量为 17603 万，占总人口的 12.6%。中国人口老龄化已呈现快速增长的趋势，联合国人口司预测数据显示，到 21 世纪中期，我国老年人口数量将达到峰值 4.87 亿，居全球老年人口数量之首。基于老年群体内部，少子化、高龄化、城乡和性别分布不均衡等特征日益凸显，患病老人、失能老人、"空巢"老人和独居老人的数量呈持续增长的趋势。对于老龄化的应对状况，未富先老、未备先老、同步爆发、准备时间不充裕等特征非常显著（党俊武，2015）。综观我国老年人口数量的增长，截至 2020 年，新中国成立后补偿性生育群体"50 后"相继进入老年，以每年平均增长约 700 万老年人的速度，形成了我国老年人口的第一次增长高峰；2030 年前，处于中国第二次生育高峰的"60 后"开始步入老年，将以年增约 1260 万的速度形成第二次银龄浪潮；之后的 20 余年，增长速度将会放缓，"70 后"和"80 后"将以每年约 500 万的增速，于 21 世纪中后期达到老年人口峰值。

老龄化已经成为 21 世纪全球人口发展最显著的特征和趋势，也是工业革命、全球化之后最重要的世界性重组力量之一，在此背景下，"不分年龄人人共享"的积极老龄化战略思路已达成共识。国际社会开始重新审视老年人在社会经济发展中所扮演的角色，对老年人社会参与问题的研究与关注进一步加深。自世纪之交我国步入老龄社会以来，强调促进和保障老年人社会参与的积极老龄化理论被引入中国并成为主流理论框架，并确立了"六个老有"的老龄工作总目标作为行动指引。在此过程中，科技在应对老龄社会的诸多问题上发挥着重要作用，它既提供了基础条件和选择可能，同时也产生着重要的动力和动能，尤其是生产型和民生型的科技智能（韩振秋，2019）。

伴随着人工智能日新月异的发展，以电脑、网络、智能手机等为代表和牵引的数据信息令人眼花缭乱，以及各类智能技术推陈出新，这将对人类现有的思维方式、行为习惯、价值体系产生巨大冲击，而老年群体则最可能遭受到技术排斥。老龄社会与人工智能时代之间存在着广泛而深刻的互相渗透，技术革新所带来的物质条件变化必然会对老年人社会参与行为产生显著的影响效应。鉴于此，我们能够看出，一个新的社会形态正扑面而来，如何运用科学而理性的思维去认识人工智能时代所面临的具体老龄问题是对人类社会的新考验。

二 技术悖论视角下老年人社会参与的伦理审视

马克思在 19 世纪中期已经认识到技术悖论对于人类社会的双重影响，他认为，"机器具有减少劳动和使劳动更有成效的力量，然而它却引起了更多的饥饿和过度的疲劳。技术的胜利，似乎是以道德的败坏带来的"（《马克思恩格斯选集（第二卷）》，1972：79）。就如同人工智能本身存在着伦理缺陷一样，人工智能背景下老年人的社会参与也面临着相应的伦理问题。在此，将基于技术悖论视角对老年人社会参与的意愿、能力和渠道予以重新审视，借由分析持续演化和进步的技术对老年人社会参与行为的影响与改变，以及老年人的主体意识及情感反应，以此对人工智能时代老年人社会参与的伦理风险进行探析。

1. 参与意愿：技术嵌入的强制性

当前，人工智能正以前所未有的速度、深度和广度影响着人类的生产生活、思维方式以及行为模式，极大地拓宽了人类劳动力和价值选择的空间范围。并且，人工智能也在不断地演化和完善，人类也就需要不断地提高和更新知识与技能以适应新一轮的技术改革与创新。这意味着人工智能与人类智能之间相互依存，互为基础与条件。如果人类的认知能力不再提升，那么人工智能的发展就会裹足不前，人类对人工智能的运用也将受到极大的限制。然而，即使是在原始社会，在工具和技术的占有和使用方面也出现了不平等。因此，在人工智能时代，并不是所有的个体与群体均可以享受人工智能带来的高效与便利，技术倾向性的趋势在人类社会发展的各个阶段均是必然的和普遍的。

诚然，人工智能不仅为老年人的健康长寿提供技术基础和保障，也对健康养老、智慧养老等各种养老模式提供了有力支持，其在提高老年人生活质量等方面发挥的正向功能显而易见。生物医学技术促进和保障了老年人强健身体的形成和维持，不断提高老年人的健康水平和预期寿命，促使健康老龄化与超高老龄化的来临；许多智能老年护理设备和设施的研发和使用，也极大地便利了老年养老服务，大大减轻了老龄化程度和速度给社会及家庭所带来的养老负担。然而，基于日常生活，我们可以发现，老年人的实际参与意愿和参与程度也受到人工智能的限制与制约。老年人的日常生活不止于自身的健康与养老，而且与其他老年群体交织在一起，嵌入社区、朋友、亲戚等各种人际网络中。因此，社会交往、休闲娱乐以及财务管理等事宜也成为老年人社会参与的内容与需求。相较于年轻群体，老年人使用智能手机的频率偏低，在老年群体中普遍受欢迎的"老年机"也证明了这一观点。然而，智能手机是当代人们社会交往、日常生活、金钱支付等个体与个体之间智能联结的主要媒介。不想用，或者是不会用？部分学者认为，老年人根深蒂固的文化价值观和生活方式很难改变以至于无法跟上时代发展的步伐，但是这一解释显然属于刻板印象，无法对这一现象进行全面细致的剖析。在后喻文化和市场经济导向的双重影响下，人工智能研发和推广主要针对年轻群体的年龄倾向性显而易见。智能技术嵌入过程中对青年群体的倾向于对老年群体的忽视将形成对老年人群体主客观的双重排斥，最终降低老年人的社会参与意愿。

2. 参与能力：智能使用的新鸿沟

作为新兴的技术，人工智能已经对人类社会的生产力与生产关系产生了极大的影响，不可避免地对各个行业形成巨大的冲击。人工智能技术不仅能够替代许多以往社会的低技术工作，并且还能够在很多高技术领域得到充分的发挥，从而促进大量新兴职业的兴起与发展。我们可以发现，能够从事有关人工智能的社会成员往往具有更高受教育程度、更高技术水平等丰富的人力资本与资质禀赋型因素。正如利维乐布隆所言，"我们所面临的问题不是将公众与科学家分离的知识鸿沟，而是将科技发展置于民主控制之外的权力鸿沟"（迪尔克斯，2006）。此外，由于人工智能在运行之初是对群体的不同行为进行区分与判断，其主要运行模式是将个体归入特定的群体类别。基于人群分类模式的人工智能可能会进一步加剧群体的刻板印象（徐继华、冯启娜、陈贞汝，2014）。因此，人工智能在多数情况下基于对用户特征和行为因素的计算和评估，使得老年群体处于边缘地位。

显然，新技术对不同群体的影响具有较大的差异性。相较于社会地位较低的群体，社会经济地位较高的群体往往更容易获取更多的信息和技术便利，并且新技术的发展，技术获得和应用的地位差异将日益扩大，形成不可逾越的鸿沟（Wilks，2017）。与传统社会不同，现代社会的老年人在社会经济方面处于相对劣势的地位。因此，人工智能不具有亲老特性，这无疑给老年人人工智能的使用设置了更多的藩篱。制约老年人使用人工智能的主要因素是个体资质能力与获得资源的能力相对有限。一方面，个体资质能力越高，抑或是社会经济地位越高，则其与人工智能的结合程度也就越高。但是，目前我国处于上层地位的老年人较少，且大多数老年人对人工智能的运用尚处于初始阶段，甚至相当一部分老年人游离其外，对人工智能的了解处于未知状态。另一方面，人工智能的发展也提高了准入门槛与使用成本。比如，在医疗技术方面，人工智能装置的安装与维护等非普惠性的项目往往具有昂贵的成本，使老年群体难以支付，进而加剧了健康的不平等。因此，人工智能对老年人社会参与能力提出了相对更高的要求，具有很强的区分性和筛选性。

3. 参与渠道：工具媒介的同一化

总的来说，当前人工智能的研究和发展主要依循"自上而下"或"自下而上"两种路径。前者是指在研发的初始阶段将既定的伦理规则编码嵌入系统，后者则是指人工智能在对众多实际行为方式和情境模式进行分析后再纳入伦理程序（Davidow，2014）。两种路径各有优劣，前者有利于将人类的认知能力与伦理准则融入人工智能系统，其缺点在于无法面对人类社会的复杂性与不确定性。后者有利于使伦理原则与技术达成统一，但在调整的过程中其风险系数也在增大。当前，互联网商业公司的战略规划影响人工智能的发展，而资本的运行逻辑是在市场导向下的利益最大化，这使得人工智能的设计与研发更偏向于自上而下的运行路径，从而聚焦于预期的受众群体，而老年群体却通常不是研发者的主要关注对象。

随着人工智能的日益发展与普及，人类生活的科技化与智能化对人类行为方式与交往模式形成了错综复杂的冲击与影响，人们越来越依赖于各种智能设备和工具。近年来，国家出台了多项智能老龄化工程行动计划，以促进老年人充分享受科技带来的便利和福祉。然而，在智能化设计过程中，研发者忽视了老年群体的主体地位，导致大多数老年人对人工智能设备的接受度低、体验性差。出现这一现象的原因在于研发者在设计智能设备时忽视了时空观念，造成技术输出所依赖的智能媒介呈现较强的同质性。从纵向时间视角来看，与青年人相比，老年人在社会参与类型与程度以及智能媒体使用偏好方面均具有较大的差异性。甚至在老年群体内部，处于不同年龄段的老年人之间在上述几个方面也呈现差异性。从横向空间视角来看，城市与农村在经济基础、文化价值观、伦理习俗、生活方式、行为模型等方面呈现差异性。由于地理环境与社会环境可以影响与形塑人类行为，因此不同地区的老年群体具有不同的智能设施需求。总之，目前智能技术在设计中的困境和商业化取向对老年人极为不利，相应技术工具的适用性和多样化更为突出。

三　人工智能时代老年人社会参与的适老性伦理策略

如何使人工智能技术更好地服务于老年人，最大限度地避免和消除技术对老年人的阻隔和影响，这就需要在智能设计中融入适老性伦理规范。人工智能的社会伦理影响已经引起了全社会的高度关注，相关伦理研究已经直接影响到人工智能的伦理规范和标准的制定，负责任的创新和主体权利保护是对其进行价值审度和伦理调适的现实路径（段伟文，2017）。在人工智能所涉及的伦理实践过程中，对社会责任的强调、涉及对象的区别化、不公平影响最小化等原则也是被广泛认可的因应之道（王少、黄晟鹏、孔燕，2019）。基于上文对老年人社会参与意愿、内容和渠道的分析和价值揭示，在此将从情感、效用和价值三个维度提出相应的伦理风险防范指引。

1. 情感之维：精准关爱的强调

随着人工智能的迅速发展，鉴于技术路径的需求，各种智能设备对人类个体信息进行深度的挖掘与抓取，并转化为数字符号。随后，大数据技术再整理和分析个体与群体的大量信息，分辨出个体与群体的行为模式、性格偏好、消费习惯等各种特征，从而勾勒出较为明确的网络图像，最终初步计算和估计出人类社会参与的需求和特征（王忠，2014）。但是，人类情感需求的价值理性往往高于目标取向的工具取向，甚至在许多时候会将价值观念、宗教信仰、爱与被爱等方面的价值需求置于首要位置，而人类的价值理性往往无法对内容的范围和边界进行有效的区分，进而难以进行编码与转化，这对人工智能的情感之维显然具有更高的挑战与要求。

对于老年群体来说，主要存在三个方面的情感内容需求被视为伦理价值取向的基础。其一，有效地降低老年人技术恐惧感。人工智能对整个社会生活的改变极为迅速，老年人既有的生命历程经验在应对迅速变化的时代时，显然力不从心，从而造成对智能设备的情感不适与排斥，他们不信任智能设备的可靠性和安全性。因此，在进行人工智能系统设计时，应当对老年人的可接受程度进行充分的考量。其二，减弱老年人的脱离感。脱离感也称为孤独感，大部分老年人在脱离工作岗位的过程中，逐渐失去以往扮演的社会角色，其社会网络也会发生巨大的变化。老年人往往具有更多的闲暇时光，拥有更窄的社会交往范围和更低的交往频度，孤独感与脱离感随之而来。因此，在智能开发时应当充分地考虑老年人的情感支持与日常陪伴。其三，照顾老年人的怀旧情感。在现阶段比较突出的问题是技术嵌入的代际不均衡，以青年导向的智能开发与设计改变和代替了许多传统的社会参与进路。适当地对传统技术进行保留和模拟，可以满足老年人的情感需要，因此，应当坚持老中青平等共存的理念，营造出"老年友好型"技术环境。深切地关注老年人的情感和价值需求，既可以打破他们对智能技术适用的藩篱，又能体现未来智能技术发展的伦理价值。

2. 效用之维：人机关系的平衡

人类生活方式受到人工智能的影响是显而易见的。它通过各种直接或间接的途径来对人类社会的各个方面产生极为深刻的影响，并且与人类的联系与融合也日益加深。现实便是如此，当人类使用各种智能设备，甚至将智能设备植入身体，逐渐达到人与设备的深度融合时，人工智能的影响不仅止步于生物属性，还涉及人类的情感状态与智力能力。从伦理视角来说，应对人工智能所带来的风险与冲突，应当对人类与人工智能关系开展切实的审视与调整。"人机协调"的主流观点指出，技术是由人类所创造，并且是人类实现人类社会发展的有效工具，技术发展的目标和路径由人类的主体性所决定，在变动中的人类与人工智能的合作关系会保持一种平衡（维贝克，2016）。由此可以看出，人类必然会在与技术的互动过程中不断形塑自身的行为方式，以此提高人类对人工智能的适应与调整。

在此，将主要结合韦伯的"工具理性"和"价值理性"概念对人工智能和老年人社会参与之间的关系展开讨论。工具理性是以技术主义和工具崇拜为价值观，以追求功利为动机目标，而价值理性则更注重对人自身价值和世界终极关怀的关注。既然目前普遍认为，人是技术的主体，那么本节在此将以老年人为主体和原点，探讨老年人实现与人工智能的关系平衡之道。一方面，老年人对智能技术要避免工具理性下的过度依赖。基于日常生活经验，我们可以发现，许多老年人由于期待健康长寿，害怕疾病与死亡，因此比较容易沉迷于保健类的产品与药物，这不仅使老年人潜在机能与利用程度得以降低，而且给不法分子以可乘之机，因此，对于技术的客观理性认识非常重要。另一方面，老年人对技术要避免价值理性下的过度疏离。由于老年人受传统价值理念或封建迷信等思想的影响，思维方式和行为模式相对比较传统与顽固，通常对人工智能与自身生活的结合具有排斥心理，讳疾忌医的心态既无益于自身，也浪费了不少技术资源。由此可以做出判断，摒弃技术手段或忽视价值判别均不可取，只有将工具理性和价值理性相结合，才能实现老年人与智能技术的关系平衡。

3. 价值之维：效率与公平的兼顾

科学技术不仅可以为提高生产力水平与物质基础提供内动力，还可以对人们的思维方式、行为模式、价值观念等主观方面产生显著而持久的影响，因此，人类社会将要应对外部客观环境的新变化，人们的思想意识也要相继做出调整（Thomas，1996）。在人类开发与设计人工智能时，人类社会接纳与使用新型技术的必要条件是人类的伦理价值应当合理而充分地融合与嵌入人工智能的应用系统当中（Cummings，2006）。不可否认的是，尽管老年群体可以从现代化的过程中获得许多便利，但是现代化也加剧了社会对老年群体的歧视与排斥。以效率为导向的运行模式并不适合老年人的日常生活。如何缓解或减弱诸如智能设备、基因工程等新型技术给老年群体带来的技术不平等是当前社会亟须面对和解决的议题。

从某种意义上说，年轻型社会模式依然是中国社会资源分配的基本格局。

尽管中国步入老龄化社会已达 20 多年，但是利益结构并没有随着人口结构的变化而发生显著的改变。我国人口结构与资源分配格局呈现明显的错位，尽管研究者关于两者之间呈现正相关的观点并没有达成共识，但是保持两者之间的相对平衡还是十分必要的。假如社会长期以失范的分配原则为基础，那么人们将面临代际利益的冲突和矛盾，最终导致许多方面的代际不平等。比如，尽管护理型智能设备很大程度上减轻了家庭与社会面临的日益增长的照顾老年人的负担与压力，但是它对以往的家庭代际关系产生了巨大的影响和冲击。虽然智能机器人能够协助老年人做一些家庭事务、健康护理与检测等活动，但是这一智能设备往往由于基于计算和程序而不具备主观情感因素。传统人工养老模式不仅在形式上协助老年人，而且还为他们提供情感支持和心理慰藉。尽管智能技术提升和扩展了照料资源与便利性，但是它也使得代际情感联系疏离化和孝道降阶化，这已经成为不可争议的事实（王健、林津如，2019）。随着人工智能技术的发展，老年群体与青年群体之间的代际关系将面临各种冲突与藩篱，智能技术与主观情感也将不断地博弈与替换，这些都是我们亟须关注的问题。人工智能与人类社会之间关系的重组与平衡，既是时代之需，也是社会之需。

四　结语：更为积极理性的未来面向

习近平总书记指出："新一代人工智能正在全球范围内蓬勃兴起，为经济社会发展注入了新动能，正在深刻改变人们的生产生活方式。把握好这一发展机遇，处理好人工智能在法律、安全、就业、道德伦理和政府治理等方面提出的新课题，需要各国深化合作、共同探讨。"（习近平，2018）这为从更宽泛的社会科学角度对人工智能的社会后果进行深入研究提供了积极指引。人类社会的发展史表明，任何一种划时代的技术革新都会对社会文明的演化产生深刻的乃至决定性的影响，人工智能对于当代社会具有极强的影响力和渗透力。因此，面对未来的发展，不仅要着眼于智能技术本身，也应注重技术维度与社会维度的匹配和平衡，这样才能确保战略上的均衡和领先。

人工智能在老龄社会的相应伦理审思必要且重要。智能技术虽为老年人带来较大助益，但也带来诸多伦理冲击。各类技术的强制性泛化嵌入，不仅对老年人的社会参与意愿及能力形成了巨大挑战，也影响了其参与渠道。在未来的智能设计中，情感之维加强对老年人怀旧感、孤独感和技术恐惧感的精准关爱，效用之维避免老年人对技术的价值性疏离和工具性依赖，价值之维立足代际平等理念以兼顾效率和公平，是较为积极的适老性伦理策略，将更有利于对老年人社会参与的伦理风险进行规避和防范。

面对人工智能时代老年人社会参与过程中诸多异质性实践所呈现的伦理冲突和困境，我们既不能盲目乐观，也不必过于悲观。只有立足于实践本身，深入澄清人与技术在各类应用场景中的互动机制和特征，积极进行相应的伦理校准和调适，才能既保障老年人社会参与的需求与权利，也进一步提升智能技术的合理性和适用性。人工智能应积极致力于社会责任的履行，积极审视老龄社会的新问题和新挑战，理性规制技术的操控性和价值的合理性，唯有如此，才能兴利除弊将人工智能推向健康发展的轨道，持续提升老年人的福祉水平。

第三节　物质性与精神性资源供给的现状评估

作为一个人口大国，随着老龄化程度的不断加深，我国面临的将是老年人口数量的急剧增长，这必然会给社会经济的发展带来新的影响和冲击。西方发达国家的人口老龄化进程往往是几十年到百年间，而中国的人口老龄化进程不同于西方的缓慢发展进程，受计划生育政策等的影响，我国在 21 世纪伊始便急速进入人口老龄化社会。因此，面对人口老龄化的严峻形势和挑战，通过分配和再分配用于应对人口老龄化的资源能否满足老年人的需求，是一个需要我们高度重视的议题。在此，主要从老年人社会参与相关需求出发，结合近年来我国应对人口老龄化的具体实践，对物质性和精神性两个方面资源的统筹和供给现状进行相应评估。

一　物质性资源

改革开放以来，随着我国经济的高速发展，国家非常重视对养老和医疗保障体系的建立和完善。在养老保障方面，以基本养老保险、企业年金和商业保险为三大支柱的养老保险体系已初步建成，其中基本养老保险所包括的三大部分，即城镇居民社会养老保险、新型农村社会养老保险和城镇职工基本养老保险。近年来，覆盖群体和保障水平都得到了很大程度的提高，据统计，截至 2021 年末，全国基本养老保险参保人数 102871 万人，比上年增加 3007 万人。[①] 在医疗保障方面，我国建成了世界上最大规模的医疗保障网，老年人基本上实现了医疗保障的全覆盖，且城乡差距也在显著缩小。同时，还针对我国老年人具体的医疗服务需求，试点并初步建立了长期照护体系，在医疗卫生和养老服务相结合方面开展了非常多的探索和实践，以保障我国每一位老年人都能够切实获得优质且可负担的医疗保障资源。

---

① 《2021 年度国家老龄事业发展公报》，http://www.nhc.gov.cn/lljks/pqt/202210/e09f046ab8 f14967b19c3cb5c1d934b5.shtml，最后访问日期：2023 年 5 月 6 日。

在人口老龄化已经成为中国人口结构新常态且人口老龄化程度不断加剧的背景下，如何满足和适应老年人的居住需求也被高度重视。首先，在《老年人权益保障法》中对我国老年人的住房权益予以了明确，以此对老年人住房的所有权和居住权进行了保护，以确保老年人老有所居。其次，在全国范围内对大量老旧住宅进行了老龄性改造，在很大程度上对于老旧小区当中存在的设计不够合理、设施陈旧、配套不全等问题予以解决，很多地区还对老年人家庭住宅内部进行扶手、防滑等系列适老性提升改造。此外，基于老年人居家养老的普遍性偏好，我国正致力于建成一个"居家养老为基础、社区为依托、机构为补充、医养相结合的养老服务体系"，下沉更多的公共卫生服务资源到社区，以使老年人能够在熟悉的家庭环境中安享晚年生活。

医疗、养老和居住这三大领域的保障在很大程度上决定着我国老年人生活质量的物质基础，对于老年人的社会参与也有着重要的影响。积极老龄化理论当中将健康、保障和参与作为实现积极老龄化的三大决定因素，三者互为条件、互相依存，强调要实现三者的协调发展。自进入人口老龄化社会以来，我国老龄工作的相关实践也都是非常符合积极老龄化战略思路的。通过上述关于医疗、保障等方面具体实践框架和成效的分析，可以明显地看出，我国在应对人口老龄化的物质基础建设方面颇有特色且有成效。这些保障性物质资源为老年人保持更健康的体魄、拥有更好的生活环境和生活质量奠定了坚实基础，也正是在此基础上我国老年人自身才能够为家庭、社区和社会做出更多有益贡献。整体而言，在我国老龄事业的整体目标设计和实践开展过程中是将老年人既作为服务保障对象，又作为一个重要的人力资源，"六个老有"和积极应对老龄化战略均是如此。因此，我国绝大多数老年人通过各种形式的社会参与活动在实现了自身价值的同时，也为社会创造着广泛而深远的价值。

二　精神性资源

与我国社会经济的快速发展和转型相伴随的是我国精神文明建设的日新月异，城镇化、现代化和信息化所带来的影响已经渗透到人们生活的方方面面。与此同时，老龄化也与这些时代发展要素相交汇，老年人便需要不断革新自己的认知和技能以适应这些新发展。围绕老年人的这一需求，我国对老年教育和精神文化服务的相关体制不断进行着丰富和完善。首先，在《老年人权益保障法》中明确了对老年人继续接受教育相关权益的保障，各省市也制定了相应的保障性条例法规以促进老年教育的具体落实。老年教育在我国经过 30 余年的发展，已经形成了以老年大学、电大、远程教育、社区教育等多种构成形式的教育体系，已经普及到超过 5% 的老年人入学率，在国家不断地扶持和推动下，该比例也在不断提高以满足更多老年人的需求。其次，老年人公共文化服务体系建设也已基本完成，全国各地建成了大量老年人活动中心，为老年人活动提供了场地保障，与此同时，绝大多数的旅游场所对老年人免费开放，这些资源都为老年人充分享受公共文化服务提供了极大的便利。虽然在上一节对于老年人社会参与内容选择倾向性方面的分析结果显示，农村地区老年人参与娱乐活动的发生率相对更高，但这并不能说明农村老年人的精神文化生活就更丰富。结合我们的实地调查发现，农村老年人大多选择看电视、听戏、棋牌等娱乐活动，而城市老年人除此之外还有书画、旅游和上网等娱乐内容。针对农村尤其是贫困农村地区老年人文化活动相对匮乏和单调等问题，在均等化指导思想的指导下，我国组织了多种形式的文化下乡活动以丰富农村老年人的文化生活。

2006 年的《中华人民共和国国民经济和社会发展第十一个五年规划纲要》中首次提出"积极应对人口老龄化"，强调要从社会氛围的营造、老年人权益的保障和服务设施的建设这三个方面完善老龄社会建设。后续的相关实践也得到了不断的明确、细化和完善，老年人的生命、生活质量获得了显著提升。党的十八大以来，以习近平同志为核心的党中央高度重视老龄化问题，提出要积极应对人口老龄化，大力发展老龄服务事业和产业，并将"积极应对人口老龄化是国家的一项长期战略任务"写入最新修订的《老年人权益保障法》（2018 年修订）。2016 年 2 月，习近平总书记指出，要加强顶层设计完善重大政策制度，及时、科学、综合应对人口老龄化。2016 年的《中华人民共和国国民经济和社会发展第十三个五年规划纲要》中再次提出"积极应对人口老龄化"，强调要开展应对人口老龄化行动，加强顶层设计。至此，以社会保障、养老服务、健康支持和老年宜居环境为核心，以社会保障、养老服务、健康支持、适老环境、消费市场、精神关爱、社会参与和法律保障为基本内容，我国形成了整体具有

"四梁八柱"性质的应对老龄化的实践策略和政策框架。

党的十九大以来，更是明确地将积极应对人口老龄化上升到前所未有的新高度。2019 年国务院发布的《国家积极应对人口老龄化中长期规划》明确了未来一段时期内积极应对人口老龄化的三个时间节点和目标任务，并从财富储备、劳动力供给、为老服务和产品供给体系、社会环境建设和科技创新能力五个方面提出了具体的要求，战略目标和发展方向均更加清晰明确。与此同时，为积极应对人口老龄化，我国对相关涉老机构及其职能也进行了一系列调整，明确了各部位的职能重点和工作领域，以保障相关政策的实施效能。整体而言，目前，我国已经将积极应对老龄化上升为一项我国的长期战略任务，全社会范围内也已经形成了积极应对老龄化的社会风尚，这既是对于中国传统助老文化的发扬，也是与国家社会积极应对老龄化政策框架的接轨和融合。

整体而言，无论是我国在老年教育和老龄公共文化服务方面的投入，还是在积极应对老龄化社会风尚的形成过程中，都是既尊重老年人的群体性特征，同时也开始去关注老年人内部的个体差异性，并且兼顾到了生存和发展两个方面。人口老龄化结构背景下，更是积极为老年人提供各种支持性资源和便利性条件，以促使老年人能够更好地去适应社会发展，并能够参与各类社会活动。在我国精神文明建设的过程中，也从未将老年人排除在外，而是将其视为重要的参与群体，他们同时扮演着建设者、传承者和享受者的角色。在此过程中，积极应对老龄化的社会风尚也为老年人营造了年龄友好型的社会氛围，这种精神文化条件能够充分激发老年人主体性的发挥，进而能够更充分地实现自身价值，同时也为社会发展做出更大的贡献。

小　结

资源的使用和配置状况在很大程度上影响和决定着老年人的社会参与状况，也在很大程度上表征着一个社会当中的文化和制度对于老年人价值和社会地位的基本态度。倘若一个社会是基于年龄友好的价值取向，对于老年人在过往生命历程中资源创造的价值意义将会予以更充分的肯定和尊重。在当下的资源分配和未来的资源统筹过程中也会相对更加重视代际公平性和对老年人的保护。但倘若一个社会是基于效率优先的价值取向，则将有极大可能牺牲老年群体在资源分配过程中的机会和权益，诸如在公共交通、住房设计、医疗环境、就业支持等各个方面的基本社会保障和福利都可能会受到损害，进而对老年人的生活质量产生一系列的负面影响。而这两种截然不同的价值取向会对人口老龄化社会里老年人的生存和发展际遇产生完全不同的影响效应，与之相伴随的两种老年人资源配置制度也必然会导致形成风格迥异的两种老龄化社会环境。尤其是在人工智能技术快速发展并广泛渗透到生产、生活各个领域的今天，对于老年人既是机遇也是挑战，如果能够基于更适老化的资源开发设计和投放配置理念，构建更有利于老年人社会参与的资源依托机制，则不仅能够在更大程度上挖掘和开发我国的老年人力资源，也能够在更大程度上保障各类资源分配的代际公平性。

第六章

环境之维：老年人社会参与的生态基础

随着人口老龄化程度的不断加深，它对于社会经济发展的影响和挑战是多方面的，因此，我们积极应对老龄化的维度也应不断得以拓展和深入，需要从多方面积极予以相应回应，环境维度正是应对老龄化不同阶段均需关注的重要内容。人与环境的关系是深深渗透于人们的生活内容和生活质量当中的，二者相互影响、相互塑造，对于老年群体而言亦是如此。早在20世纪60年代，考夫曼在报告《规划与老龄化人口》中就曾指出，规划必须要考虑到各个年龄群体的需要，但在实际操作中，却总会不可避免地偏重于某一年龄群体。例如，在第二次世界大战后大建住房的时期，规划总是以儿童或年轻型家庭为中心，因此，就会涌现出大量的学校、娱乐等设施。而随着人口年龄结构的整体性变化，既有的社区环境和服务设施可能就会显得不合时宜，什么样的社区更适合老年人居住？哪些社区服务设施是老年人真正所需要的？城市改造过程中应该在多大程度上考虑老年人的利益？这些问题毫无疑问应该开始得到更多的重视和评估（转引自鲍尔，2016：2～3）。世界卫生组织在对影响健康的四大因素进行界定时指出，遗传占15%、医疗条件占8%、自然及社会环境占17%、生活方式占60%。通过对实践经验的整体性观察我们可以发现，对于大多数老年人来说，他们的活动内容和区域随着年龄的增长会出现显著的减少和缩小。在此背景之下，老年人所处的区域性大环境，以及他们所居住的生活性小环境，对于其生活质量均会产生尤为突出且重要的影响。因此，在本章我们将主要围绕社区环境、城乡和东中西部区域分布三个方面来展开分析，依次检验社区环境对于老年人社会参与度的影响，以及城乡和区域差异对老年人社会参与具体状况的影响。基于研究目标与数据资源最优匹配的原则，两部分对于老年人社会内容参与的变量操作是不同的。其中，在社区环境部分的分析过程中，活动内容选择更贴合于日常性生活内容，而在城乡和区域部分的分析过程中，活动内容的选择涉及面则更为广泛，除了日常性娱乐活动，还包含对政治、经济、宗教活动的检验。

第一节　社区环境对于老年人社会参与度的影响

一　研究缘起

伴随着我国单位制的解体，社区目前已经成为当前我国城乡居民生活的主要载体，也是我国社会治理的最基本单位。因此，如何更好地适应我国人口和社会转型特征，实现老龄化背景下社会治理的有效有序推进，将会在很大程度上依托于社区建设和社区治理过程中对老年人群体的关注和重视程度。2009 年 6 月，在北京召开的"全国老年人宜居社区创建指南座谈会"上指出，老年人宜居社区创建作为一项重要内容将于 2010 年开始在全国启动，倡导对社区环境进行适老化改造和设计，号召社会组织和社区组织给老年人提供更充分的助老为老服务，进一步丰富老年人的生活，全面促进我国老龄事业和社会经济的协调发展。

虽然老年人的社会参与并非全部发生在社区，也有基于外部公共环境的一些活动内容，但社区仍然是绝大多数老年人社会参与的主要平台，老年人对社区环境和社区组织的依赖程度是相对比较高的。与此同时，老龄化背景下社区中的老年群体不仅数量上与日俱增，群体内部的异质性也越来越高，众多有着不同健康状况和不同人口学特征的老年人，对于社区的个体性需求也不同，这也就对社区提出了更高的要求（Hong et al.，2009；Tang，Morrow-Howell，and Hong，2009）。国外有学者从老年人身体活动的环境建设评估视角出发指出，布局更为科学有效的社区环境建设可以显著提升老年人的健康指数，并且能促进老年人参与和进行更有益于身体健康的日常活动。后期又有学者在此基础上加入了对于老年人社会心理的关注视角并指出，设计更为合理的集成化适老社区环境能够给老年人的生活带来极大便利，降低老年人的人身安全事故发生率，降低老年人在日常生活中可能会遇到的认知挑战和心理被侵犯感，而且这种社区环境还可以为老年人的社会活动参与提供更充分的场所及时间，进而使老年人的生活质量获得全方位的提升（Ross et al.，2009；Beard，2010；Burmeister and Oliver，2010）。显然，社区环境对于老年人的重要性已经在多方面被关注和证实，其具体影响机制也被更为全面地探析。

关于社区环境与老年人关系这一议题，近年来，在我国也更加被学界广泛关注，不仅挖掘其正向影响，也对其存在的一些问题进行了审视。在我国，社区也是老年人日常生活最主要的场域，尤其是对于居家老年人而言，家庭和社区共同构成了影响其社会参与的重要中观系统（谢立黎、汪斌，2019）。国内多位学者通过调查均发现，良好的社区环境对于老年人主观幸福感的提升具有显著正向影响，即便是在不同类型的社区当中，只要社区硬件环境和社区活动组织状况较好，老年人便会通过参与各种活动进而获得归属感和幸福感（张聪、慈勤英，2016；张伟、胡仲明、李红娟，2014；邢占军、张泉，2017）。尤其是文化活动组织氛围比较好的社区，能够更好地促进老年人社会参与积极性提升，进而显著促进其身心健康水平的提高（靳永爱、周峰、翟振武，2017）。在社区资本中，社区服务和社区活动参与对老年人的主观幸福感有显著的正向影响，而社区资本的形成则在很大程度上是依托于整体社区环境性因素的（詹婧、赵越，2018）。然而目前我国社区环境的适老化建设还未达到较为完善和成熟的阶段，因此，也不可避免地会有一些对于老年人的限制性因素存在。例如，在社区硬件环境方面，目前存在着一个较为突出的问题是老旧小区缺少电梯装置，而这些社区居民的整体老龄化程度又通常会比较高，较多老年人居民，尤其是活动能力受限的老年人出行就会非常不方便，进而就会显著降低他们社会参与的积极性（陈代云、陈希，2015）。

通过对既有一些代表性研究成果进行梳理我们可以发现，社区环境对于老年人的生活内容确实存在诸多影响，良好的社区环境能够给予老年人更充分的保障性支撑条件，让老年人有更丰富的社会活动参与可能性，进而对老年人的身心健康和生活质量提升均产生积极的促进作用。从社区治理视角出发，营造良好的社区环境，形成人人参与、人人共享的治理共同体是我国实现社区治理现代化的重要战略布局。在此背景之下，我们来讨论社区环境对于老年人社会参与状况的具体影响，探讨两者之间的关系，对于更好地开展社区适老化建设和促进老年人社会参与均具有重要的现实意义。因此，本研究在此章节将以全国性样本数据为分析依据，结合已有研究的分析视角和研究发现，检验社区环境对老年人社会参与的影响效应和作用机制，主要尝试从两个方面进行拓展和创新：一是对社区环境构成因素的进一步解构性分析检验；二是对老年人社会参与状况的整体性分析检验。

二 数据来源与研究设计

（一）数据来源

本研究依然选取北京大学健康与发展研究中心于 2017～2018 年收集的中国老年健康影响因素跟踪调查（CLHLS）数据来检验社区环境对于老年人社会参与状况的影响。之所以选择该项数据库，主要是通过对比发现它所涉及的社区环境相关指标相对最为全面和有代表性，既涵盖了社区硬件环境的相关元素，也包含了相对比较全面的社区服务供给状况测评。与既往研究中对于社区环境构成元素的限定相比，本研究所选取的指标既在其体系之中，又有一定程度的拓展，在变量界定部分将进一步详细介绍。此外，该项数据所包含的老年人社会参与活动内容指标更贴近日常生活，对社区环境的依赖性较高。经过对各类变量的筛选，在剔除关键变量缺失值之后，最终获得能够用于分析的 15874 位 65 岁及以上的老年人作为有效研究样本。

（二）变量界定及描述性统计

1. 因变量

本研究的因变量为老年人社会参与度。具体所选取的变量的操作化问题为"您现在从事/参加以下活动吗？"包括"家务（做饭、带小孩等）"、"串门、与朋友交往"、"阅读书报"和"参加社会活动"四个测量指标。我们可以很明显地看出，上述四种活动类型基本上都是在社区场域内进行的，且比较日常化。我们并未选取经济活动、政治活动等内容，主要是考虑到它们对于社区环境的依赖程度相对较低，虽然诸如选举等政治活动通常也会依托于社区来开展，但它开展周期往往存在较长间隔，并不属于比较典型的日常性活动。因此，对应于针对社区环境影响作用检验的研究目标，此处选取上述四种活动内容构建老年人社会参与程度的测评指标是较为合理的。

其中，四项活动内容变量类型均是五个等级的定序变量，赋值情况分别是"不参加"＝1，"不是每月，但有时"＝2，"不是每周，但每月至少一次"＝3，"不是每天，但每周至少一次"＝2，"几乎每天"＝5。我们将这四个指标的得分相加以构建总和社会参与度变量，分值越高，则表示老年人的社会参与度越高。

2. 自变量

本研究的自变量为社区环境。通过对既有研究的梳理我们可以发现，对于社区环境的限定并不仅仅局限于硬件设施，通常它还包括对社区管理与服务、社区安全、社区公共卫生、社区文化氛围、社区社会组织等多方面元素的涉及（张永理，2019；李芹，2010；孙璐，2007；桂世勋、徐永德、娄玮群、田青，2010；詹婧、赵越，2018）。基于已有研究的分析基础，本研究将社区环境分为硬件环境和服务环境两个方面。其中，社区硬件环境包括房屋类型、房屋是否有霉味以及与主要交通干道的距离这三项指标，社区服务环境则主要通过对社区所提供的服务内容种类来进行测评。各测量指标的具体内容和设置目的如下。

社区硬件环境操作化为三个具体指标，一是对房屋类型的测量，具体测量问题为："您当前的住房属于哪种类型？"测评选项包括"独立独院的房舍"、"多户连在一起的平房"、"1～3层的公寓"、"4层或以上的公寓（无电梯）"、"4层或以上的公寓（有电梯）"和"其他"，房屋类型能够在很大程度上测量出老年人居住环境的硬件设施配置情况；二是对环境卫生状况的测量，具体问题为"房屋是否有霉味"，将"有霉味"编码为1，"无霉味"编码为0，以构建虚拟变量，房屋是否有霉味能够较敏锐和直接地测量出老年人所居住环境的整体卫生管理情况；三是对出行便利性的测量，具体问题为"居住房屋与主要交通干道的距离"，将"大于300米"编码为1，"小于300米"编码为0，以构建另一个虚拟变量，房屋与主干道之间的距离能够在很大程度上反映出老年人出行的便利性。

社区服务环境操作化为一个综合指标，将把社区所开展的社会服务种类汇总到一起，具体问题为："您所在社区有哪些为老年人提供的社会服务？"测评选项具体包括"起居照料"、"上门看病、送药"、"精神慰藉、聊天解闷"、"日常购物"、"组织社会和娱乐活动"、"提供法律援助（维权）"、"提供保健知识"、"处理家庭邻里纠纷"和"其他"，其变量类型均是二分类变量，分别赋值"有"为1，"没有"为0。我们将以上九个指标相加以构建测量社区提供社会服务数量的综合指标，通过对社区所能提供的社会服务数量进行测量能够从整体上对社区服务状况有一个较为直观的了解。

另外，鉴于我们所选取的数据资源中对于住房类型的界定非常细致，兼顾到建筑类型、楼层以及楼梯和电梯装置，所以在基于具体的数据资源进行过分析检验之后，我们又进行了一些实地调查和访谈作为质性资料。通过量化研究与质性研究相结合的分析方式，以期对房屋的适老性问题进行更为深入的探讨。

3. 控制变量

此外，本研究还引入了一些控制变量，结合已有的研究发现，我们将已经被不同程度上检验出对老年人社会参与状况有显著影响的变量选定为控制变量，具体包括性别、年龄、是否居住在城镇、自评健康状况、婚姻状况、家庭收入对数、受教育年限、是否享受离退休制度保障等，在分析过程中将这些控制变量与上述核心自变量一起纳入模型。详细的变量描述说明如表6-1所示。

表6-1 相关变量描述统计表（N=15874）

变量	均值	标准差	最小值	最大值
因变量				
社会参与度	8.471	3.829	4	20
自变量				
住房类型				
独立独院的房舍	0.593	0.491	0	1
多户连在一起的平房	0.094	0.292	0	1
1~3层的公寓	0.060	0.238	0	1
4层或以上的公寓（无电梯）	0.135	0.341	0	1
4层或以上的公寓（有电梯）	0.056	0.229	0	1
其他	0.062	0.241	0	1
房屋是否有霉味（是）	0.133	0.34	0	1

续表

变量	均值	标准差	最小值	最大值
与主要交通干道是否大于 300 米（是）	0.422	0.494	0	1
社区提供的社会服务种类	1.862	2.274	0	9
控制变量				
性别	0.436	0.496	0	1
年龄分层				
65 ~ 74 岁	0.213	0.409	0	1
75 ~ 84 岁	0.269	0.444	0	1
85 ~ 94 岁	0.250	0.433	0	1
95 岁及以上	0.268	0.443	0	1
是否居住在城镇（是 = 1）	0.553	0.497	0	1
自评健康状况				
很不健康	0.129	0.335	0	1
一般	0.444	0.497	0	1
健康	0.427	0.495	0	1
有无配偶（有 = 1）	0.386	0.487	0	1
家庭收入对数	9.872	2.110	- 4.605	11.513
受教育年限	3.227	3.905	0	22
是否享受离退休制度保障（是）	0.256	0.437	0	1

资料来源：CLHLS（2017 ~ 2018）。

（三）模型介绍

本研究所要探讨的问题是社区环境对老年人社会参与度的影响。考虑到同一省份基于共同的地域文化特色和接近的社会经济发展水平，在社区环境建设和社区治理工作开展方面也可能会有趋同性。为减少和排除这些省域趋同性整体特征对本研究所要检验的社区环境产生影响，我们使用省域随机效应模型（Province Random-Effects Model）进行估计，具体的公式为：

层 1：

$$Y_{ij} = \beta_{0j} + \sum_{k=1}^{p} \beta_{kj} X_{kij} + \sum \gamma_i Z + r_{ij}$$

层 2：

$$\beta_{0j} = \gamma_{00} + u_{0j}, u_{0j} \sim N(0, \delta_{u0}^2)$$

层级混合效应：

$$Y_{ij} = \gamma_{00} + \sum_{k=1}^{p} \beta_{kj} X_{kij} + \sum \gamma_i Z + u_{0j} + r_{ij}$$

基于该公式，本研究检验了社区环境所包含的相关因素对老年人社会参与度的影响作用。其中，Y_{ij} 为第 j 个省域第 i 个老年人的社会参与度得分；X_{kij} 为模型中关于社区环境的相关解释变量，包括社区硬件环境（房屋类型、房屋卫生状况以及出行便利性）和社区服务环境（社区所提供的社会服务种类）；Z 为模型中的其他变量；γ_{00} 为截距项；u_{0j} 表示省域间的随机效应；r_{ij} 为个体层次的随机误差项。

三 数据分析结果

表 6-2 中的模型 1 仅纳入了控制变量，为基准模型。模型 2 和模型 3 中依次分别纳入了社区硬件环境相关变量和社区服务环境变量，模型 4 为总模型，纳入了所有变量。研究将围绕研究目标的核心假设，通过逐步依次纳入各类社区环境的相关测量变量以考察它们各自的影响效应和整体作用机制。通过对分析结果进行整体分析后，我们有以下发现。

在社区硬件环境方面，在将其他变量控制在相同影响水平的情况下，房屋类型和出行便利性在不同程度上通过了显著性检验，而对环境卫生状况的检测指标在此未通过显著性检验。与居住在独立独院的房舍中的老年人相比，居住在多户连在一起的平房里的老年人社会参与度平均要高 0.269 个单位，居住在其他地方的老年人社会参与度平均要低 1.570 个单位。分析结论中有一个应该注意的现象是，虽然 4 层或以上公寓未通过显著性检验，但我们可以发现，无论是有电梯还是无电梯，与独立独院的房舍相比，其效应系数均为负值。也就是说，居住在 4 层或以上公寓的老年人社会参与度均低于居住在独立独院的房舍中的老年人。另外，我们所选取的用于测评老年人居住社区卫生环境的指标"房屋是否有霉味"变量没有通过显著性检验，表明房子有无霉味对老年人社会参与程度没有显著的影响，在一定程度上说明社区卫生状况对老年人社会参与度的影响不大。此外，数据分析结果还表明，与居住的社区与主要交通干道相距小于 300

米的老年人相比，那些居住的社区与主要交通干道相距大于 300 米的老年人社会参与度要平均低 0.140 个单位，也就是说，老年人所居住的社区离主干道越远，则其社会参与度就会越低。

在社区服务环境方面，在将其他变量控制在相同影响水平的情况下，我们所选取的社区服务环境综合性指标通过了显著性检验，表明社区所提供的社会服务种类越多，老年人的社会参与程度便会越高。具体而言，社区所提供的社会服务种类每增加 1 个，老年人的社会参与度就能显著提高0.097 个单位。这意味着社区提供的社会服务种类数是促进老年人社会参与度提升的显著影响因素，通常情况下社区所提供的服务活动越丰富，老年人的社会参与度也就相应越高。

此外，依次对照四个模型分析结果，我们可以发现，本研究所选取的控制变量除了"老年人是否居住在城镇"这一指标未达到显著水平之外，其余控制变量均达到了显著水平，且较为稳定，这说明整体上我们所选取的控制变量是非常合理的。研究使用省域随机效应模型减少和排除了省域环境的趋同性影响，这在很大程度上对于我们检验城乡和社区环境的有效性是有很大促进作用的。而本研究却发现居住在城市或者村镇对于老年人的社会参与度并没有显著影响，这并不符合既往研究的结论，也不非常符合我们的日常生活经验认识。对此现象，我们在下一节将进一步展开具体讨论。

表 6 - 2　老年人居住环境对其社会参与度影响的省域随机效应模型 $(N=15874)$

变量	模型 1	模型 2	模型 3	模型 4
自变量				
住房类型（以独立独院的房舍为参照）				
多户连在一起的平房		0.301 ***		0.269 **
		(0.089)		(0.089)
1~3 层的公寓		0.138		0.134
		(0.108)		(0.108)
4 层或以上的公寓（无电梯）		0.015		-0.018
		(0.088)		(0.088)
4 层或以上的公寓（有电梯）		-0.002		-0.030
		(0.121)		(0.120)
其他		-1.542 ***		-1.570 ***
		(0.114)		(0.114)

续表

变量	模型1	模型2	模型3	模型4
房子是否有霉味（是＝1）		0.084 (0.074)		0.086 (0.074)
与主要交通干道是否大于300米（是＝1）		-0.138** (0.051)		-0.140** (0.051)
社区提供的社会服务种类（个）			0.095*** (0.011)	0.097*** (0.011)
控制变量				
性别	-0.296*** (0.054)	-0.295*** (0.054)	-0.294*** (0.054)	-0.295*** (0.054)
年龄（以65~74岁为参照）				
75~84岁	-0.773*** (0.073)	-0.767*** (0.073)	-0.759*** (0.073)	-0.752*** (0.073)
85~94岁	-2.527*** (0.080)	-2.525*** (0.080)	-2.521*** (0.080)	-2.519*** (0.080)
95岁及以上	-4.477*** (0.085)	-4.510*** (0.085)	-4.472*** (0.085)	-4.503*** (0.084)
是否居住在城镇（是＝1）	-0.017 (0.055)	0.039 (0.056)	0.040 (0.056)	-0.017 (0.055)
自评健康状况（以"很不健康"为参照）				
一般	0.508*** (0.078)	0.541*** (0.078)	0.496*** (0.078)	0.529*** (0.078)
很健康	1.391*** (0.080)	1.407*** (0.079)	1.376*** (0.079)	1.392*** (0.079)
有无配偶（有＝1）	0.274*** (0.062)	0.174** (0.062)	0.270*** (0.062)	0.169** (0.062)
家庭收入对数	-0.023+ (0.012)	-0.032* (0.012)	-0.029* (0.012)	-0.037** (0.012)
受教育年限	0.169*** (0.008)	0.168*** (0.008)	0.168*** (0.008)	0.167*** (0.008)
是否享受离退休制度保障（否＝1）	0.651*** (0.072)	0.703*** (0.075)	0.614*** (0.072)	0.674*** (0.075)
常数项	9.050*** (0.215)	9.116*** (0.214)	8.967*** (0.215)	9.032*** (0.214)
Log-Likelihood	-40451	-40328	-40415	-40290

注：$^+ p < 0.1$，$^* p < 0.05$，$^{**} p < 0.01$，$^{***} p < 0.001$。①行为自变量，列为因变量；②括号内为标准误；③双尾检验显著度。

资料来源：CLHLS（2017~2018）。

四　实地调研发现

从表 6-1 对于老年人住房类型的统计描述中我们可以发现，所调查的样本中有近六成老年人居住在独立独院的房舍中，与其他几种类型的房屋相比占比最大，因此，选取它为参照组是非常合适的。结合数据分析结果我们可以发现，与居住在独立独院房舍中的老年人相比，居住在多户连在一起的平房中的老年人社会参与度会显著更高，而居住在 4 层及以上房屋的老年人社会参与度在一定程度上则会降低。此外，分析结果中住宅类型选择"其他"的老年人（6.2%）社会参与度也显著较低。围绕这部分基于数据分析所获得研究发现，我们进一步在中部地区河南省和西部地区的陕西省进行了实地调研，在城乡均选取了调研地点（3 个地市、4 个乡村）和访谈对象（27 人），以实地观察和访谈的方式对老年人所居住房屋的类型对他们社会参与度的影响作用进行了进一步的调查分析。研究发现，房屋的类型对于老年人的日常生活确实存在着很大影响作用，其作用机制既有来自客观空间物理结构相关因素的影响，也有来自老年人主观心理感受相关影响因素。

一方面，城市目前较为普遍的高层住宅和部分农村地区的"村民上楼"给老年人带来了诸多不便。调研过程中发现，随着社会经济的快速发展，老年人虽然感觉在衣食健康保障等方面的支持水平越来越高，但在"住和行"两方面却不同程度地遇到了一些新的挑战。HL2 是一位 85 岁的国营机械厂退休工人，该老年人说道：

> 我在 Z 机械厂干了半辈子也住了半辈子。我退休前厂子效益就不好，退休没几年就转产、停产，不断走下坡路，后来受大环境的影响，厂子倒闭了。厂子将很多车间都租出去了，干什么的都有，有时候车间里还开一些展销会，原来下沉式的篮球场还被他们改造成了游泳池，都是对外营业的，特别热闹。早些年我们还是可以住在单位生活区的集资房里，邻居都是厂子里熟悉的工友们，虽然后来也有人陆陆续续搬走了，但是我们在那里的生活还是很舒心的，平时结伴儿锻炼身体和下棋打牌都很惬意。但前些年厂区被全部卖掉了，我们的房子也被拆掉了，所以就搬到了现在这个安置小区。虽说现在这个房子

高高大大也有电梯，按市场价也得上百万，但是我和老伴儿都觉得不如之前那个几十平方米的老房子住得好，坐在家里心慌，出门也还是心慌，总觉得哪里不对劲，要是房子没拆多好啊！

通过观察我们可以明显地发现，目前城市高楼林立是常态，即便是在地市和县市，建筑也普遍以高于 20 层的高层住宅楼群为主。调查发现，农村的住宅状况与之前相比，整体上有很大改观，如燃气入户、旱厕改造等，都能在很大程度上提升村民的生活便利性。但同时也存在着一些问题，调研发现，在异地扶贫搬迁过程中，有不少迁移老人出现了比较强烈的不适应感。据村干部反映：

> HS5 老人（73 岁）刚搬过来的时候很不习惯，曾经好几次带着锅灶又跑到山里老宅子去住，但房屋破损已经非常严重，目前已经断水断电，周边也没什么村民了，后来，他就只能接受现在这个居住环境了。

我们在对 HS5 老人进行访谈时进一步了解到：

> 之前的家没了，现在住在这楼上，还是很不适应，但也没办法，邻居虽然还是以前的邻居，但是日子不是以前的日子了。以前在山上住的时候，大家都不关院门，路过打个招呼，抽支烟，家里有席了就招呼着大家一起吃，现在搬到楼上大家都关着屋门，来往越来越少了。

另一方面，大多数老年人非常怀念曾经的居住环境和居住体验，对于当下的居住环境感到不适应。我国的城镇化率从改革开放初期的不足 20% 到现在为止已经超过 60%，整体而言是一个相对比较快的进程速度。也就是说，在 20 世纪七八十年代我国是有超过八成的人口居住在农村地区的，因此，我们可以认为目前的多数老年人是有农村生活体验的。在对居住环境个人感受的调研过程中，我们也发现了对该社会变迁结构的个体性现实反应状况。即便是从来都没有过农村生活体验的城市老年人，也普遍比较向往和怀念平房居住体验。HL3 是一位 69 岁的女性老年人，退休前是银行系统管理层，她说道：

> 特别羡慕农村的老人，他们不仅能有一个院子养花种菜，周围也是乡里乡亲，串门也方便。我现在住的房子不能算不好，这是退休前我跟老伴儿专门挑选置换的洋房，容积率已经算是很低了，绿化也不错，我们买的 3 楼，也算中医养生强调的接地气儿吧，是比之前住的高层好一些，但我们小区是以别墅和洋房为主，所以整体上住的户数就特别少，大人小孩儿都不多，偶尔也就是我们这几个老年人在院子里散散步，小区门禁很严，外人也进不来，整体上说就是没什么人气儿，不热闹。以前总是想清静，现在又觉得还是人多热闹一点更好。

为了更好地了解老年人对社区环境的态度，我们还选择了老年人口居住较为集中的单位型老旧小区进行了调研，这里的房屋大多是建于 20 世纪 90 年代以砖混结构为主的 6 层建筑。HS1 老人是一位 76 岁的政府机关退休干部，他说道：

> 我在这里住了 20 多年了，现在仍然感觉我们的房子很好住，小区里都是老朋友，也不孤单。孩子们早就搬出去了，就我和老伴儿住，这个三室一厅非常宽敞。唯一的问题就是我家住在 4 楼，拎比较重的东西上楼会比较吃力，但是，我们 4 楼的采光又特别棒，所以也不想置换。不过这两年我们这边老旧小区改造工作已经启动了，你看现在的外墙，又都加了保温层，内部水管道也都已经进行了改造。电梯加装意见我们这个楼已经征集完毕，也通过了，现在好像正处于评估设计阶段。我们都很认同政府对于老旧小区改造的工作思路，拆迁建设成本大，很浪费，而且对于我们老年人来说还是更喜欢住现在的老房子。

在调研过程中，我们确实发现多位老年人都对老旧小区改造工作持有高度认可和评价，认为这是政府对于改善他们生活环境的务实之举，而且老年人普遍希望能够继续居住在被改造得更加舒适宜居的老房子里。

五　研究结论与讨论

社区作为大多数老年人实现个人生活和开展社会交往等活动的主要公共空间，势必会对老年人的社会参与活动产生影响。而这些影响的产生，一方面，是社区环境在客观物理空间性和服务内容设计和提供上本身所存在的差异所致；另一方面，是老年人自身在资质禀赋和心理习性上的差异所致。社会空间对个人的影响，必然会通过个人的活动来实现和体现，所以通过探究外部环境对于个人活动的影响是探究人与环境关系的一个有效分析维度。因此，本研究对社区环境中硬件环境和服务环境对于老年人社会参与度的影响效应和作用机制进行了检验。基于 CLHLS 2017～2018 年的调查数据，利用省域随机效应模型考察了社区环境的多项构成要素对老年人社会参与程度的影响，主要研究结论有以下几点。

第一，房屋类型和出行便利性等社区硬件环境对于老年人社会参与度均具有显著的影响。研究发现，房屋类型对于老年人的社会参与度具有显著影响，老年人所居住的房屋结构不同，他们的社会参与度也存在显著差异。具体来说，居住在连排平房中的老年人社会参与度相对更高，结合我们的实地调研，该分析结论也得到了很大程度的验证。连排平房从物理空间布局的视角来看，它是最便于老年人实现与邻里之间互动的，进而这种人际的互动也非常有利于提升老年人的整体社会参与水平。如果老年人是居住在一个独立独院的房屋，或者是存在明确楼层划分的高层住宅，无形中便会加剧他们之间在物理空间的隔离，进而使老年人之间以及他们与外部的互动明显减少。不容否认的是，现在最为普遍的独门独户房屋结构，对于个人及家庭空间安全和隐私保护等方面的确有很大程度的保障和提升，但它也确实造成了人与人之间互动的阻隔。居住多年却不认识自己邻居的现象也比较普遍，对于各个年龄阶段的群体来说大多如此，因而对于原本就非常容易形成自我封闭和担心自己麻烦打扰别人的老年人来说更是非常不利的。此外，出行条件也对老年人的社会参与度具有显著影响，出行便利则参与度相对更高，反之，则更低。这一研究结论也是非常符合我们的生活经验事实的，尤其是对于肢体活动能力受到一定程度限制的老年人而言更是如此。"合理步行范围"一直是国际社会所普遍关注的重要议题，致力于实现社区在物理结构和社会结构的协调性，以更好地满足居民的日常生活需求，并指出，理想的交通站点应该设立在社区的中心位置（鲍尔，2016）。近年来，我国各地区也在因地制宜地进行"五分钟生活圈""十分钟生活圈"的打造，该项举措对于老年人而言是非常必要的。

第二，老年人对社区环境的情感归属性需求较高，而且这一需求的满足情况对他们的社会参与状况具有明显影响。调查发现，对于大多数老年人而言，社区和房屋对于他们作为"家"的情感性意义远大于"资产"的物质性意义。对于当前很多年轻人而言，在选择居住环境时考虑更多的是当下的环境配套情况和未来房屋的保值升值能力，而我们所调查的绝大多数老年人都更看重社区氛围和房屋的舒适性，而且普遍都没有想要置换和搬离目前所居住社区的动机。通过更进一步的调研访谈，我们发现，老年人对于目前社区环境的主观满意度普遍比较高，即便是居住在仍然以步梯为主的老旧小区，老年人的心态仍然是比较积极和乐观的。以对于老旧小区改造的态度为例，多数老年人对改造非常期盼和支持，老年人非常希望房屋和社区公共设施进一步得到修葺和完善，而不少年轻人对此的认可度却很低，这些年轻人认为改造意义不大，他们更希望通过拆迁实现对目前房屋的彻底置换。对于这个现象的产生，一方面，我们可以理解为是老年人和年轻人在物质观念上的差异性所致，老年人似乎确实更安土重迁和珍惜旧物，而年轻人却更倾向于流动和更新；另一方面，反映了老年人更念旧的情感特征，对于所居住的社区环境所具有的家园感也更强。目前，在一些城市已经有了专门的养老社区项目，是专门为老年人设计和建造的新型社区，但更为普遍的仍是一些随着老年人数量不断增长而自然形成的老龄化社区（侯立平，2011）。因此，基于不同的社区环境状况，对于居住在其中的老年人我们应当予以更有温度的理解和关怀，对他们关于社区环境的需求有更加深入的了解。只有以这样更具人文关怀的社区环境保障策略，才能更好、更有效地确保老年人对于环境的情感归属性维持在合理水平，进而也才能更安心和舒心地参与到各种活动当中。

第三，社区服务活动的丰富性对老年人社会参与程度有显著而稳定的促进作用。研究发现，社区所提供的服务活动内容越多，老年人的社会参与度也就越高，这非常符合我们的研究假设。从另一个角度来看，证明社区所提供的服务活动对于老年人社会参与的促进效应也是非常突出和具有成效的。对于性格原本就比较外向和擅长主动去寻找和参与各类社会活动的老年人而言，社区的服务活动对他们来说是一种锦上添花的补充性资源，但对于性格比较内向和不擅于主动去参与社会活动的老年人而言，社区所开展的服务活动则更是一种雪中送炭的支持性资源。如社区所提供的"组织社会和娱乐活动"和"精神慰藉、聊天解闷"等服务内容，它们能够很好地吸纳和动员很多老年人参与其中。社区只要基于自身的组织优势，选取一些适合老年人的活动主题，为老年人提供和搭建一个活动的平台，就能够在很大程度上提升老年人的社会参与度。近年来，全国各地社区纷纷按照国家的要求设置了老年人服务中心，在实地调研中，我们有一个深切的感受就是，老年人对于活动中心的硬件要求并不高，甚至有一些老年服务中心的图书角、手工模具等都长期处于闲置状态，老年人确实更需要的是社区能够多举办促进他们实现与他人形成互动交流的具体活动。因此，社区根据老年人的个体情况，充分整合社区资源，发挥更有效的活动组织优势，不仅能够提升老年人的社会参与度，而且能够为老年人参与社区治理提供相应的机会，例如，低龄健康老年人为高龄老年人提供"起居照料"、协助社区工作人员"处理家庭邻里纠纷"等活动内容。

总体而言，本研究结果表明社区硬件环境和社区服务环境均对老年人社会参与度存在着显著影响，更便于老年人实现人际互动和出行的社区硬件环境、更丰富的社区服务支持都对老年人的社会参与度具有正向促进作用。随着我国当前社会治理现代化的实践路径重心下移，社区治理的完善性和创新性都得到了极大程度的提升。在我国人口老龄化程度不断提升和社会经济发展加速转型的双重背景下，加强对社区的整体适老环境建设，并促进老年人参与社区治理，不仅是对社会治理现代化所倡导的共享共建理念的践行，同时对丰富老年人生活也极具现实意义。因此，本研究针对社区环境对老年人社会参与度的影响效应和作用机制进行研究也是十分必要的，能够进一步为适老化社区建设提供实证经验依据。社区治理和建设工作是需要持续推进和优化的，这对不断满足和提升居民的福祉水平至关重要。

在后续的研究过程中，对测评社区环境更为细致的指标，如社区所配备的老年活动中心面积和设施、室外公共建设器材配备和利用率、适老性智慧化技术的社区嵌入等内容。在对社区服务环境的影响效应进行检验时，可进一步从服务内容方面进行区分性检验和对比。此外，区分社区服务提供主体的分析也很有必要，例如，社区工作人员、社区社会组织、社区外（内）部志愿者等服务主体所提供的不同服务活动的影响效应。致力于实现人与环境的和谐，以及需求与资源的充分匹配，才能更好地满足老年人不同层次的现实需求，实现社区适老环境在软件与硬件、质量与数量上的全面提升（江立华、黄加成，2011；王德文、任洁，2015）。

第二节　老年人社会参与状况的城乡及区域性差异分析

一　研究缘起

个人－环境匹配理论指出，个人因素和环境因素均会对人们的行为产生直接影响，而且这两方面因素之间的交互作用也会对个体行为产生影响，这些因素的配置状况，以及个体与这些因素之间的匹配状态，均能够对个体行为选择和模式产生显著的影响（Kreiner，2006）。中国幅员辽阔，各个地区之间在自然风貌、地域文化特色和社会经济发展水平等各个方面均会存在一定程度的差异，此外，中国长时期以来的城乡二元发展格局也造就了城市和农村之间的诸多差异，而这些源自地域和城乡的差异性背后更深层次所蕴含的是环境资源的差异性。这些环境资源的差异包括多方面内容，涉及空间物理性环境、地域人文性环境、经济模式特色、社会公共服务状况等多个领域，而这些因素又会直接渗透和影响到人们生活的方方面面。老年群体对于环境的依赖性在一定程度上相对较高，当我们对老年人的社会参与进行分析时，绝不能忽略地域环境因素影响效应。因此，在前文各章节大多选用了省域随机效应模型进行分析，以控制和降低省域之间的趋同性影响。

此外，我国人口老龄化也具有非常突出的区域差异性特征，主要是受本地人口转变和人口迁移流动这两个因素的影响，具体表现为农村人口老龄化程度更高、人口老龄化速度更快的"城乡倒置"特征，以及东部地区、中部地区和西部地区的人口老龄化程度表现出由高到低的梯次特征（胡湛、彭希哲，2018）。该现象特征的出现与地区之间经济发展水平的差异和城镇化进程的差异存在极大关联性，尤其是我国农村地区人口老龄化受人口向往流动影响而被加剧的趋势日渐明显（朱勤，2014）。不同的人口老龄化程度和速度对于环境和个体产生的影响也会有差异，尤其是劳动力人口大量外流的中西部农村地区，人口迁移导致的老龄化急速加剧，这些都使农村面临着巨大的养老公共服务压力，老年人则可能会面临家庭养老资源不足等困境。而东部和中部的部分城市短时期内的人口红利期有可能会被延长，但后续则也可能会面临该部分劳动年龄人口群体性步入老年的风险，后期会需要承担相应更多的养老服务责任。在此背景之下，当前我国各地基于不同的老龄化程度和成因，从大环境上能为老年人所提供的相应支持和服务也存在着较大差异。因此，不同地区老年人的生活内容和状况也必然会存在着一些因环境性因素带来的差异性特征。

既有关于区域和城乡对于老年人社会参与影响的研究往往是针对某一项活动内容而展开，或者是对某一地区老年人在各项活动内容参与状况进行整体性对比分析。例如，城乡老年人在经济活动、志愿服务活动等方面的差异性研究这种类型的研究范式，或者是对城市或者农村老年人分别在经济活动、政治活动等方面的参与情况进行分析。这些研究能够为我们获得某一项老年人社会参与内容的地区性差异状况，或者某一区域老年人社会参与状况的差异性表现提供较为直观和深入的判别性认识，但却难以形成一个整体性观照结论，我们仍然无法获得对不同地区老年人在各类活动中参与状况的整体性了解以及进一步对比分析。因此，本研究将检验包括城乡分布、省域分布（操作为东、中、西部）在内的地区环境性因素对老年人社会参与的影响效应，我们所要获取的是环境性因素对于各项活动内容的具体影响作用检验，包括政治参与、经济活动参与、宗教参与和文化娱乐参与四个方面。

二 数据来源与研究设计

（一）数据来源

本研究所使用的数据来源于 2017 年的 CGSS，该调查采用多阶分层概率抽样的方法，在中国大陆的 28 个省级行政区共抽取了 100 个县、480 个村/居委会，其中每个村/居委会抽取 25 户家庭，最终获得的有效样本为12582 个。该项调查是我国第一个全国性、连续性地对社会、社区、家庭和个人多个层次所进行的大型综合社会调查项目，为总结我国社会变迁的长期趋势提供了非常全面的数据资源。本节主要对城乡和区域性因素的影响效应进行检验，通过对多项数据库的对比发现，CGSS 2017 年的地区抽样分布相对较为全面和均衡，同时对于我们所要关注的活动类型测量也比较具体。因此，选取该项数据资源是相对最为合理和科学的，它能够很好地支撑本研究的核心命题分析。经过对各类变量的筛选，在剔除关键变量缺失值之后，最终获得能够用于分析的 2986 位 65 岁及以上的老年人作为有效研究样本。

（二）变量界定及描述性统计

1. 因变量

本节所要检验的是城乡和区域性环境因素对老年人社会参与的影响，不同于上一节所选取的辐射半径相对较小的社区环境，此处所要检验的地域性因素覆盖面相对更广，因此我们在对老年人社会参与活动的内容选择上也不再仅倾向于日常性活动，而是选择了更具异质性和代表性的活动类型。根据研究目标和数据可及性，本研究的因变量最终选定了政治活动参与、经济活动参与、宗教活动参与和文化娱乐活动参与这四种类型的社会活动内容。

通过对 CGSS 数据的相关题项进行筛选，政治活动参与具体选取的测量问题为："上次居委会选举/村委会选举，您是否参加了投票？"经济活动参与的测量问题为："您上周是否为了取得收入而从事了一小时以上的劳动（包括参军）？"宗教活动参与的测量问题为："您参加宗教活动的频繁程度？"这三项活动内容的具体相关题项我们均处理为二分类变量，分别赋值为"是"＝1 和"否"＝0。虽然宗教活动的原始数据已经涉及对于老年人具体参与频次的测定，但结合既往研究结论和通过对本项数据的基本分析，我们发现，有宗教活动参与行为的老年人是四类活动中所占比例相对最低的，因此将其操作化为二分类变量是更为合适的。

对于文化娱乐活动参与具体所选取的测量问题为"过去一年，您是否经常在空闲时间从事以下活动？"相关题项包括"看电视或看碟"、"出去看电影"、"逛街购物"、"读书/报纸/杂志"、"参加文化活动（比如观看音乐会、演出和展览）"、"与不住在一起的亲戚聚会"、"与朋友聚会"、"在家听音乐"、"参加体育锻炼"、"现场观看体育比赛"、"做手工（比如刺绣、木工）"及"上网"这十二个具体指标，其变量测定形式都是五个等级的定序变量，分别赋值为"从不"=1，"一年数次或更少"=2，"一月数次"=3，"一周数次"=4，"每天"=5。在此，我们将上述十二个指标的具体赋值得分进行加总，以构建文化娱乐活动参与的综合得分，整体分值越高则表示文化娱乐活动的参与度越高。

2. 自变量

本研究的核心自变量为城乡和区域变量。其中对于城乡因素我们具体所选取的测量变量为："您目前的户口登记状况是？"分别赋值"农村户口/居民户口（以前是农业户口）"=0，"非农业户口/居民户口（以前是非农业户口）/军籍"=1。区域变量我们根据老年人所处的具体省级行政区划将他们分别归属到"东部地位"、"中部地区"以及"西部地区"这三大区域当中，在此对于各省份的归类保持与既往研究相统一的模式。

中国幅员辽阔，各地区的自然环境和资源条件均存在着一定差异，按照各地区地理空间位置和经济发展水平等综合考量，整体上可以划分为东、中、西三个地区。选择此项三大区域划分而未选取七大地理区域划分，一方面，因为三大区域划分法对社会经济的涵盖和区分性较好，而社会经济因素对于老年人的社会参与状况又是不容忽视和较为敏锐的指标要素；另一方面，因为从统计学意义上来讲划分类别越少，进行统计检验的区分度也就越大。因此，本研究选择这一区域划分模式是相对非常合理的。

3. 控制变量

此外，为了确保研究结果更加准确和可信，本研究还设置了一些控制变量，结合既往研究的相关发现，我们选择的变量具体包括性别、年龄、婚姻状况、宗教信仰、民族、子女数量、自评健康状况、社会经济地位，在分析过程中会将这些控制变量与上述核心自变量一起纳入分析模型。详细的变量描述分析如表6-3所示。

表6-3　相关变量描述统计表（N = 2986）

变量	均值	标准差	最小值	最大值
因变量				
政治参与	0.562	0.496	0	1
经济参与	0.169	0.375	0	1

续表

变量	均值	标准差	最小值	最大值
宗教参与	0.144	0.351	0	1
文化娱乐参与	23.846	6.774	12	59
自变量				
城乡（"城市"=1）	0.396	0.489	0	1
地区				
东部地区	0.454	0.498	0	1
中部地区	0.327	0.469	0	1
西部地区	0.219	0.413	0	1
控制变量				
性别（"男"=1）	0.487	0.5	0	1
年龄（年）	72.818	6.468	65	103
婚姻状况（"已婚"=1）	0.64	0.48	0	1
宗教信仰（"信仰"=1）	0.129	0.336	0	1
民族（"汉族"=1）	0.938	0.241	0	1
子女数量（个）	2.697	1.492	0	11
自评健康状况（"健康"=1）	0.634	0.482	0	1
社会经济地位	37.684	22.932	0	100

资料来源：CGSS（2017）。

（三）模型介绍

本研究的因变量包含两种类型：二分类变量（政治活动参与、经济活动参与和宗教活动参与）和定距变量（休闲娱乐活动参与）。对于二分类变量，我们使用 Logit 模型来估计回归系数。具体的公式为：

$$logit(p_{ij}) = \ln\left(\frac{p_i}{1-p_i}\right) = \beta_0 + \sum_{k=1}^{K} \beta_k x_{ik}$$

该公式分别预测了有经济活动参与的老年人相对于没有经济活动参与的老年人、有政治活动参与的老年人相对于没有政治活动参与的老年人、有宗教活动参与的老年人相对于没有宗教活动参与的老年人的对数比例。其中，p_i为第 i 个老年人经济活动参与、政治活动参与和宗教活动参与的概率，x_{ik}为模型中加入的各变量，β_0为常数项，β_k为各个变量的回归系数。

对于因变量休闲娱乐活动参与，我们使用多元回归模型来进行估计，具体的模型表达式如下：

$$Y_i = \beta_0 + \beta_1 x_{i1} + \beta_2 x_{i2} + \sum_{k=3}^{K} \beta_k x_{ik} + \varepsilon_i$$

该公式预测了城乡和地域变量对老年人参加休闲娱乐活动的影响。x_{i1} 和 x_{i2} 为模型中的城乡变量和地域变量，β_1 和 β_2 为系数估计值，β_0 为截距。为了避免其他变量对估计结果的干扰，我们在模型中还加入了一组控制变量 x_{ik}，β_k 是其回归系数。最后，ε_i 代表未包含在模型中的随机误差项。

三　数据分析结果

表 6-4 中的模型 1 至模型 4 的因变量分别为政治活动参与、经济活动参与、宗教活动参与以及文化娱乐活动参与，各模型中我们均纳入所有自变量和控制变量。研究将依据研究假设检验的需要，分别检验城乡和区域性因素对各项活动内容的具体影响效应和整体作用机制。通过对分析结果进行整体分析后我们有如下发现。

（1）从对城乡因素的检验分析结果我们可以发现，在将其他变量控制在相同影响水平的情况下，城乡变量在政治、经济和文化娱乐活动参与这三个方面均通过了显著性检验，这表明老年人的政治、经济和文化娱乐这三项活动参与情况具有显著的城乡差异，而城乡变量在老年人宗教活动参与方面并未通过显著性检验。具体而言，在控制其他变量的情况下，与农村老年人相比，城市老年人在政治活动参与方面平均低 0.773 个单位，经济活动参与方面平均低 2.192 个单位，但在文化娱乐活动方面却平均高出 2.228 个单位。也就是说，农村老年人参与政治活动和经济活动的发生率均显著高于城市老年人，而参与文化娱乐活动的发生率显著低于城市老年人。这一结果表明，农村老年人的社会参与活动内容仍然有更偏向于满足物质生存性需求的倾向，而城市老年人则显著更偏向于丰富精神性需求。

（2）从对区域因素的检验分析结果我们可以发现，在将其他变量控制在相同影响水平的情况下，以东部地区为参照项，中部和西部地区在经济和文化娱乐活动参与这两个方面均通过了显著性检验。此外，中部地区老年人在政治活动参与方面与东部地区老年人有显著差异，而城乡变量在老年人宗教活动参与方面并未通过显著性检验。具体而言，在控制其他变量的情况下，与东部地区的老年人相比，中部地区老年人参与经济活动的发生率要显著平均高 0.769 个单位，而参与政治活动和文化娱乐活动的发生率则分别显著平均低 0.621 个和 2.011 个单位；西部地区老年人参与经济活动的发生率要显著平均高 0.775 个单位，而参与文化娱乐活动的发生率则要显著平均低 1.632 个单位。通过数据分析结果我们可以发现，东部地区老年人的经济活动参与率相对最低，而他们的文化娱乐活动参与率却最高。进一步对各变量的效应系数进行检验发现，西部地区老年人的经济活动参与率相对最高，中部地区老年人的文化娱乐活动参与率最低。这一结果表明，东部地区的整体社会经济发展优势已经在很大程度上对老年人的生活产生了影响，目前多数老年人已经摆脱了因物质生存性需求而要继续参与的经济活动，普遍拥有了更多参与文化娱乐型活动的支撑条件和机会，这也在一定程度上反映出东部地区老年人的生活质量确实相对整体更高。还有一个值得注意的现象是，在政治活动参与方面，虽然西部地区老年人的参与状况未通过显著性检验，但我们可以明显看出，与东部地区相比，中西部地区老年人政治活动参与发生率的效应系数均为负值，且中部地区变量通过了显著性检验，因此，我们基本可以得出结论，东部地区老年人的政治活动参与率相对而言也是最高的。

此外，参照模型 1 至模型 4，我们通过对模型中的控制变量进行分析可以发现，男性老年人参与经济活动的发生率显著高于女性老年人，而参与文化娱乐活动的发生率则显著低于女性老年人；有宗教信仰的老年人参与政治活动的发生率显著低于无宗教信仰的老年人，而参与宗教活动的发生率却显著高于无宗教信仰的老年人；社会经济地位综合指数越高的老年人参与政治活动和文化娱乐活动的发生率均显著更高。上述几项对于控制变量的检验结果也是非常符合现实经验检验的，这也说明整体上控制变量的选取是非常合理和必要的。

表 6-4　老年人社会参与的城乡及区域性差异分析（$N = 2986$）

变量	模型 1	模型 2	模型 3	模型 4
	政治参与	经济参与	宗教参与	文化娱乐参与
自变量				
城乡（以农村为参照）	-0.773 ***	-2.192 ***	-0.307	2.228 ***
	(0.102)	(0.194)	(0.188)	(0.252)

续表

变量	模型 1	模型 2	模型 3	模型 4
	政治参与	经济参与	宗教参与	文化娱乐参与
地区（以东部地区为参照）				
中部地区	-0.621 ***	0.769 ***	-0.143	-2.011 ***
	(0.097)	(0.141)	(0.178)	(0.242)
西部地区	-0.128	0.775 ***	-0.091	-1.632 ***
	(0.111)	(0.155)	(0.203)	(0.278)
控制变量				
性别	0.207 *	0.571 ***	-0.116	-1.013 ***
	(0.080)	(0.116)	(0.152)	(0.204)
年龄	-0.012 +	-0.111 ***	-0.002	-0.127 ***
	(0.007)	(0.012)	(0.012)	(0.017)
婚姻状况	0.184 *	0.213 +	0.025	0.404 +
	(0.083)	(0.122)	(0.155)	(0.212)
宗教信仰	-0.338 **	0.324 *	3.950 ***	0.228
	(0.116)	(0.165)	(0.156)	(0.296)
民族	-0.108	-0.160	0.025	-0.316
	(0.162)	(0.211)	(0.253)	(0.411)
子女数量	-0.011	-0.008	0.047	-0.123 +
	(0.029)	(0.042)	(0.053)	(0.074)
自评健康状况	0.119	0.481 ***	-0.020	1.499 ***
	(0.081)	(0.115)	(0.151)	(0.206)
社会经济地位	0.007 ***	0.003	-0.004	0.122 ***
	(0.002)	(0.003)	(0.004)	(0.006)
常数项	1.276 *	5.568 ***	-2.511 **	28.487 ***
	(0.513)	(0.869)	(0.964)	(1.300)
R^2/Pseudo R^2	0.035	0.195	0.387	0.410

注： $^+ p < 0.1$，$^* p < 0.05$，$^{**} p < 0.01$，$^{***} p < 0.001$。①行为自变量，列为因变量；②括号内为标准误；③双尾检验显著度。

资料来源：CGSS（2017）。

四　研究结论与讨论

外部环境对于个体行为所存在的影响是必然的，因此，我们的研究除了对涉及老年人个体意识和能力的微观系统进行探析外，对于中观系统和宏观系统的社会环境进行分析也尤为必要，由此我们才能对老年人的整体社会生态系统有一个相对更全面的掌握，进而也才能更好地对老年人社会参与相关影响因素进行系统性探究（查尔斯、卡伦，2006）。在上一节我们对老年人日常生活影响更为直接的社区环境因素进行了检验，本节则主要对城乡和区域环境因素进行检验，相对而言，这两个因素对于老年人所处地区地理文化、社会经济等各方面状况的反映性是非常强的，而这些环境特征对于老年人社会参与的影响也是不容忽视的。据 CGSS 2017 的调查数据，检验了城乡和东、中、西部区域性因素对老年人在不同社会活动内容上的影响。主要研究结论如下。

第一，在政治活动参与方面，农村地区以及东部地区老年人参与率相对更高。本研究通过对城乡和东、中、西部区域性因素对老年人政治活动参与状况的影响作用进行检验结果显示，农村老年人相对于城市老年人、东部地区老年人相对于中西部地区老年人参与率显著更高。随着老龄化的加剧，老年人将日渐成为政治活动中一个不可忽视的重要参与群体，同时我国老年人历来普遍具有较好的政治态度。在通过选择问题"您是否参与了上次居委会选举/村委会选举？"以对老年人政治活动参与状况进行了解时，我们发现有近六成的老年人（56.2%）参与，整体而言参与比较积极。由于本研究所选取的政治活动参与指标是通过村/居委会选举来进行测量，因此，与城市老年人相比，农村老年人的参与率更高，与既往研究结论的一致性是比较高的。出现该现象的原因，可以从选民登记便利性的角度进行一定程度的解释。目前，我国农村地区留守老年人较多，基本上均属于常住户籍人口，符合选民条件，比较便于进行选民登记。而城市老年人群体随子女居住迁移、异地养老等原因，"人户分离"现象较为普遍，这在客观上会加大选民登记工作的难度，进而导致参投率相对较低。另外，研究发现东部地区老年人政治活动参与率更高也与既往研究结论具有较高的一致性，东部地区是包含北京、上海、天津和重庆四个直辖市在内的，而既往研究发现，直辖市地区老年人在各级选举活动、建言献策等各类政治活动参与方面的积极性普遍较高，这在很大程度上与这些地区相对更加合理和完善的选举活动组织管理模式，以及更为便利的参与渠道和平台设置有关。

第二，在经济活动参与方面，农村地区以及中、西部地区的老年人参与率相对更高。既往研究曾指出，在经济活动参与方面我国城乡老年人存在显著差异，农村老年人以参与第一产业活动为主，持续性更强；城市老年人则是以第二、第三产业为主，选择性更广（吴玉林、李玉江、刘勇，1995）。本研究通过对城乡和东、中、西部区域性因素对于老年人经济活动参与状况的影响进行检验所获得的结论与上述研究发现基本吻合，研究结果显示，农村老年人相对于城市老年人，中、西部地区老年人相对于东部地区老年人参与率显著更高。这一研究结果与我国城市和农村的产业格局有很大关系，大多数农村仍然是以发展农业为主，而农村老年人的农民身份不存在退休制，通常是伴随其终生的，因此大多数农村老年人在身体等各方面条件允许的情况下都会持续耕作。另外，与东部地区相比，中西部的现代化和城镇化程度都相对更低，一方面，中、西部农村地区劳动年龄人口外流现象仍然比较普遍，许多乡土情结较浓厚的老年人成了农业生产活动的主要承担者；另一方面，中、西部地区各省市的城镇化程度整体上仍然显著低于东部地区，仍然有较大的农村人口存量，尤其是老年群体。因为我们在控制变量中加入了社会经济地位综合指标，所以结论也是在将老年人的社会经济地位综合状况控制在相同影响水平之下而得出的。因此，城乡和区域环境性因素对老年人在经济活动上所产生的影响，我们从城镇化、现代化和产业结构布局等方面进行解释是相对更为合理的，而我们的研究发现也据此得到了较为充分的解释。

第三，在文化娱乐活动参与方面，城市地区以及东部地区的老年人参与率相对更高。我国在基本公共文化服务体系建设方面历来十分重视适老性，在全国各地区的城乡公共文化服务设施建设中都强调要实现无障碍、零门槛进入，且所有场地和所有服务全部免费，以便于为全体老年人享受公共文化服务提供支持性和便利性条件。本研究通过对城乡和东、中、西部区域性因素对于老年人文化娱乐活动参与状况的影响进行检验，研究结果显示，我国城市和东部地区老年人的参与率相对更高。这一研究结论在很大程度上可以从我国基本公共服务体系建设的地区性差异中找到解释，毋庸置疑，我国城市和东部地区的公共老龄文化服务体系建设是相对更丰富和完善的，因此也就能在更大程度上满足老年人进行文化娱乐活动的需求。近年来，在公共服务均等化发展的政策方针指引下，对于农村老龄公共文化服务体系建设的倾斜和照顾力度也在不断加大，从硬件设施和软件服务等方面都予以了加强，以丰富老年人的文化娱乐生活，同时也缩小城乡之间为老年人公共文化服务之间的差距。虽然这些工作的具体成效已经有了一定程度的显现，但农村老年人与城市老年人相比，在文化娱乐活动方面的参与率仍然更低。对此，我们除了从外部环境入手进行解释之外，也不能忽视老年人自身的生活内容整体安排情况，农村老年人继续从事务农活动的比例较高，因此，其整体闲暇时间的支配情况与城市老年人存在差异也是一个不容忽视的因素。在后续研究中，我们也将会对老年人时间分配和利用状况进行更进一步的系统对比分析。

总体而言，本研究结果表明老年人在各项社会活动内容参与状况方面确实存在着城乡和区域性差异，这两类地域环境性因素除了在宗教活动参与方面不存在显著影响外，在其他三项不同的活动内容参与方面均不同程度地产生了显著影响。我们不仅能够较为直观地获得对于老年人在各项活动内容参与状况的地区差异性描述资料，以便于对生活在不同地区的老年人社会参与状况进行整体性呈现和对照。与此同时，通过对具体各项差异性的对比我们也对地域环境性因素的作用机制有了相对更为清晰的认识。地域文化特色、社会经济发展、产业结构布局、社会公共服务状况等诸多客观现实性因素都会通过对社会环境的渗透和塑造，进而直接或间接地影响着人们的行为，因此，老年人社会活动参与状况所表现出的地区性差异正是在此作用机制下形成的。对老年人各项社会活动参与情况所表现出来的地区性差异进行具体辨别，能够为政府和社会给老年人提供相应支持时更有针对性，更好地扬其所长、补其所短。不容否认，我国城市老年人在社会参与的活动内容选择方面存在较大差异，无论是老年人积极主动还是消极被动选择下的结果，该现象都应该被予以进一步关注，对于物质和精神生活的双重保障才能更切实地提升我国老年人的生活质量和生命意义。

第三节　基于供需匹配视角的城市适老环境建设状况分析

目前，我国适老化改造的工作主要是在城市地区开展和推动的，同时限于研究的现实性条件而未能涉及对农村地区适老环境建设的调研，因此，本研究将主要基于供需匹配视角对城市地区的适老环境建设状况进行分析。

一　适老环境建设的内涵和意义

世界卫生组织（WHO）在 2006 年倡导"老年友好型城市"的理念，旨在推动世界各国建设老年友好型的城市环境，进而帮助城市老年人能够保持健康与活力，消除老年人社会参与的障碍性因素。2007 年，世界卫生组织对老年友好型城市的建设标准从软件和硬件两个方面进行了明确，硬件方面强调要对户外建筑、交通和住房进行适老化设计、建设和改造；软件方面强调要在全社会范围内构建和营造出一个包括信息与交流、尊重与包容、社会参与、社区支持、健康服务等多方面元素构成的老年人友好型社会服务环境。总体目标是致力于减少和缓解老年人因为衰老对环境的不适感，提高老年人对于各类环境资源的可及性和适用性。

我国的适老化建设和改造工作便是源于这一理念，在全国老龄工作委员会的推动下，2009 年开始试点，并于 2011 年开始在全国范围内全面推广。在 2012 年修订的《老年人权益保障法》中增设了"宜居环境"专章，提出要为老年人提供安全、便利和舒适的环境。近年来，适老化环境建设和改造工作受到了各地政府的高度关注，各地也在加快老年宜居环境建设的步伐。2020 年 7 月，国家发改委、全国老龄办、民政部、财政部、住建部、国家卫健委等 9 部委联合印发了《关于加快实施老年人居家适老化改造工程的指导意见》，对施工改造、设施配备和老年用品配备等方面提出了具体的类目和标准，以致力于建设一个年龄友好、多元共享、智能创新的老龄社会，指出到 2025 年在全国要建成 5000 个示范性城乡老年友好型社区，到 2035 年要实现全国城乡老年友好社区的全覆盖。

关于老年友好型环境建设的意义，国内外学者也进行了较多的讨论，整体来说，都是将老年人的权益放在非常重要的位置，进而强调对于环境年龄包容性的积极合理提升。首先，老年友好型城市环境能够为老年人积极参与社会活动提供基础性条件，使老年人能够在更大范围内活动，更便捷地享受到健康服务，也可获得更多经济参与的机会，最终能够在很大程度上提高老年人的生活质量。其次，老年友好型城市环境能够为老年人提供更多心理方面的支持和精神方面的慰藉，老年人在这样的社会环境中才能拥有更多的安全感和归属感，进而也能够更多地与其他年龄层人群进行互动，增进代际互动并减少孤独感。此外，健康老龄化既是老龄工作的重点，又是老年人健康长寿的重要依托，老年友好型城市环境建设致力于为老年人提供零障碍、安全舒适的活动场所，因此，它与健康老龄化目标方向基本一致，这些也都是构成健康中国的重要组成元素。

二 城市适老环境建设的供给状况分析和老年人的需求分析

通过对国际社会与我国在老年友好型城市建设方面主旨目标和内容方向的系统梳理，我们可以发现，物理设施建设、服务提供和需求满足这三方面是建设的主要出发点、着力点。因此，本研究从老年人的需求满足情况入手，通过对5个城市以及分布于其中的10余个社区的适老化状况进行了实地调查，并通过半结构式访谈了解了近20位老年人对于适老化建设状况的满意度和具体需求。基于对调研资料的汇总分析，兼顾我国城市适老化工作方针政策和具体实践情况，研究发现，老年人对适老环境建设的需求主要从以下四个方面进行概括。

1. 居住条件与生活服务方面

与其他年龄群体相比，老年人日常活动半径显著缩小，他们所居住的社区及社区近周通常是他们日常最主要的活动空间。在调研过程中我们发现，目前我国多数老年人居住在老旧小区，也有少部分老年人居住在相对较新的小区，但二者皆存在着不同程度的适老化不足问题。老旧小区中的老年人普遍反映的问题集中在两个方面，一是房屋内缺少安全保护性设施，比如一氧化碳和烟雾报警器、助行扶手、卫生间内防滑和便捷如厕及洗浴设施等；二是楼梯坡度过陡且缺少电梯，在20世纪七八十年代的砖混结构建筑中更为突出。新型小区基于新的建筑标准虽然避免了很多老旧小区的问题，安全性和便捷性方面有明显提升，然而在调查过程中也发现了一些新问题，其中最为突出的便是采光不足和活动空间狭小。

与老旧小区相比，新型小区以高层建筑居多，加之目前多数小区容积率普遍过高，房屋户型更多是基于建筑面积的利用率而非舒适性，就使充足的采光对于很多住户来说成为一种稀缺品、奢侈品，日采光时间较大且采光面积极小，这对于喜欢和需要晒太阳的老年人非常不利。在调查过程中我们观察到，很多老年人每天会在不同的时间段寻找能晒太阳的地方聚在一起锻炼、聊天和晒暖，日出向东，日落向西。他们晒太阳的地方通常并不是小区专门的活动场地，因此也就基本没有可供他们休息的座椅设施，老年人往往会各自携带便携式凳子，也有一些老年人会直接坐在路沿或花坛边上。

在生活服务方面，调查中我们了解到，老年人当下最迫切需要的是小饭桌、助浴和生活用品采购这三个方面的服务。

其一，老年人身体各个方面的机能会随着年龄增长而出现不同程度的衰老，其消化吸收功能会出现较为明显的衰退，营养不良导致的慢性疾病发生率便会增大，与此同时，老年人所偏爱的软糯清淡型餐食与市场上大众化的餐厅经营导向也存在着较大差异。再加之一些老年人受体力不支或者半失能、失能等身体条件所限，确实已经没有能力料理好自己的一日三餐。我们所访谈的老年人中超过半数都希望能够在所居住的小区内设置老年人食堂，并认为规律的营养膳食服务对于他们更好地保持自身健康至关重要。近年来，老年人小饭桌在全国范围内许多城市的很多社区都有试点和开设，这也反映出了现实需求的迫切性。

其二，洗澡对于部分老年人是一件较为奢侈的事情，国内很多调研在对老年人日常生活能力进行测评的过程中都发现"洗澡"是普遍受损最严重的一项。老年人在洗澡的过程中摔倒、中风、哮喘的发生率极高，因此老人助浴服务仍然是一项小众化服务，调研中我们了解到，对于很多家庭中雇用保姆的半失能、失能老年人洗澡也并非易事，保姆因担心洗澡时老年人出现健康意外，通常会要求协助老年人洗澡时必须有其子女在场。

其三，调研中有近七成的受访老年人认为自己在生活用品采购方面存在困难，由于大多数老年人更多的是依赖于在实体商店购物，与网购相比，它需要花费更多的时间和精力。此外，由于老年人体能的下降，他们不仅无法到距离过远的地方购物，也无法一次购买过重或体积过大的物品，甚至有些老年人在蔬菜水果的日常采购方面都存在着诸多现实困难，他们对于日常购物的便利性、可及性和协助性服务需求是普遍较高的。

2. 健康支持与养老服务方面

随着我国老龄化程度的不断加深，失智失能老人的数量也在不断增长，与此同时，人口流动加快、家庭规模缩小、城镇化水平不断提高等因素又都在冲击和削减着传统的家庭养老功能，因此老年人对于社会化养老服务和健康支持的需求也在不断增长。党的二十大报告中提出，要实施积极应对人口老龄化国家战略，积极推进养老事业和养老产业，加强和优化对孤寡老年人的服务，推动实现全部老年人能够被基本养老服务覆盖。

目前，我国已经基本确立了"居家为基础、社区为依托、机构为补充、医养相结合"的整体发展目标，强调了养老服务与健康支持相结合的重要性。在此框架之下提出了"90 - 7 - 3"的三级养老服务体系，具体是指90%的老年人在家里养老并接受相应的居家服务，7%的老年人就近接受来自当地社区的服务，3%的老年人入住养老机构。目前，我国绝大多数老年人确实是处于居家养老的模式，除了生活自理以外的部分主要依托于子女、配偶等的照顾，也有少部分老年人家庭选择雇用保姆。在调研过程中我们发现，有近九成的受访老年人希望能够在社区获得更多的健康服务，如营养指导、健康管理、远程问诊、日间照料、医疗照护、紧急救护等健康支持项目。

老年人对于健康和养老服务的需求是十分迫切的，虽然国家也一直在积极推进这方面工作的开展，但目前确实还未能彻底织牢织密这个服务网，这就给一些唯利是图的不法分子可乘之机。近年来，诈骗分子盯上了老年人，一些老年人被骗走大量或骗光了钱财，也有一些老年人身心健康受到了很大的伤害。在访谈中有一位高校退休教授 SE2（男）说道：

> 我们的信息不知道什么时候就被卖出去了，现在我接到的电话不是推荐高价养老院的，就是推销特效保健药的，还有就是卖墓地的，好在是卖保险的嫌我们年龄大了，电话打得少一些。我一听就知道是在各种瞎忽悠，但我有些朋友也挺愿意跟他们电话上聊聊的，我还是更愿意相信官方渠道的资源推介，真希望国家给予我们这些老年人更多、更科学的健康知识普及渠道。而且，如果我真哪一天失能了，无法自理，我也会去公立养老院，私立的宣传再好，我也不会相信他们。

在调查中我们发现，确实大多数老年人更倾向于相信官方媒体的健康科普内容，但他们却很容易被包装伪造出来的"假官方"欺骗。因此，我国在 2022 年所开展的打击整治老年诈骗专项行动是非常必要且有意义的。

目前，我国很多地区已经开始在一些老年人较多且具备条件的社区试点建设了一批居家和社区养老服务中心，主要开展助餐、助行、助医等服务，有些社区还增设了心电血压监测等智慧医疗项目，取得了较好的成效，也受到了老年人的广泛肯定。未来，一方面，希望这一类型的居家和社区养老服务中心能够得到更大范围的推广，使更多的老年人可以享受到相应的服务；另一方面，对于中心运营的模式和内容应该更加合理、切实、丰富且可持续，更多地去倾听、了解和回应老年人的现实需求。例如，针对我国老年人慢性病高发的问题，社区内不仅可以为老年人构建慢病管理档案，也可以基于全生命周期的视角为社区内其他年龄段群体开展关于老年病的预防知识普及。

3. 出行交通与公共设施方面

随着年龄的增长，不少老年人外出行走时在观察、判断和反应方面的能力均有所下降，如果通行条件也存在着比较多的不足和缺陷，这就会在很大程度上限制老年人出行，甚至加剧老年人的跌倒风险。随着城市不断的发展和扩大，道路相比于之前的车流、人流均更密集，这在给大多数人带来便利的同时也加大了老年人的出行风险。日常生活中我们会发现，有些老年人因为惧怕急速的车流而减少外出，也有些老年人由于既不会看道路标识牌也不会使用手机导航而迷路或走失，还有一些老年人甚至会因为视力水平下降而不能准确判断交通信号灯。

调研过程中，通过观察并和交警进行交流后了解到一个较为常见也很难迅速解决好的问题，很多城市在车流过于密集的十字路口会建造环形过街天桥（或地下通道）供行人使用，天桥下面的四个路口就不再设置人行斑马线，据交警反映他们经常会看到一些老年人在天桥下横穿马路。交警说道：

> 环形天桥处一般是车流较为密集的地方，老年人横穿马路和年轻人横穿马路不一样，敢横穿马路的年轻人一般是动作比较敏捷的，但老年人不一样，他们步履蹒跚，非常危险，也很容易使车辆因紧急避让引起交通事故。一开始我不理解这些老年人为什么要横穿马路，也很生气和着急，后来和一位横穿马路的大爷聊了聊，发现老年人确实也有自己的难处，大爷说腿脚不灵便，上下楼梯膝盖实在疼得受不了，而且也害怕自己在天桥的楼梯台阶上不慎摔跤。因此，更加完善的适老化交通标识和支持性设施的增设改造十分必要，如大型十字路口的天桥电梯、安全岛、信号灯延时等。

我国的公共设施是参照无障碍设施工程建设标准和规范进行设计施工的，它是一个兼顾所有人群的相对普适性标准。然而随着我国人口年龄结构的转变，其标准应该予以优化调整，更具适老性。在过往30多年的人口红利期，整体而言，我国的公共设施建设有明显的年轻人导向，商场、超市、电影院、景区等场所虽然也进行了相应的无障碍建设，然而这些场所在具体的设计和运营理念上更多的是优先考虑年轻人的需求，因为他们往往是更主要的消费群体。调研中有不少受访老年人有被边缘化的感受，他们的这种感受很大程度上就来源于公共设施及其服务的变化上。例如，老年人认为，现在商场卖的大多都是年轻人穿的衣服，他们能去买衣服的地方极其有限；电影院更像个影视厅，不是早些年的那种大礼堂式影剧院，电影也大都是拍给年轻人看的；银行的人工服务柜台也越来越少；医院虽然还有人工挂号窗口，但取报告单都要在机器上自己操作，原本就不熟悉操作流程，屏幕上的字又很小，有相当一部分老年人不寻求志愿者帮忙根本无法独立准确无误地完成操作；等等。因此，在公共场所相关设施和服务方面更多具体而微的适老化改造举措仍有很大的提升空间。

4. 商业环境与信息平台方面

随着信息化、城市化、人工智能等各类技术的快速发展，我国社会经济的发展模式也面临着不断的转型，传统的经济活动组织模式和内容也都在发生着深刻的变革，劳动力市场的供给和需求情况也随之发生着变化。加之近20年来老龄化的不断加剧，我国的市场环境也在进行着一些适应和调适。目前，对于延迟退休和弹性制退休的广泛热议，也在很大程度上反映出国家和社会对于当前市场和劳动力结构的积极反思。已经有越来越多的老年人通过各种渠道以各种形式再就业，继续参与经济活动。与此同时，围绕老年人的各种特殊需求，也产生了很多老年产业和商品，包括物质类的、服务类的、金融类的等。整体来说，我国现有的各类公共政策和法律都是以鼓励老年人再就业并支持各类老龄产业发展为宗旨和导向的，也从权益保障、技能培训等方面予以了多重投入。

然而，目前的商业环境方面仍然存在着两个主要问题，一是对于有继续参与经济活动意愿的老年人存在着一定程度的排斥性；二是老年用品市场相对比较混乱，还不够成熟稳定。老年人是人力资源而绝对不是负担，几乎早已成为全社会的共识。但却仍有一些人固执地秉持着一些对于老年人的偏见性认识，例如，有些人认为老年人再就业会抢夺和影响年轻人的就业机会，也有一些人会认为老年人的身体健康风险极大且各方面能力都不如年轻人，等等。因此，对于那些由于经济困难或者希望更多发挥余热的老年人来说，他们在寻找再就业机会时常常会面临着一些直接或者间接的排斥。另外，目前，虽然老年用品市场上有众多令人眼花缭乱的商品，但由于缺乏相应的产品标准和监督管理，一些夸大商品价值，诱导甚至是欺骗老年人的案例也时有发生。在调研过程中也有多位受访老年人提到自己在选购老年人食品时非常困难，他们通常会选择朋友推荐的产品，而不会相信销售人员，老年人普遍希望国家能够对老年食品等进行认证和监督。

2020 年 11 月，国务院办公厅印发了《关于切实解决老年人运用智能技术困难实施方案的通知》，指出要聚焦涉及老年人的高频事项和服务场景，坚持传统和智能化服务方式并存，积极帮助老年人解决在运用智能技术时遇到的困难。诚然，智能化服务的广泛应用为我们的生产生活带来了很大的便利，很大程度上提高了社会治理和服务效能。但目前我国有不少老年人由于不会使用（包括没有智能设备的情况）智能手机或者不会上网，这就使他们在出行、就医、消费等日常生活中面临着"数字鸿沟"等问题。老年人面对智能技术时会出现无助感，甚至是恐惧感，担心自己的信息泄露等方面的顾虑远远高于年轻人。只有努力去化解和消除老年人运用智能技术的主客观障碍，营造适老性更强的网络平台和环境，才能使老年人在信息化、智能化的环境当中有更多的安全感、幸福感和获得感。

三 适老环境建设实现供需相匹配的优化路径

与西方发达国家的适老化环境建设进程相比，我国在理论和实践方面都是略显滞后和薄弱的。目前，我国老年人数量已经非常庞大，未来相当长一段时期内人口老龄化程度将持续加剧，而近几年我国尚处于人口红利窗口期的尾声，因此，我们更应抓住当下的关键时间节点，积极开展适老环境建设既重在当前，又事关长远。基于适老环境建设内涵与其意义指向，结合当前现实情况，从以下几个方面进行部署更有利于促进适老环境建设的可持续发展。

1. 适老化建设标准的整体性统筹

目前，我国已经相继出台了适老化建设的相关法律、指导意见和实施方案等系列政策依据，这体现了国家对适老化建设工作的重视。但整体来看，相关政策体系尚处于对基本要求和基本方向的明确阶段，未来一段时期对于相关政策的进一步创制、细化和阐释是尤为关键和迫切的。结合对于我国部分城市地区适老化建设现状的调查，各地虽然都给予了相应程度的重视和实践，然而由于相关政策的跨部门性和多头审批，盲目性、无效性和重复性建设的现象较为普遍，不仅未能有效满足老年人的各项需求，同时还浪费了许多资源。因此，为了能够提高当下适老化建设的质量和效能，十分有必要基于"整体性治理"思路对于现行建设标准进行反思和升级。

以适老化出行环境为例，复旦大学田丰及其研究团队通过对上海静安区和宝山区的 100 多名老年人的行动轨迹进行测量后发现，大型商业体和公共服务设施是这些老年人的主要目的地，他们的日均活动半径普遍在800 米的步行范围之内。[①] 老年人的活动能很大程度上反映他们的生活内容，而是否拥有丰富的生活内容又直接关乎老年人与外部环境的互动频率，进而影响和决定老年人的身心健康水平和生活质量。谈及道路建设，通常都会首先强调无障碍通行，强调对《无障碍环境建设条例》的参照执行和监督检查。然而，人车混行、道路被障碍物临时或长时间占用、场地空间预留不足等问题频现，仅靠无障碍环境建设条例显然是不够的，它需要交管、城建、城管等多部门的共同关注。这就需要在制定标准的过程中进行跨部门的合作，统合多方面的信息、资源和需求，对相关标准进行协同性的调研和设计，以缓解和破除之前标准的碎片化问题。

2. 相关支持性资源与服务的多元化构成

在《"十四五"国家老龄事业发展和养老服务体系规划》中提出要把积极老龄化和健康老龄化理念融入经济社会发展的全过程。因此，作为践行积极应对人口老龄化重要战略部署内容的城市适老环境建设也应努力将上述理念渗透到具体的策划和实践当中。目前，我国城市适老环境建设主

---

① 《中国家庭丨城市那么大，但老年人的出行半径只有 800 米》，"澎湃研究所"公众号，2022 年 11 月 11 日。

要是由政府在推动，并负责承担着绝大多数的具体工作实施，虽然各级政府在组织方面的优势是非常突出的，但仅靠政府资源又显然难以高质量完成牵涉面极广的适老化建设工作。调研中我们发现，各地在适老化建设过程中，既存在着资源短缺困境，同时也存在着资源浪费现象，有相当一部分资源的有效利用率不高。因此，在人口老龄化常态化的背景下，就需要投入更多的支持，应更充分地挖掘、调动并整合家庭、社区、社会组织、市场和企业等各系统的有效作用，进而实现多元共治的资源支持体系。

尤其是在社区居家养老服务方面，应鼓励和吸引更多的个人和企业以更为灵活多样的方式参与进来。例如，各地养老服务协会和公益、半公益组织可以联合起来成立养老服务点的孵化和培训中心，为那些有意愿和资源的个人或企业提供信息、服务和运营技能等方面的支持；各地政府也可以进一步简化行政审批程序，扩大养老服务的项目制采购范围，进而为社会化、市场化的养老服务机构提供更多政策和资金支持；场地和人力是养老服务产业最大的成本消耗支出项目，对此各地可以更加充分地利用城乡社区和公共环境中的存量房屋、设施、场地、土地等资源以服务于老年人，同时也可以通过多种形式的引导、激励和补贴等措施吸引更多的灵活就业群体加入以丰富老龄服务队伍；等等。扩大养老服务主体的范围，并直接和间接帮助他们降低成本，这样才能更好地加快和扩大养老服务支持体系的整体布局，进而惠及更多老年人。

3. 不同类型社区适老化建设的分类施策

由于所处区位和社会经济发展的差异，我国城乡社区环境建设的差异性比较突出，即便都在城市或者都在乡村，其内部的社区环境差异也是极其显著的，在此基础上的社区适老化建设差异尤为显著。究其原因，中国幅员辽阔，加上各地社会经济文化又各具特色，老龄化程度也不尽相同，因此，在我国的东、中、西部地区，大中小型城市，城市和农村，其各自的社区适老化建设现状就存在着显著差异性。在此背景下，倘若我们的适老化建设规划不够具体和有针对性，笼统一刀切，就会导致建设改造效果不佳和资源投放低效等问题。各个地区在适老化建设和改造工作开展前，在充分评估社区具体需求的基础上统筹现有资源是非常重要的基础前提。

如果仅从空间位置的视角出发，按照城、乡社区或者老旧小区、新型小区这样的范畴进行划分也不适于进行统合一致的适老化建设和改造。因为在我国城市化的进程中，城市建设是采取不断外扩式的发展模式，这就导致老城区的无障碍等配套设施相对不足，但常住老年人口比例较高，新城区无障碍设施相对充分，但常住老年人口比重却相对较低。在调研中我们也确实发现，并非新型小区的适老性就一定比老旧小区高，农村虽然普遍还未进行大规模的适老化改造，但其对于老年人而言的宜居程度未必就低。另外，在适老化建设和改造的推进过程中，对于老年人短期和长期的需求要充分兼顾，但也不能忽视其他年龄群体的居住需求，要兼顾住宅功能的通用性。因此，在社区适老化建设的规划和实践过程当中，立足现实资源条件，具体问题具体分析，制定差异化的实施方案，才能更进一步提升各类社区的适老化水平。

4. 老年人生存性和发展性需求的统筹兼顾

过去相当长的一段时期内，我国的社会经济发展规划、城乡建设规划都是立足于年轻型人口结构社会类型来进行部署的，大量社会资源向年轻人群体进行了投放。受这种传统惯性思维的影响，即便是在我国已经步入人口老龄化20余年的背景之下，仍有相当一部分人对于老龄化现状及其未来挑战认识不清。对于适老化建设更是持有相对保守的态度，会认为老年人属于弱势群体，消费能力和生产能力较差，投资较多、耗时较长的适老化建设在一定程度上是对资源的浪费。这种观点显然是短时且有违于代际公平的，一方面，老年人有权利和其他年龄群体一起享受社会发展的成果；另一方面，目前我国老年人的健康状况和文化程度等基本素养指标均有显著提升，老年人力资源的开发成本相对是比较低的，他们不是社会的负担，而是社会的财富。

在适老化建设开展过程中，在社区内部和外部公共空间进行无障碍、宜居环境设施改造是最为基本的安全性事项，这是保障老年人能够与社会保持顺畅互动的前提；优化老年人居家养老的社区支持环境，优化就餐、活动、照料等各类生活服务，这是保障老年人生活质量的重要支持性条件；加强各类电子产品的适老性设计，更充分地评估老年人对于数字信息的接受和兼容能力，减弱和消除老年人所面临的"数字鸿沟"，这是保障老年人能够畅享信息时代资源和服务的重要支撑；在全社会范围内宣传和倡导积极老龄化理念，破除制约老年人参与社会经济发展的思想观念障碍和政策法规束缚，为老年人享受社会发展成果和参与社会经济发展提供更多便利和平台，这是保障老年人充分发挥自身价值并实现积极老龄化的思想指引方向；等等。从硬件到软件，从物质到服务，从实践到思想，适老化建设的开展需要兼顾老年人的各个方面，唯有我们能够充分尊重老年人各个层次的需求，才能够不断完善和提升全社会范围内的适老化建设水平。

小 结

自 21 世纪初我国进入老龄化社会以来，对老龄化的应对战略越来越趋于成熟与科学。回顾既往研究，既不缺乏对老年人个体性微观问题的关注，也不缺乏在各类宏观保障性政策方面的覆盖，也有一些研究是从中观层面的社区适老建设问题入手，以便于有效衔接和落实各方面保障工作的落地，诸如此类的研究已有不少。但整体而言，对于涉及环境性因素较深入和全面的研究尚且较为薄弱，而该部分研究对于我们致力于积极科学应对老龄化又是非常必要的构成部分。因此，本章通过检验社区、城乡和地域性环境因素对于老年人社会参与的影响作用是十分必要的，通过分析，我们不仅挖掘了社区环境中的有效促进性因素，也对老年人在不同社会活动内容参与上所体现的城乡及区域差异性进行了较为全面的探索。通过本章的具体研究发现，对于进一步通过优化适老环境和为老服务来提升老年人社会参与水平的策略制定提供相应的实证经验性材料依据。

社区在为老年人提供为老、助老、养老性服务方面具有天然优势，它作为大多数老年人生活最主要的物理空间场域，其自身所具备的资源和服务能力将直接关乎老年人的生活质量。相比而言，社区服务能力比硬件设施对于老年人的正向影响更为显著，因此，如何更有效地挖掘老年人的现实需求并对接现有及潜在社区资源，不断丰富社区为老服务的内容，并提升社区为老服务的质量，是现在和未来相当长一段时期内都需要去持续探索的一项重要实践内容。另外，城乡和地域间在人口转变和社会经济发展上的差异，虽然在一定程度上为我国应对人口老龄化提供了错位应对的缓冲期，但在这个过程中我们绝不能忽视那些人口老龄化问题已经非常突出而相应资源又不充足的地区，以及存在潜在步入快速和重度老龄化风险的地区。这不仅在很大程度上有利于更具公平性和前瞻性地去避免关乎人口红利和人口负债所可能引发的社会问题，也有利于确保适老性基本公共服务均等化的实现。因此，在尊重和正视目前我国区域经济社会发展不均衡这一客观事实的前提下，不断通过加强社会基本公共服务上的区域均衡性和适当倾斜性是非常必要的举措。

第七章

从传统到现代：更为积极的老年人社会参与转向

随着中国人口结构的持续转变和老龄化程度的不断增高，政府和全社会对于老年人社会参与的意义和价值都有了较为普遍而显著提升的认识，老年人社会参与的基本状况和特征、所涉及的相关影响因素及其作用机制都在悄然发生着变化。通过上述研究中对于我国老年人社会参与的相关保障制度、支持机制和实践路径的系统梳理，以及从主、客观两个层面出发所涉及的意识、能力、资源和环境四个维度的聚焦分析，我们可以发现，伴随中国经济社会的发展和人口结构转型，老年人社会参与在保持既有传统的基础之上，也在顺应时代发展而产生着新变化。在此背景之下，倘若仅限于应对性、局部性的政策思路，已经远远不能实现对于经济社会发展和老年人自身需求的满足。因此，优化和调整我国现有的老年人社会参与相关政策思路和战略部署，是适应现代社会经济发展和老年人价值全面实现的必要手段和关键支撑。

第一节　优化老年人社会参与的政策思路选择

一　政策取向更具前瞻性和可持续性

通过对既往和当下关于老年人社会参与的相关政策进行回顾和审视可以发现，虽然在 20 世纪八九十年代我国的老龄政策先于人口结构整体步入老龄化而出台，但在 20 世纪末进入老龄化社会以来的 20 余年间，我国关于老年人社会参与的政策模式都是针对现有问题现象谈对策的模式。该模式虽然能够在一定程度上以较高的效率解决当下问题，并取得相对较为显著的政策成效，但它却并不能很好地应对未来一段时期内可能出现的不确定性问题，作为一种即时性甚至略显滞后的干预政策，对于老年人社会参与这样一项涉及面较广的政策议题而言是存在明显不充分的。倘若相关政策的制定和实施只能服务于当下和近期，那么我们便很难在政策制定过程中进行发展性和建设性的相关设计，而更多地显现出政策的被动性和应急性。

鉴于此，并结合我国人口转变的基本规律和人口老龄化的社会常态，我们对于老年人社会参与相关政策的设计首先便应该遵循人口发展规律，尤其是未来中长期内老年人口的整体发展趋势。具体来说，一方面，要关注老年人口总数量的变化趋势，我国老年人口绝对数量和相对比重的持续上升是必然趋势，但不容忽视的是它增长的时期阶段性特征，例如基于先期人口年龄分布结构的一般性预测，20 世纪"婴儿潮"期间出生的人口步入老龄和高龄阶段，及其所带来的社会抚养比增大等现象；另一方面，要关注老年人在性别、文化程度、健康状况等其他人口结构性因素上的整体发展变化趋势，以此才能对老年人社会参与的需求和条件进行更充分的评估和准备。

二 政策对象包括但不仅限于老年人

我国现有的老年人社会参与相关政策大多是以老年人个人或老年人群体为基本政策对象的。例如，比较有代表性的"银龄行动"，便是以我国各项事业领域当中离退休专业技术人员为重要的支持力量，鼓励和支持他们继续在各自的事业领域继续发挥作用和贡献余热；在我国部分城市社区推行的"时间银行"，则是通过动员和组织社区内的老年人进行服务时间储蓄和兑现的方式来形成一种互助型的养老实践模式；等等。另外，在我国老年人权益保障法中则是指出要根据社会需要和可能，鼓励老年人在自愿和量力的情况下参与各类社会活动，从某种程度上来讲也是基于条件性选择的群体限定模式。这种以政策服务群体为主要政策对象的模式，虽然能够比较直接地服务和作用于老年人，但在近些年来的具体实践中也呈现一些较为明显的不足，尤其是缺乏一种与外部群体和环境的衔接性，这就使得目前政策框架的可扩展性相对较弱。

在此背景下，相关政策对象的限定不应仅仅局限于老年人，而是应该以一种更具整体性的思路去统合进其他相关政策对象。从目前情况来看，老年人社会参与过程中的互动对象和具体环境是非常需要被政策所涵盖的两方面内容。对照我们日常的生活实践经验不难发现，老年人在社会参与过程中所互动的对象绝不是仅限于老年人群，他们会和各年龄阶段的群体发生互动，而其他年龄阶段群体目前在我国老年人社会参与相关政策体系中是鲜少有所涉及的。与此同时，既往政策更多是从不同群体老年人在不同活动内容上来开展支持和引导，缺乏对于相应环境的具体涉及，而不容忽视的是老年人在各类环境中所参与的活动是存在一定程度共性特征的，如在家庭、社区、市场和社会等环境领域。因此，对于未来我国将会在较长时期内持续处于老龄化人口结构的常态而言，更为体系和完整的政策对象设定和扩展是非常必要的。

三 政策体系应更加具体而微和科学有效

虽然目前的相关政策为我国老年人社会参与发挥了一定程度的保障和促进作用，但不容否认的是目前的政策体系设计在具体问题的操作化层面还不够细致和完善。这就使得老年人社会参与相关政策在相应的操作和执行过程中经常出现一些诸如问题界定不清、主体不明确、实践指引方向模糊等问题。从某种程度上来讲，相关政策更侧重于一些应然性层面的表述，却缺乏对实然性实践操作思路的明确，这样的政策体系设计思路很容易陷入"宣示性政策"的藩篱之中。在社会转型和人口老龄化不断加速加剧，老年人群体在健康、文化程度、价值追求等方面都在不断转变的背景下，仅依托于现行的政策显然是不够充分的，因此，相应政策体系应更加具体而微才能科学有效。

从目前整体情况来看，对于政策体系的具体优化而言，现实需求最为迫切的落脚点是更加尊重老年人群体和环境的差异性，进而提升政策的适配性。不容否认的是，当前老年人的个体人力资本和健康等状况相比于从前均获得了极大提升，与此同时，老年人群体的异质性相比于从前也更为显著，局限于逢老必衰、逢老必病、老而无用等传统刻板印象显然是不合时宜和缺乏现实支撑的。对于总数量越来越多且异质性越来越大的老年人群体，继续采用既往的大而化之的政策体系已经不能满足促进和保障老年人社会参与的现实需要。此外，我国长期以来社会经济发展的区域不均衡性使城乡、东中西部地区的环境和资源分布存在较大差异，忽视这些差异而设置的政策体系和指标势必无法有效地为老年人社会参与提供支持和引导。因此，基于对老年人群体和环境的差异性的精准识别和分化，针对差异性来进行政策体系和指标的适配性调整，是做好积极科学应对人口老龄化和引导老年人社会参与的重要基础。

第二节　兼顾支持与增能的发展性战略部署

一　价值层面：强化老年友好型的社会风尚

老龄化在我国出现 20 多年以来，全社会对于老龄问题的认识和理解也更加理性，不再盲目地谈老色变和恐慌，开始逐渐普遍认识到老龄化是人口发展的必然过程和规律，同时也是社会经济发展的必然结果。加之我国自古以来就有尊老敬老的优良文化传统，整体而言，在年龄友好建设方面我国在很大程度上拥有较好的社会基础。然而不容否认的是，伴随社会经济的发展，尤其是市场经济对效率优先的强调，以及工业发展对机械化、自动化、信息化等技术的注重，这些都在一定程度上改变和影响着传统社会老年人在资源技术拥有和支配等方面的状态。这些因素共同改变着老年人社会参与的意愿、能力、内容和渠道等，不容否认的是，现代社会目前已经普遍处于以年轻人为核心的导向，在公共资源配置方面也更多的是以年轻人优先为原则。同时，这一特征也体现在家庭领域，在家庭内部事务安排和资源分配方面，更多情形下是优先年轻人发展，代际资源向子代倾斜是较为普遍的状态。

社会经济的发展是全民共同努力促成的结果，因此各个年龄阶段的群体均应有平等地享受物质和精神文明发展成果的权利。2002 年，联合国在马德里召开的第二届世界老龄问题国际会议中所通过的《政治宣言》中指出："我们决心消灭一切形式的歧视，包括年龄歧视，随着人们年龄的增长，他们应当能够享受充实、健康和有保障的生活，并应积极参与各自社会的经济、社会、文化和政治生活。"因此，承认并尊重老年人的价值和权利，在家庭内部和社会大环境中不断对老年人的地位、价值和优势等予以强调，并从多方面去不断改善和提升老年人在社会发展中的权利保障机制，逐步完善年龄更加友好型的社会环境，实现代际资源配置的和谐，使尊老、敬老和爱老深入人心，这些都是强化年龄友好社会风尚的应有之义。

二 能力层面：推进老年人个体的积极老龄化

在本书的第四章着重讨论了老年人的健康能力和社会参与的影响关系，研究发现，老年人的身体机能、心理状态和健康保障条件对于其社会参与程度和内容选择倾向均存在着不同程度的显著影响。之所以选择健康能力来作为对老年人社会参与能力之维的测评指标，而只是将反映人力资本能力的诸如文化程度、从业类型等指标仅作为控制变量，主要缘由是基于前期对老年人社会参与内容和群体性特征的整体探索性研究发现，即精英型、技术型老年人社会参与所占的比重是非常小的，因此选择了对于一般性社会参与活动而言影响都较为直接的健康能力进行探讨。但这并不是回避和否认老年人其他方面能力的重要性，我们也相信，随着老年人口群体结构属性的不断变化，同时伴随社会经济的不断发展和转型，未来老年人社会参与的内容领域和结构形式必然会发生相应的转变，相应地对于老年人各方面能力的需求和要求势必也会有所不同。

例如，在我国部分农村地区的老年人，他们的主要经济来源是通过务农来获得，然而到了老年期的中、高龄阶段，往往会陷入由于体能和健康水平下降而不能继续承担繁重体力劳动的困境当中，而他们的经济、健康和保障能力整体而言又是相对非常脆弱和不充分的，这就需要我们从更长线和广泛的视角在前期和外围去构建和增强其综合能力。在若干年前当谈及延迟退休时，持反对意见群体的一个重要观点便是老年人会抢占年轻人的岗位和资源。但随着近年来我国劳动年龄人口总量的持续减少，以及年轻人群体教育周期的不断延长等人口和社会现象的出现，越来越多的人能够更加理性地审视老年人社会参与的现实价值和意义。不容否认的一点是，基于不同老年人在身体机能、脑力智力、人力资本等要素方面的具体差异，对于老年人进行技能型培训的成本相对较低。通过适宜的培训以提升其社会参与能力，不仅是对于人口红利和人力资本红利的进一步拓展，也与我国学习型社会建设和个体终身学习的方向引领相符合，同时是老年人通过个人价值全面实现来践行积极老龄化的有益构成。

三 环境层面：提升空间、科技和服务的适老性

在空间环境方面，随着我国城乡居民整体居住条件的提高，老年人群体的居住状况也普遍有了较大改善。整体而言，无论是在城市还是农村地区，老年人的人均住房面积越来越大，且居住环境的安全性、舒适性、卫生性、出行便利性等均有较大程度的提升。然而，有一个相对而言较为突出的现实问题便是建筑年代较久的无电梯多层楼房，有相当一部分城镇老年人所居住的房屋是这种类型，这就给老年人上下楼带来了很多不便，尤其是居住在较高楼层的老年人。这在客观上不仅加大了老年人跌倒等健康风险，也会在很大程度上降低老年人外出的意愿，加大社会疏离的发生率，在此情况下老年人的社会参与程度也必然会显著受限。除此之外，外部公共空间给予老年人娱乐活动开展所设置和预留的环境资源也比较有限，尤其是在城市地区，年轻人和老年人公共活动空间的不均衡性表现非常突出，甚至会出现冲突。

在科技和服务方面，对于老年人而言有一项非常重要的服务便是基于健康的照护工作，目前我国老年人群体中的低龄老人比重仍然较大，加之健康水平的普遍提高，因此相比于诊治等医疗服务而言，日常照顾性、功能辅助和康复性护理服务的现实需求更显迫切。而当前无论是基于机构性质的助老服务，或者是基于社区和居家性质的助老服务，都尚且存在不足，尤其是在养老资源相对较为贫乏的农村地区。另外，当前数字信息化和智能技术的快速发展虽然在一定程度上给老年人带来了便利，但在一定程度上也加大了部分老年人社会参与的难度和门槛，虽然国家已经从政策和实践层面予以了审视和回应，但不容否认的是，在现代老年人生活实践当中仍然有很多不确定性需要我们予以持续关注。

因此，打造更加适宜于老年人居住和生活的环境，做好硬环境和软环境的建设，既是保障老年人社会参与的基本条件，也是提升老年人生活质量的重要前提。尤其是在整体适老环境资源不够充分和配置不够合理的背景下，就更加需要我们以更具发展性的思路去挖掘、整合和建设，以使老年人的现实需求得到有效满足，并更加具有可持续性和发展性，进而更好地支持和保障老年人能够自主和充分地参与社会发展，并能够切实而平等地享受到社会经济发展进步的成果。

第三节　中国老年人社会参与的发展预期

一　参与群体更大

我国庞大的人口规模、人口基数，奠定了未来几十年间老年人口总数和比重将持续增长的发展趋势。与此同时，伴随我国公共卫生、医疗保健等服务支持体系的不断完善，老年人的平均预期健康寿命也必然会随之不断延长。因此，未来我国老年人在数量规模和结构特征等各个方面的发展趋势，一定会在更广泛的群体范围内改变和影响老年人的行为模式。社会参与作为积极老龄化战略的核心构成要素，也必然会成为未来越来越多老年人实现自身全面发展和价值充分发挥的个体行为策略，同时也必然会成为老龄社会背景下越来越普遍的社会行动策略。退而不休、老有所为将成为一种更为普遍和广泛的群体现象，越来越多拥有更高水平健康能力和人力资本的老年人势必会活跃在社会各个领域，从一定程度上来讲，这也许将构成促进社会经济发展的"银发红利"。

二　参与领域更广

现代社会发展对于老年人社会参与最大的限制和排斥主要体现在经济活动参与方面，这主要是受我国经济模式转型和劳动年龄人口比重相对较高等因素的影响。而随着我国社会经济模式的进一步深化转型和人口年龄结构的不断变化，劳动力市场对于老年人群体的需求和接纳包容性都悄然发生着变化，尤其是第三产业对于低龄、健康以及技术型老年人才和人力资源的需求更加突出。另外，一个老年人社会参与越来越广泛而深入的领域便是社会组织，尤其是社区社会组织，在调查中我们发现，老年型社区社会组织往往是社区当中吸纳居民人数最多和组织活动最丰富的组织。社区这一场域对于老年人社会参与而言有着天然的、显著的地缘优势，而社区社会组织又为老年人开展群体内部和外部活动提供了更直接的平台。社区老年社会组织更便于老年人组织开展形式灵活的娱乐型、学习型和服务型的活动，这不仅有利于丰富老年人的社会参与，也能够间接地服务于社区、服务于社会。

三 参与质量更高

随着我国老年人素质的全方位提升，在不久的将来必定会达到与社会经济发展整体水平相接近和适应的状态，那么这也就意味着我国老年人的社会参与质量将会更高。当前，我国城镇化进程正在实现由程度扩张到内容和质量上的提升，乡村振兴战略全国范围全面推进，这些必然会带来农村地区发展水平的全面提升，农业机械化水平和经济活动的多元性也将会不断提高。在此背景下，农村老年人基于生存需求的被动消极型务农活动将会减少，身体机能下降而难以承担繁重务农活动的老年人将会有更多的支持资源和选择机会来获得经济收入。在城市地区，伴随各产业领域更加精细化和标准化发展模式的形成，局部流程性工作内容的拆解能极大地降低准入门槛，这也将会使城市老年人社会参与的可选择性增多、形式更加灵活。从参与内容来讲，一方面，随着我国老年人整体文化程度和权利意识的提升，其政治活动参与将会不仅仅再以参与积极性高为显著特征，他们必然会在民主监督和决策方面有更加出色的表现；另一方面，劳动年龄人口的减少和抚养比的上升会使全社会更加理性地来审视老年人社会参与的价值，相关的保障和支持也会更多，例如，对老年人在家庭内提供代际支持价值的肯定和支持，通过更广泛和灵活的老年教育来丰富和赋能于老年人等诸多举措将会更为普遍。

四 参与环境更好

虽然目前我国城乡发展差异和东、中、西部发展差异还比较明显，但这些差异在一定程度上也能发挥出推进积极老龄化事业发展的正功能。不同地区当中不同的老龄化程度和差异化的社会经济发展状态，不仅为我们应对人口老龄化提供了时间方面的弹性缓冲余地，也有利于我们总结前期先进经验进而更好地指导和开展后续老龄工作。整体而言，这种时空错位型的老龄化进程对于我国庞大老年人口基数和增量而言是整体战略层面的潜在优势，环境差异在此的利好性相对而言更为突出。从具体实践场域来看，对于家庭功能的社会辅助性服务增强，将能够在很大程度上填补家庭代际支持资源的不足和缺位，进而缓解家庭对于我国老年人力资本开发的限制性影响；以社区为依托各类助老服务的加强和老年社会组织的发展，也将能够为老年人日常生活质量的提升和丰富提供更坚实的支持；市场环境基于人口老龄化的新常态背景，也必然会更加重视对于"银发经济"的开拓和发展，老年人将不仅只是主要的消费者而且也会成为重要的参与者；公共活动空间也会基于我国老龄化程度的不断加剧而更积极地回应和满足老年人活动开展的现实需求。因此，从整体政策战略环境到各层面的具体实践场域环境都是非常乐观的，这为我国老年人群体实现更加充分而公平的高质量社会参与提供了良好的支持和基础。

参考文献

艾茹，2011，《功能主义视角下的老年人社会参与研究——以北京市 Z 社区为例》，《北京科技大学学报》（社会科学版）第 2 期。

彼得·保罗·维贝克，2016，《将技术道德化：理解和设计物的道德》，闫宏秀、杨庆峰译，上海交通大学出版社。

边燕杰、肖阳，2014，《中英居民主观幸福感比较研究》，《社会学研究》第 2 期。

曹健、刘清瑞，2012，《中国老龄事业发展概览》，华龄出版社。

查尔斯·H. 扎斯特罗、卡伦·K. 柯斯特－阿什曼，2006，《人类行为与社会环境》（第 6 版），师海玲、孙岳等译，中国人民大学出版社。

陈代云、陈希，2015，《人口新常态下服务于老年人社会参与问题研究》，《山东社会科学》第 7 期。

陈茗、林志婉，2003，《老年志愿者活动的理论思考和实证分析》，《人口学刊》第 4 期。

党俊武，2015，《老龄社会的革命：人类的风险和前景》，人民出版社。

杜峰，2008，《当代中国公民政治参与制度化研究》，南京师范大学博士学位论文。

杜鹏，2011，《"老有所为"在中国的发展：政策变迁和框架构建》，《人口与发展》第 6 期。

杜鹏、汪斌，2020，《互联网使用如何影响中国老年人生活满意度?》，《人口研究》第 4 期。

杜鹏、武超，1998，《中国老年人的主要经济来源分析》，《人口研究》第 4 期。

杜鹏、谢立黎、李亚娟，2015，《如何扩大老年志愿服务？——基于北京朝外街道的实证研究》，《人口与发展》第 1 期。

段世江、张辉，2008，《老年人社会参与的概念和理论基础研究》，《河北大学成人教育学院学报》第 3 期。

段伟文，2017，《人工智能时代的价值审度与伦理调适》，《中国人民大学学报》第 6 期。

范玉波，2021，《以"清单"为抓手建设老年友好智慧社会》，《中国人口报》2 月 22 日。

费孝通，1983，《家庭结构变动中的老年人赡养问题——再论中国家庭结构的变动》，《北京大学学报》（哲学社会科学版）第 3 期。

高翔、温兴祥，2019，《城市老年人志愿服务参与对其健康的影响》，《人口与经济》第 4 期。

桂世勋、徐永德、娄玮群、田青，2010，《长者友善社区建设：一项来自上海的经验研究》，《人口学刊》第 4 期。

郭于华，2002，《代际关系中的公平逻辑及其变迁》，《中国社会科学文摘》第 2 期。

韩青松，2007，《老年社会参与的现状、问题及对策》，《南京人口管理干部学院学报》第 10 期。

韩水法，2019，《人工智能时代的人文主义》，《中国社会科学》第 6 期。

韩振秋，2019，《试论科技在应对社会老龄化问题中的作用》，《自然辩证法研究》第 9 期。

何立新、潘春阳，2011，《破解中国的"Easterlin 悖论"：收入差距、机会不均与居民幸福感》，《管理世界》第 8 期。

河内一郎、S. V. 萨布拉马尼安、丹尼尔·金，2016，《社会资本与健康》，王培刚译，社会科学文献出版社。

侯立平，2011，《美国"自然形成退休社区"养老模式探析》，《人口学刊》第 2 期。

胡宏伟、李延宇、张楚、张佳欣，2017，《社会活动参与、健康促进与失能预防——基于积极老龄化框架的实证分析》，《中国人口科学》第 4 期。

胡建成、钟平，2001，《对老年人价值的思考》，《浙江社会科学》第 3 期。

胡湛、彭希哲，2018，《应对中国人口老龄化的治理选择》，《中国社会科学》第 12 期。

贾亚娟，2012，《社会活动对老年人口生活自理能力的影响——基于陕西农村地区的调查》，《安徽农业科学》第 7 期。

江立华、黄加成，2011，《老年人需求与宜居社区建设》，《华东理工大学学报》（社会科学版）第 6 期。

姜向群，2001，《对老年人社会价值的研究》，《人口研究》第 2 期。

靳永爱、周峰、翟振武，2017，《居住方式对老年人心理健康的影响——社区环境的调节作用》，《人口学刊》第 3 期。

李成华、靳小怡，2012，《夫妻相对资源和情感关系对农民工婚姻暴力的影响基于性别视角的分析》，《社会》第 1 期。

李芹，2010，《城市社区老年志愿服务研究——以济南为例》，《社会科学》第 6 期。

李雪卿，1998，《试论现阶段我国公民的政治参与》，《南京师大学报》（社会科学版）第 3 期。

李翌萱，2017，《从需求到权利：中国老年人社会参与研究》，社会科学文献出版社。

李翌萱，2016，《积极老龄化视域下中国老年人经济活动参与研究》，《兰州学刊》第 5 期。

李翌萱，2019，《中国老年人志愿服务参与的特征及影响因素分析》，《内蒙古社会科学》（汉文版）第 4 期。

李宗华、高功敬、李伟峰，2010，《基于 logistic 模型的城市老年人社区参与影响因素分析——以济南市老年人社区参与为例》，《学习与实践》第 11 期。

李宗华，2009，《近 30 年来关于老年人社会参与研究的综述》，《东岳论丛》第 8 期。

林崇德、张文新，1996，《认知发展与社会认知发展》，《心理发展与教育》第 1 期。

林聚任、谭琳，1999，《夫妻地位差与性别分层》，《妇女研究论丛》第 4 期。

琳达·格拉顿、安德鲁·科斯特，2018，《百岁人生——长寿时代的生活和工作》，吴奕俊译，中信出版社。

刘爱玉、佟新、付伟，2015，《双薪家庭的家务性别分工：经济依赖、性别观念或情感表达》，《社会》第 2 期。

刘军强、熊谋林、苏阳，2012，《经济增长时期的国民幸福感》，《中国社会科学》第 12 期。

刘颂，2006，《积极老龄化框架下老年社会参与的现实难点及对策研究》，《南京人口管理干部学院学报》第 10 期。

刘颂，2017，《老年人社会参与对心理健康影响探析》，《南京人口管理干部学院学报》第 4 期。

刘燕、纪晓岚，2014，《老年人社会参与影响因素的 Logistic 回归分析——基于 311 份个案访谈数据》，《华东理工大学学报》（社会科学版）第 3 期。

陆杰华、李月、郑冰，2017，《中国大陆老年人社会参与和自评健康相互影响关系的实证分析——基于 CLHLS 数据的检验》，《人口研究》第 1 期。

马尔库塞，1989，《单向度的人》，刘继译，上海译文出版社。

《马克思恩格斯全集（第二卷）》，2005，人民出版社。

《马克思恩格斯选集（第二卷）》，1972，人民出版社。

《马克思恩格斯选集（第四卷）》，1995，人民出版社。

玛格丽特·博登，2017，《人工智能的本质与未来》，中国人民大学出版社。

迈诺尔夫·迪尔克斯，2006，《在理解和信赖之间：公众、科学与技术》，田松译，北京理工大学出版社。

穆光宗，2002，《家庭养老制度的传统与变革——基于东亚和东南亚地区的一项比较研究》，华龄出版社。

穆光宗，2002，《中国老龄政策思考》，《人口研究》第 1 期。

裴晓梅、王浩伟、罗昊，2014，《社会资本与晚年健康——老年人健康不平等的实证研究》，《广西民族大学学报》第 1 期。

申南乔，2017，《城市老年人社区参与的影响因素——基于宏观和微观的双向视角》，《实事求是》第 2 期。

世界卫生组织编，2003，《积极老龄化政策框架》，中国老龄协会译，华龄出版社。

斯科特·鲍尔主编，2016，《老龄化宜居社区设计》，张晶晶、王千、邹怡媛、吴家琦、周洋译，华中科技大学出版社。

宋璐、李树茁，2010，《照料留守孙子女对农村老年人养老支持的影响研究》，《人口学刊》第 2 期。

孙鹃娟、梅陈玉婵、陈华娟，2014，《老年学与老有所为：国际视野》，中国人民大学出版社。

孙璐，2007，《缺失与重建：中国城市社区社会资本探析》，《云南社会科学》第 3 期。

谭琳、贾云竹，2013，《2000—2010 年中国老年妇女的状况变化及主要特征》，《老龄科学研究》第 2 期。

佟新、刘爱玉，2015，《城镇双职工家庭夫妻合作型家务劳动模式——基于2010 年中国第三期妇女地位调查》，《中国社会科学》第 6 期。

万义广，2008，《汉代"乡三老"身份再探讨》，《南昌大学学报》（人文社会科学版）第 5 期。

王建国，2011，《中国居民健康对劳动参与的影响——居于多维健康指标的实证分析》，《北京科技大学学报》（社会科学版）第 1 期。

王建军主编，2016，《老龄化背景下养老社区发展研究》，华东理工大学出版社。

王健、林津如，2019，《护理机器人补位子女养老的伦理风险及其防范》，《道德与文明》第 3 期。

王晶、苏中文，2013，《社会性别视角下老年群体经济参与现状分析——基于"第三期中国妇女社会地位调查"吉林省数据分析》，《华东师范大学学报》（哲学社会科学版）第 4 期。

王莉莉，2011，《中国老年人社会参与的理论、实证与政策研究综述》，《人口与发展》第 3 期。

王鹏，2011，《收入差距对中国居民主观幸福感的影响分析——基于中国综合社会调查数据的实证研究》，《中国人口科学》第 3 期。

王少、黄晟鹏、孔燕，2019，《我国科技伦理评估初探——以调查公众伦理选择为路径》，《自然辩证法研究》第 2 期。

王德文、任洁，2015，《论人口老龄化语境下老年友善社区的构建》，《厦门大学学报》（哲学社会科学版）第 5 期。

王忠，2014，《大数据时代个人数据隐私规制》，社会科学文献出版社。

邬沧萍、杜鹏，2012，《老龄社会与和谐社会》，中国人口出版社。

邬沧萍，2016，《全面建成小康社会 积极应对人口老龄化》，中国人口出版社。

邬沧萍，1999，《社会老年学》，中国人民大学出版社。

邬沧萍、王高，1991，《论"老有所为"问题及其研究方法》，《老龄问题研究》第 6 期。

吴帆，2008，《认知、态度和社会环境：老年歧视的多维解构》，《人口研究》第 4 期。

吴帆，2014，《相对资源禀赋结构中的女性社会地位与家庭地位——基于第三期中国妇女地位调查数据的分析》，《学术研究》第 1 期。

吴菲，2019，《幸福感三问：来自中国的经验发现与机制解释》，社会科学文献出版社。

吴玉林、李玉江、刘勇，1995，《老年人参与社会发展城乡差异对比研究》，《人口研究》第 2 期。

伍小兰、李晶、王莉莉，2010，《中国老年人口抑郁症状分析》，《人口学刊》第 5 期。

习近平，2018，《共享数字经济发展机遇 共同推动人工智能造福人类》，《人民日报》9 月 18 日。

肖金明，2013，《老年人权益保障法律制度研究》，山东大学出版社。

肖金明，2015，《老年人社会参与政策与法律研究》，山东大学出版社。

谢立黎、汪斌，2019，《积极老龄化视野下中国老年人社会参与模式及影响因素》，《人口研究》第 3 期。

谢立黎，2017，《中国城市老年人社区志愿服务参与现状与影响因素研究》，《人口与发展》第 1 期。

邢占军、张泉，2017，《社区类型对老年人主观幸福感的影响机制探析》，《山东社会科学》第 2 期。

邢占军、周慧，2019，《性别视角下老年人时间利用：一个混合研究的结果》，《山东社会科学》第 2 期。

熊必俊，1998，《对老年人价值的认识》，《人口研究》第 5 期。

徐继华、冯启娜、陈贞汝，2014，《智慧政府：大数据治国时代的来临》，中信出版社。

许琪，2017，《扶上马再送一程：父母的帮助及其对子女赡养行为的影响》，《社会》第 2 期。

杨菊华，2014，《传续与策略：1990—2010 年中国家务分工的性别差异》，《学术研究》第 2 期。

杨菊华，2006，《从家务分工看私人空间的性别界限》，《妇女研究论丛》第 5 期。

杨菊华、谢永飞，2013，《累计劣势与老年人经济安全的性别差异：一个生命历程视角的分析》，《妇女研究论丛》第 4 期。

杨燕绥，2015，《延迟退休：利国利民》，《中国社会保障》第 6 期。

杨宗传，2000，《再论老年人口的社会参与》，《武汉大学学报》（人文社会科学版）第 1 期。

尹万杰，2005，《弘扬传统文化 关注老龄事业——浅谈老年人的价值与"共享"问题》，《陕西师范大学学报》（哲学社会科学版）第 7 期。

於嘉，2014，《性别观念、现代化与女性的家务劳动时间》，《社会》第 2 期。

袁缉辉，1989，《当代老年社会学》，复旦大学出版社。

约纳斯，2008，《技术、医学与伦理学》，张荣译，上海译文出版社。

詹婧、赵越，2018，《身体健康状况、社区社会资本与单位制社区老年人主观幸福感》，《人口与经济》第 3 期。

张聪、慈勤英，2016，《城镇社区环境对老年人主观幸福感影响的统计分析》，《统计与决策》第 7 期。

张娜，2015，《欠发达中小城市老年人社区参与影响因素分析——基于开封市的调查》，《社会保障研究》第 2 期。

张伟、胡仲明、李红娟，2014，《城市老年人主观幸福感的影响因素分析》，《人口与发展》第 6 期。

张永理，2019，《社区治理》，北京大学出版社。

张中秋，2008，《理性与智慧：中国法律传统再讨论》，中国政法大学出版社。

郑丹丹，2013，《家务劳动社会化促进两性平等》，《中国社会科学报》3

月 1 日，第 A08 版。

郑振华、陈鸿、彭希哲、杨柳，2018，《中国"80 后"群体的主观幸福感研究——相对优势群体与相对劣势群体的"幸福悖论"及其解释》，《人口与经济》第 4 期。

中国志愿服务联合会，2017，《2017 年中国志愿服务发展报告》，社会科学文献出版社。

周旅军，2013，《中国城镇在业夫妻家务劳动参与的影响因素分析——来自第三期中国妇女社会地位调查的发现》，《妇女研究论丛》第 5 期。

朱建芳、杨晓兰，2009，《中国转型期收入与幸福的实证研究》，《统计研究》第 4 期。

朱勤，2014，《城镇化对中国城乡人口老龄化影响的量化分析》，《中国人口科学》第 5 期。

Aartsen, M. J., Smits C. H. M., and Van T. T., et al. 2002. "Activity in Older Adults: Cause or Consequence of Cognitive Functioning? A longitudinal Study on Everyday Activities and Cognitive Performance in Older Adults," *Journal of Gerontology: Psychological Sciences* 2: 153 – 162.

Anne, H. G., Timothy M. and Smeeding. 2010. "Historical Trends in the Patterns of Time Use of Older Adults," *International Studies in Population* 8: 289 – 310.

Barak, B. 2009. "Age Identity: A Cross-cultural Global Approach," *International Journal of Behavioral Development* 33 (01): 2 – 11.

Barrett, A. E. 2005. "Gendered Experiences in Midlife: Implications for age Identity," *Journal of Aging Studies* 19 (02): 163 – 183.

Bath, P. A., and Deeg, D. 2005. "Social Engagement and Health Outcomes Among Older People: Introduction to A Special Section," *European Journal of Ageing* 1: 24 – 30.

Beard, J. 2010. "A Global Perspective on Population Ageing", *European Geriatric Medicine*1 (04): 205 – 206.

Brayfield. 1992. "Employment Resources and Housework in Canada," *Journal of Marriage and the Family* (1): 19 – 30.

Brines and Julie. 1994. "Economic Dependency, Gender, and the Division of Labor at Home," *American Journal of Sociology* 100 (3): 652 –688.

Bukov, A. , et al. 2002. "Social Participation in Very Old Age," *The Journals of Gerontology Series B: Psychological Sciences and Social Science* (57): 510 –517.

Burmeister, and Oliver. 2010. "Websites for Seniors: Cognitive Accessibility Websites for Seniors: Cognitive Accessibility," *Australian Journal of Emerging Technologies and Society* 8.

Chin, Y. R. , Lee, I. S. , and Lee, H. Y. 2014. "Effects of Hypertension, Diabetes, and or Cardiovascular Disease on Health-related Quality of Life in Elderly Korean Individuals: A Population-based Cross-sectional Survey," *Asian Nursing Research* 8 (04): 267 –273.

Cowgill, and Lowell Holmes. 1972. *Aging and Modernization.* New York: Appleton-Centutry-Crofts.

Cummings, M. 2006. "Integrating Ethics in Design Through the Value Sensitive Design Approach," *Science and Engineer Ethics* 12, (04): 701 –715.

Davidow, B. 2014. "Welcome to Algorithmic Prison the Use of Big Data to Profile Citizens Is Subtly, Silently Constraining Freedom," *The Atlantic* (02): 20.

Deeg, D. J. , and Bath, P. A. 2003. "Self-Rated Health, Gender, and Mortality in Older Persons: Introduction to a Special Section," *The Gerontologist* 3: 369 –371.

Desrosiers, J. 2007. "Aging and Social Participation," *Encrage* (09): 90 –107.

Diener, Z. D. , Eunkook M. Suh, Richard E. Lucas, and Heidi L. Smith. 1999. "Subjective Well-Being: Three Decades of Progress," *Psychological Bulletin*125: 276 –302.

Ding, N. , Berry, H. L. , and O'Brien L. V. 2015. "One-year Reciprocal Relationship between Community Participation and Mental Wellbeing in Australia: A Panel Analysis," *Social Science & Medicine* 128: 246 –254.

Dupre, M. E. 2008. "Educational Differences in Health Risks and Illness over the Life Course: A Test of Cumulative Disadvantage Theory," *Social Science Research* 37 (4): 1253 – 1266.

Easterlin, R. A., Robson Morgan, Malgorzata Switek, and Fei Wang. 2012. "China's Life Satisfaction, 1990 – 2010," *Proceedings of the National Academy of Sciences* (109): 9775 – 9780.

Easterlin, R. A. 1974. *Does Economic Growth Improve the Human Lot? Some Empirical Evidence, Nations and Households in Economic Growth.* Academic Press.

Elder. 1975. "Age-differentiation and the Life Course," *Annual Review of Sociology* (01): 65 – 89.

Erickson and J. Rebecca, 2005. "Why Emotion Work Matters: Sex, Gender, and the Division of Household Labor," *Journal of Marriage and Family* 567 (2): 337 – 351.

Ertel. 2017. *Introduction to Artificial Intelligence.* London: Springer.

Evertsson, Marie and Magnus Nermo. 2004. "Dependence within Families and the Division of Labor: Comparing Sweden and the United States," *Journal of Marriage and Family* 466 (5): 1272 – 1286.

Farmer, M. M. and Ferraro, K. F. 1997. "Distress and Perceived Health: Mechanism of Health Decline," *Journal of Health and Social Behavior* 3: 298 – 311.

Greenstein and N. Theodore, 2000. "Economic Dependence, Gender, and the Division of Labor in the Home: A Replication and Extension," *Journal of Marriage and Family* 62 (2): 322 – 335.

Gupta, and Sanjiv. 2006. "Her Money, Her Time: Women's Earnings and Their Housework Hours," *Social Science Research* 35 (4): 975 – 999.

Havighurst, R. J. and Albrecht, R. 1953. *Older People.* Oxford: Longmans, Green.

Hayslip, B. Jr., Blumenthal, H. and Garner, A. 2014. "Health and Grandparent-grandchild Well-being: One-year Longitudinal Findings for Custodial Grandfamilies," *Journal of Aging and Health* (4): 559 – 582.

Holtfreter, K., Reisig, M. D. and Turanovic, J. J. 2015. "Depression and In-

frequent Participationin Social Activities among Older Adults: The Modera-
ting Role of High-quality Familial Ties," *Aging& Mental Health* 21 (04):
1 – 10.

Hong, S. I., Morrow-Howell N., Tang F. and Hinterlong J. 2009. "Engaging
Older Adults in Volunteering: Conceptualizing and Measuring Institutional
Capacity," *Nonprofit and Voluntary Sector Quarterly* (02): 200 – 219.

Howard, J. A. 2000. "Social Psychology of Identities", *Annual Review of Soci-
ology* 26 (01): 367 – 393.

Hsu, H. C. 2007. "Does Social Participation by the Elderly Reduce Mortality and
Cognitive Impairment?" *Aging & Mental Health* 6: 699 – 707.

Hu and Yang. 2015. "Gender and Children's Housework Time in China: Exami-
ning Behavior Modeling in Context," *Journal of Marriage and Family* 77
(5): 1126 – 1143.

Killewalda, Alexandra and Gough. 2010. "Margaret. Moner Isn't Everything:
Wives' Earnings and Housework Time," *Social Science Research* (6), 987 –
1003.

Kim and Young-Mi. 2013. "Dependence on Family Ties and Household Division
of Labor in Korea, Japan, and Taiwan," *Asian Journal of Womens Studies*
19 (2): 7 – 35.

Kornrich, S., Julie Brines and Katrina Leupp. 2013. "Egalitarianism, House-
work, and Sexual Frequency in Marriage," *American Sociological Review*
78 (1): 26 – 50.

Kreiner, G. E. 2006. "Consequences of Work-Home Segmentation or Integra-
tion: A Person-Environment Fit Perspective," *Journal of Organizational
Behavior* (04): 485 – 507.

Kurysheva, O. 2014. "Age Schemas and Their Contribution to Age Identity in the
Elderly," *Procedia Social and Behavioral Sciences* 159: 243 – 247.

Lachance-Grzela, Mylène and Geneviève Bouchard. 2010. "Why Do Women Do
the Lion's Share of Housework? A Decade of Research," *Sex Roles* 63 (11 –
12): 767 – 780.

Lawton, M. P., Nahemow L. 1973. "Ecology and the Aging Process. Washington: American Psychological Association," In: Eisdorfer C. and Lawton M. P. , eds. , *The Psychology of Adult Development and Ageing* 619 – 674.

Lee, K. L. , Wu, C. H. , and Chang, C. I. , et al. 2015. " Active Engagement in Social Groups as a Predictor for Mental and Physical Health Among Taiwanese Older Adults: A 4-year Longitudinal Study," *International Journal of Gerontology* 1: 1 – 6.

Levasseur, M. , Desrosiers J. and Noreau L. 2004. "Is Social Participation Associated with Quality of Life of Older Adults with Physical Disabilities?" *Disability and Rehabilitation* 26 (20): 1206 – 1213.

Levin, S. , Taylor R. and Chatters L. 1994. " Race and Gender Differences in Religiosity among Older Adults: Findings from Four National Surveys," *Journal of Gerontology: Social Sciences* (49): 137 – 145.

Levy, B. R. 2003. " Mind Matters: Cognitive and Physical Effects of Aging Self-sterotype," *The Jouranals of Gerontology Series B: Psychological Sciences and Social Sciences* 58 (04): 203 – 211.

Logan, J. R. , Ward, R. , and Spitze, G. 1992. "As Old as You Feel: Age Identity in Middle and Later Life", *Social Forces* 71: 451 – 467.

Maier, H. , and Klumb, P. L. 2005. "Social Participation and Survival at Older Ages: Is the Effect Driven by Activity Content or Context?", *European Journal of Ageing* 2 (01): 31 – 39.

Mendes de Leon, C. F. , Glass, T. A. and Berkman, L. F. 2003. "Social Engagement and Disability in A Community Population of Older Adults," *American Journal of Epidemiology* 7: 633 – 642.

Mendes de Leon, C. F. 2005. "Social Engagement and Successful Aging European," *Journal of Aging* 1: 64 – 66.

Minagawa, Y. , and Saito Y. 2015. "Active Social Participation and Mortality Risk among Older People in Japan: Results from a Nationally Representative Sample", *Research on Aging* 37 (05): 481 – 499.

Mirowsky, J. , Ross C. E. 2005. " Education, Cumulative Advantage and Health," *Ageing International* 30 (1): 27 – 62.

Molm, Linda D. , and Karen S. Cook. 1995. *Social Exchange and Exchange Net-*

works in Sociological Perspectives on Social Psychology. Boston： Allyn and Bacon，1995：161.

Neugarten，B. L. and Havighurst，R. J. 1969. "Disengagement Reconsidered in a Grossnational Context" In Havighurst，R. J. ，et. al. （Ed. ）. *Adjustment to Retirement： A Gross-national Study.* Assen，Netherlands： Van Gorcum & Comp.

Parkman，and Allen，M. 2004. "Bargaining Over Housework： The Frustrating Situation of Secondary Wage Earners," *American Journal of Economics and Sociology* 63 （4）： 765 – 794.

Ross，B. C. ，Hoehner Christine M. ，Day Kristen，Forsyth Ann，Sallis James F. 2009. "Measuring the Built Environment for Physical Activity： State of the Science," *American Journal of Preventive Medicine* 36 （4 Suppl）： S99 – S123.

Schafer，M. H. ，and Shippee，T. P. 2010. "Age Identity in Context： Stress and the Subjective Side of Aging," *Social Psychology Quarterly* （73）： 245 – 264.

Shelton，Beth Anne and Daphne John. 1996，"The Division of Household Labor," *Annual Review of Sociology* 22： 299 – 322.

Sirven，N. and Debrand，T. 2012. "Social Capital and Health of Older Europeans： Causal Pathways and Health Inequalities"，*Social Science & Medicine* 75 （07）： 1288 – 1295.

Tang，F. ，Morrow-Howell N. ，and Hong，S. 2009. "Inclusion of Diverse Older Populations in Volunteering： The Importance of Institutional Facilitation," *Nonprofit and Voluntary Sector Quarterly* （05）： 810 – 827.

Thomas，S. K. 1996. *The Structure of Scinetific Revolutions.* Chicago and London： The University of Chicago Press.

Tomioka，K. ，Kurumatani，N. and Hosoi，H. 2016. "Association between Social Participation and Instrumental Activities of Daily Living among Community-dwelling Older Adults," *Journal of Epidemiology* 26 （10）： 553 – 561.

United Nations，Department of Economic and Social Affairs. 2015. *Population Di-*

vision 2015. World Population Prospects, the 2015 Revision.

Wanchai, A. , Phrompayak, D. 2019. "Social Participation Types and Benefits on Health Outcomes for Elder People: A Systematic Review," *Ageing International* 44 (3): 223 –233.

Wei, Z. , Feng Q. and Lacanienta J. , et al. 2017. "Leisure Participation and Subjective Well-being: Exploring Gender Differences among Elderly in Shanghai, China", *Archives of Gerontology & Geriatrics* 69: 45 –54.

Wilks, Y. 2017. "Will There Be Superintelligence and Would It Hate Us?" *AI Magazine* (04): 65.

World Health Organization (WHO). 2002. *Active Aging: A Policy Framework.* Geneva: World Health Organization.

Wu, H. F. , and Tony Tam. 2015. "Economic Development and Socioeconomic Inequality of Well-Being: A Cross-Sectional Time-Series Analysis of Urban China, 2003 –2011," *Social Indicators Research* 124: 401 –425.

图书在版编目（CIP）数据

从传统到现代：老年人社会参与的发展变迁及影响
机制 / 李翌萱著. -- 北京：社会科学文献出版社，
2023.6

ISBN 978 - 7 - 5228 - 1994 - 5

Ⅰ.①从… Ⅱ.①李… Ⅲ.①老年人 - 社会 - 参与管
理 - 研究 - 中国 Ⅳ.①D669.6

中国国家版本馆 CIP 数据核字（2023）第 106200 号

从传统到现代：老年人社会参与的发展变迁及影响机制

著 者 / 李翌萱

出 版 人 / 王利民
责任编辑 / 胡庆英 陈 荣
责任印制 / 王京美

出 版 / 社会科学文献出版社·群学出版分社 （010）59367002
　　　　　地址：北京市北三环中路甲 29 号院华龙大厦 邮编：100029
　　　　　网址：www.ssap.com.cn
发 行 / 社会科学文献出版社 （010）59367028
印 装 / 三河市尚艺印装有限公司

规 格 / 开 本：787mm×1092mm 1/16
　　　　　印 张：13.25 字 数：218 千字
版 次 / 2023 年 6 月第 1 版 2023 年 6 月第 1 次印刷
书 号 / ISBN 978 - 7 - 5228 - 1994 - 5
定 价 / 89.00 元

读者服务电话：4008918866